# 资源型经济运行机制与转型研究

赵辉 著

经济科学出版社

**图书在版编目（CIP）数据**

资源型经济运行机制与转型研究/张辉著．—北京：经济科学出版社，2015.7
ISBN 978－7－5141－5949－3

Ⅰ.①资…　Ⅱ.①赵…　Ⅲ.①资源经济学－研究
Ⅳ.①F062.1

中国版本图书馆CIP数据核字（2015）第174482号

责任编辑：王长廷　刘　莎
责任校对：杨　海
版式设计：齐　杰
责任印制：邱　天

**资源型经济运行机制与转型研究**
赵　辉　著
经济科学出版社出版、发行　新华书店经销
社址：北京市海淀区阜成路甲28号　邮编：100142
总编部电话：010－88191217　发行部电话：010－88191522
网址：www.esp.com.cn
电子邮件：esp@esp.com.cn
天猫网店：经济科学出版社旗舰店
网址：http：//jjkxcbs.tmall.com
北京密兴印刷厂印装
710×1000　16开　15印张　250000字
2015年8月第1版　2015年8月第1次印刷
ISBN 978－7－5141－5949－3　定价：58.00元
**（图书出现印装问题，本社负责调换。电话：010－88191502）**

# 前 言

资源型经济是以自然资源，尤其是矿产资源开发为导向和发展基础的经济。资源型地区在发展过程中，出现了不同程度的“问题经济”的特征。为了考察资源型经济的形成机理和发展路径，本书从资源型经济现象入手，构建资源型经济运行的理论解释框架，寻求资源型经济运行中存在的根源问题和阻碍。在此基础上，探究资源型经济的运行机制和校正途径，得出相应结论，并提出了资源型经济转型的模式和相应对策。

第一，资源型经济运行的特征是其内在机理的外在表现，为了探寻资源型经济的要素流动机制，本书首先对我国资源型地区的经济特征和表现做了分析。通过初步统计观察发现，我国资源型地区除了具有经济增长乏力、产业结构单一、反工业化和生态环境恶化这些资源型经济的一般特征之外，在资源部门收益的相关指标上也表现出与其他产业的明显差异：资源开发部门的收益、资源相关行业的人员工资都显著高于其他部门，不仅资源部门收益的增长率快于地区财政收入的增长率，而且从长期变化趋势看，资源税率与经济增长率大体呈同方向变动，资源产品价格走势与经济增长大体呈反方向变动。

在市场经济条件下，收益信号会引导生产要素在各产业部门间流动，而要素配置状况最终会导致地区经济走向不同的发展路径。这一现象说明，资源型经济的运行机制与资源部门收益存在关联。较高的要素收益信号，会使资源部门形成要素吸纳机制，阻碍其他产业发展和地区经济结构优化，本书提出要校正资源型地区的经济发展路径，首先需要对资源收益进行规范。

第二，资源部门的高收益在资源型地区形成相对扭曲的要素流动信号，为了引导要素流动、从根本上校正资源型地区的经济发展路径，必须规范资源收益。

本书对资源收益构成进行了界定：资源收益包括资源租金、要素收入和社会总成本。由于对资源租金中的稀缺性租金和耗竭性租金界定不清，社会总成本计提不足，会出现资源租金和未完全弥补的生态环境成本、安全保障成本和沉淀成本向要素收入和企业利润转化。同时，还会出现因对公共领域的产权争夺产生的资源租金的消散。

我国目前资源收益分配领域存在的主要问题在于资源收益分配机制不健全，体现在资源产权制度和资源税费制度不完善，生态补偿机制等社会成本补偿机制缺失。

第三，为了深入揭示资源型经济的运行，验证资源型地区的要素配置机制，本书通过模型化的方法，分析了资源型经济的路径选择特征和要素流动特征。通过最优生产选择模型，分析出资源型地区在经济发展初期，会自发地选择一条倾向于依赖资源的发展模式，背离最优选择路径。通过建立包含一个一国内部以资源开发为导向的小型区域经济体系的三部门内生增长模型，论证了资源型地区的要素流动特征，与基于资源收益初步观察分析得出的观点相符合：在缺乏制度保障的情况下，资源型地区的资源依赖程度越高，投入资源开发的要素份额也越高，而其他部门的要素份额将越来越少，而且会降低长期中资本的回报率、技术进步率和经济增长率。然后建立人均GDP增长率与资源依赖程度和其他社会经济变量之间的计量模型进行实证检验，得出的结果和前述分析结论基本一致。

资源税率与资源产品价格是影响资源收益的直接因素，进一步通过计量模型，得出长期中的经济增长与资源税率呈正相关关系，而与资源产品价格呈负相关关系。而且资源税率和资源产品价格的这种影响关系还能通过制造业投入、人力资本和科技投入间接作用于经济增长。说明适当提高资源税率和采取应对资源产品价格波动的措施能够对资源型地区的长期经济增长有积极作用。

特殊的要素流动机制导致资源型地区资本形成的单向性，资源收益和资源财富难以通过持续的投资机制实现转化和增值，形成一种衰退的资本形成机制，只有突破这种路径才能实现资源型经济的转型发展。

第四，由于资源型经济增长模式选择的必然性，经济转型也就成为资源型地区经济发展过程中的应有之意。资源型经济转型是根据具体情况对资源型地区的经济发展路径作出的过程性调整，其目标具有不确定性。进一步应用最优生产选择模型，本书提出资源型经济转型路径可以界定为两种：一是突破本地资源约束，通过引入区域外资源摆脱不可再生资源的储量限制；二是在资源约束下，逐步用物质资本和人力资本等生产要素替代经济体系过度投入的自然资源，实现不依赖资源的经济发展路径。

无论采取何种转型路径，资源型经济转型成功的关键都在于实现要素优化配置，实现对物质资本和人力资本的深度利用，构建可递进的资本形成机制。可递进的资本形成机制是指一个地区能够形成一种持续的投资机制和收益转化机制，将收益、财富、人力资本和技术不断循环投入到地区经济发展中，形成一种动态的调整过程。

第五，从经济发展的动力基础看，资源型地区经济发展的初始动力源于自然资源带来的要素驱动，但资源收益形成的高额财富未能有效推动地区投资能力和创新能力的提升。为了规范资源收益，本书提出应建立合理的资源收益分配机制和相应对策，包括两个部分：一是资源收益的当期分配机制，通过完善矿产资源产权制度、资源税收制度、实施生态环境价值补偿以及健全安全成本和沉淀成本补偿措施，实现对当期资源开发过程中参与主体的收益分配；二是资源的跨期收益分配机制，设立资源产业稳定基金，调节资源收益在不同时期的分配和使用。

资源收益规范是实现资源型经济发展路径校正的第一步。针对资源型地区的资本形成特点，本书提出资源型经济转型路径的相关对策，在于通过合理引导投资、提供创新能力建设平台、推动要素流动、产业演进和参与区域分工构建资源型地区可递进的资本形成能力，同时要以完善的金融环境作保障，实现地区经济发展的动力机制由要素驱动向投资驱动和创新驱动转变，合理引导财富投向，实现要素优化配置。

第六，为了对理论分析加以检验和应用，本书选取陕西省榆林市作为实例进行分析。榆林市是我国典型的处在高速成长期的资源型城市，已经呈现出不当发展路径所带来的一系列问题，如经济结构严重失衡、生态环境恶化等。

针对榆林市的能源化工产业正处在黄金机遇期这一优势，结合榆林市自身和周边城市的产业发展，以及榆林市的区位条件，本书提出榆林市通过构建可递进资本形成力，实现经济转型的路径可分为三个阶段加以实施。首先是优化产业体系。在短期阶段立足于能源化工产业优势，通过发展装备制造业、轻工业、新能源产业和现代化农业，促进榆林市产业结构合理化；通过调整投资结构实现产业组织优化；通过调整产业空间布局，实现地区经济协调发展。其次是参与区域产业分工。利用榆林市与晋、陕、蒙、甘、宁五省相邻城市产业发展规划相近的特征，通过建设能源化工产业集群提升技术水平、增加人力资本储备，进入区域产业分工的高端环节，逐步实现将地区的资源优势转变为技术优势和人才优势。最后是建设区域中心城市。本书通过分析认为，榆林市与周边城市经济关联度高，具有建设成为区域中心城市的潜力，可以通过自身在前期积累的技术和人才优势，培育城市核心竞争力，通过搭建区域合作平台、完善基础设施，发挥集聚效应、扩散效应和辐射效应，逐步建设成为晋陕蒙甘宁交界地区的区域中心城市，实现不依赖资源的可持续发展路径。

作者

2015 年 7 月

# 目　录

# 第 1 章

# 导　论

## 1.1　研究的背景和意义

传统的经济增长理论认为，自然资源是国家或地区经济增长的重要支撑，丰富的资源禀赋能够为一个国家或地区带来生产成本上的优势，并在一定程度上决定这个国家或地区经济增长的方向。依托资源禀赋的天然优势，资源丰富的地区可以通过资源的开采、加工和利用，实现资本积累为之后的经济发展打下基础。近代一些国家的工业化进程为这种理论提供了有力的支持，例如，德国、美国的工业化最早就兴起于煤炭、铁矿蕴藏丰富的地区。

然而，现代经济发展模式下却出现了这种传统观点无法解释的现象。第二次世界大战之后，在世界经济普遍复苏、产业经济高速增长的大背景下，自然资源并未像曾经认为的那样与经济增长之间产生必然的联系，很多自然资源储量丰富的国家或地区非但没有表现出良好的经济发展态势，反而出现了经济增长速度慢于资源相对匮乏的国家或地区的现象，似乎丰裕的自然资源阻碍了经济的增长。一些依托自然资源的资源型国家或地区，出现了产业结构单一、贸易条件恶化、经济增长率低、失业问题严重等经济问题，导致经济增长率放缓，社会问题凸显。20 世纪 50 年代，德国、英国、法国、美国等发达国家的资源开发中心区域和资源产业的主要地区（即这些国家的一些靠煤炭、铁矿等矿产资源起家，以煤炭、钢铁产业为支柱产业的工业区），如法国洛林、德国鲁尔等地区首先出现了与资源产业相关的经济问题，主要表现在地区经济增长缓慢、资源产业竞争力下降、失业率上升等方面，显露出经济衰退的迹象。

“二战”后许多发展中国家和地区，特别是自然禀赋条件比较好的发展中国家和地区在选择本地区的经济发展战略时，大多选择了一条与本国或本地区资源禀赋条件相一致的资源导向型开发战略，即通过开发本国或本地区的自然资源，发展资源型产业，为经济起飞提供初始动力，推动工业化进程和经济增长。但是，这种发展路径并非在任何时候、任何地区都会奏效。一些国家或地区在经历了短暂的繁荣以后，从 20 世纪 70 年代至今，不少发展中国家相继出现了资源型经济问题。表现出资源开采过度、产业结构单一、贸易条件恶化、生态环境破坏，以及收入分配失衡、腐败等社会问题。

从我国的情况看，新中国成立以来，在我国大规模推进工业化的进程中，一大批资源型区域、资源型城市伴随着资源的大规模开发而相继兴起，这些地区曾经是中国工业化发展的重要支撑，成为我国城市化进程中的重要区域。但是，到 20 世纪 90 年代，我国主要资源型地区或城市相继出现了不同程度的经济增长和产业结构的病态发展，并随之出现了一系列经济和社会问题，如经济增长、经济结构、社会就业、居民收入、生态环境等一系列矛盾，我国的资源型经济发展问题开始逐步引起重视。改革开放三十多年的发展，使我国资源富集地区与资源贫乏地区之间出现了巨大的发展落差。这种情况，固然受到政策倾向、体制问题、区位条件等因素的影响，但是也与资源开发、资源产业自身发展带来的区域经济问题密切相关。

资源产业虽然是依托自然资源发展起来的，但其演变过程中必然有与一般产业发展相共性的内容，都要经历成长、成熟、衰退几个不同阶段。也就是说，即便不是因为资源的衰竭，在经济、社会的发展趋势下资源产业也会逐渐步入衰退，而慢慢退出一个区域经济的主要舞台。但与资源产业相关的资源型经济所面临的问题，却不仅仅在于自然资源储量绝对减少带来的产业发展困境。

天赋的丰裕资源本应该使这些国家或地区成为富庶之地，然而事实情况却是，自然资源禀赋的优势，不仅没有给这些国家或地区带来经济的持续增长和社会的全面进步，反而表现出对经济增长的促进作用越来越不明显，甚至在很多地方出现资源丰裕与经济增长反向发展的现象。一些统计研究表明，无论发达国家还是发展中国家或落后国家，无论是大国、小国还是某个地区，在经济的长期增长过程中，资源丰富与经济增长之间似乎呈现出负相关的趋势和统计规律。这一现象被研究者称为“资源诅咒”——资源禀赋非但没有成为促进一些国家或地区经济增长的有利条件，反而表现出限制性，根据长期的统计观察，拥有丰富自然资源的国家或地区长期经济增长速度缓慢，甚至有些国家或地区的经济是停滞的。

那么，我们必然要问：资源型经济何以普遍的伴随产业竞争力下降、经济增长速度放缓、贸易条件恶化等一系列问题？资源型经济为何能够在很多不同发展阶段的国家或地区中都面临“资源诅咒”（如墨西哥、沙特阿拉伯、尼日利亚、赞比亚、阿尔及利亚等），但在有些国家或地区却避免了这样的问题（如博茨瓦纳、智利、马来西亚等）；有些国家（如荷兰）在较短时间内实现了资源型经济的转型发展，有些地区（如德国鲁尔、法国洛林、日本九州）经过较为漫长的探索过程，也较好地实现了资源型经济的转型发展？为什么有些资源型地区经济陷入了与资源相关的困境，可是有些却能利用资源优势更好地实现经济增长？带来这种差异的根源是什么？对于新兴的资源型经济，将资源优势转化为经济优势的路径如何？对于已经处在成熟期的资源型经济，如何规避其陷入衰退的境地，或者已经面临资源产业衰退的地区如何成功转型，实现经济的良性运行？

这些都是在资源经济良性发展过程中必须要面对的问题，要解决这些问题，必须深入考察资源型经济运行的特点和内在机理，才能探索出资源型经济规避衰退以及实现成功转型的合适路径。

目前我国正处在经济建设的新时期，面临世界经济发展的新形势，不仅有大批曾经为国家经济发展做出重大贡献的一批老工业基地、老资源型城市需要转型，更要使众多处在成长期的新兴的资源型经济避免走那些老资源地区曾经走过的弯路，避免新兴的资源型经济区域重蹈覆辙（根据《全国资源型城市可持续发展规划（2013 ~ 2020 年）》，我国现有资源型城市 262 座，其中成长型城市 31 个，成熟型城市 141 个，衰退型城市 67 个，再生型城市 23 个）。

资源型经济运行机理和转型机制研究，通过资源型经济运行的特点、形成路径、规避衰退和转型机制的深入探讨，深化区域经济发展理论，是对经济发展理论的新探索，可以为资源型经济的良性发展和规避转型提出重要的理论指导。本书通过对现有资源型经济现状及其转型的案例研究，从资源管理、资源收益转化、资源型经济可递进的资本形成机制等方面提出相应措施，将对资源经济持续健康发展决策起到参考作用。同时，也对一般区域经济发展研究和发展战略制定，存在一定的借鉴意义。

## 1.2 研究综述

20 世纪 60 年代以来，资源型经济在发展过程中呈现的问题，引起了国际和国内经济学家的广泛关注，对于资源型经济相关问题的研究也逐渐深入。目前国内外大量关于资源型经济的研究主要集中于三个方面，一是对于资源型经济运行特点的考察，主要是通过统计分析或案例分析归纳资源型经济在发展过程中表现出的主要特征；二是基于资源型经济运行的特点，对其形成机制进行理论解释，分析依赖资源型产业的地区经济发展为何有别于其他产业拉动的地区经济；三是推进资源型经济转型的相关研究，主要是对如何推进资源型经济的转型进行规范性分析。

### 1.2.1 资源型经济的表现

传统经济增长理论认为，自然资源作为生产投入的基本要素，相对丰富的自然资源可以为区域经济的启动提供初始动力，在很大程度上能够促进一个国家或地区的经济增长。然而，现有研究通过大量统计分析和案例分析表明，丰裕的自然资源虽然推动了资源型经济的兴起，但是很多时候并没有相应的带来资源型地区预期的经济繁荣和持续发展，反而出现了区域经济增长缓慢的现象，以及其他一些经济、社会问题，自然资源与经济增长之间的正相关关系越来越不明显，甚至呈现出资源丰裕度与经济增长负相关的现象。

20 世纪 80 年代末，奥蒂（Auty，1990）和盖尔（Gell，1988）对资源主导经济的国家存在的问题进行分析，开始对自然资源丰裕度和资源型产业对经济发展的作用进行探讨，提出了丰富的自然资源是“福”还是“祸”

的诘问。1993年，奥蒂在研究矿产国经济发展时第一次提出了“资源诅咒”的概念。之后，萨克斯和沃纳（Sachs & Warner，1995，1997，1999）对“资源诅咒”进行了实证检验。对97个发展中国家1970～1989年GDP的增长率和资源丰裕度之间进行回归测算，回归结果显示经济增长与资源禀赋之间存在明显的负相关，97个样本国中，仅有两个资源丰富国家的年增长速度超过了2%。而且计量结果显示，资源产品出口额占GDP的比重每提高16%，经济增长速度会下降1%，将价格波动、制度安排等控制变量加入回归方程后，这种负相关关系依然存在。

此后，还有许多学者从不同角度研究证明了这种负相关关系的存在。盖尔法森（Gylfason，2001）发现资源相对丰富国家的投资水平低于资源相对稀缺的工业化国家的一般水平：在1970～1998年间，65个资源相对丰富国家中只有4个国家的长期投资率高于25%，这些国家的投资率与资源丰富程度之间呈现负相关；研究同时发现，投资率与经济增长存在正相关关系，故而推出的经验结论为，自然资源与经济增长之间负相关。汉密尔顿（Hamilton，2005）从资源租占GDP比重的角度研究得出资源丰裕程度与经济增长之间普遍存在负相关关系的结论，同时还说明资源禀赋越丰富的国家或地区，经济增长的波动性越大。

国内学者也对我国资源型地区经济增长的特点进行了众多研究。20世纪80年代初，我国学者王小强和白南风（1986）在对我国自然禀赋较好的内蒙古、宁夏、新疆、西藏、广西、云南、贵州、青海五区三省的开发进行研究时发现，这些省区存在着两个相互矛盾的“震惊”——令人震惊的富饶和令人震惊的贫困，他们将这一现象称为“富饶的贫困”。

徐康宁和王剑（2005，2006）、张菲菲、刘刚、沈镭（2007）、李天籽（2007）、陈仲常和章翔（2008）分别以我国省际面板数据为样本，验证了不同种类资源丰裕度与区域经济发展之间的相关关系，研究表明：“资源诅咒”现象在中国内部区域之间仍然成立，能源、矿产和森林等主要资源的丰裕度与区域经济发展水平都呈现负相关关系。多数省份丰裕的自然资源并未成为经济发展的有利条件反而制约了经济增长。

于术桐、黄贤金等（2008）分析了中国31个省、直辖市、自治区包括水资源、能源资源、天然气资源和矿产资源在内的基础资源优势度。分析得出结论，云南、内蒙古、四川、新疆、黑龙江、贵州等省份资源优势明显，上海、天津、北京、江苏、海南、浙江等省市资源优势不明显。经济优势较明显的省份资源优势往往并不高，而资源优势较明显的省份经济优势却很微弱，经济发展重心与资源禀赋重心显著错位。邵帅和齐中英（2008）则认为由于资源开发挤出了科技创新和人力资本投资，并引起制度弱化效应，因此我国的资源开发也面临“资源诅咒”，而且西部大开发加深了这一效应。

相关研究还有很多，尽管国内外研究采用的分析方法和度量方法有很大差异，但大多得出了资源丰富程度与经济增长之间存在负相关这一结论。我国国内的众多研究也表明“资源诅咒”命题在我国内部的地区层面同样成立。

不仅如此，在资源型经济运行中，其他一些不如人意的现象也非常明显。例如：

收入不平等现象，根据博德萨尔和平克尼（Birdsall & Pinckney，2001）的研究，在自然资源丰富的国家，收入分配不平等现象十分严重，在其研究中发现亚洲国家中资源相对贫乏的国家或地区最富的20%的人与最穷的20%的人的收入比值约为6.5，然而泰国、马来西亚等资源丰裕的国家这一比值为9.9，非洲国家中这两类比值分别为3.1和10.7。

经济可持续发展能力下降，在对资源型经济发展路径的研究中，汉密尔顿（2001）认为资源丰裕的国家对资源财富的支配影响了资源型经济可持续能力，如果资源收益被投在生产型领域和人力资本领域，资源型经济将是可持续的，但事实情况是很多资源型经济并非如此；我国学者徐康宁和王剑（2005）认为资源型经济发展过程中会引发潜在的社会不稳定问题；等等。

同时，也有研究认为资源丰裕度对经济增长起到负面作用并不是绝对的，这些观点大多认为资源型是否出现问题，取决于专业化和交易效率的改进程度（Wen & King，2004），或是取决于该国所拥有的制度质量，如果是掠夺性的制度环境，就会导致“资源诅咒”，如果是生产型制度环境，则自然资源能够促进经济增长（Bulte et al.，2005；Robinson et al.，2006；Mehlum et al.，2006）。我国学者刘长生等（2009）通过实证分析也认为，中国不同省份自然资源禀赋差异能够一定程度解释经济增长所存在的地区差异性，但不是经济增长所存在的区域差异性的主要原因。自然资源禀赋在中国经济增长中既存在正面的直接效应也存在负面的间接效应，且负面效应总体上大于正面效应，但在不同省份存在较大的地区差异性；其负面效应主要通过降低投资、受教育水平、技术创新、对外开放度、法治水平而间接阻碍经济增长。

### 1.2.2 资源型经济运行机制的解释

**1. 制度分析角度的解释**

现有很多研究是从制度角度对资源型经济运行机制进行了解释。在不同的制度框架下，自然资源对经济增长的作用是不同的，资源丰富程度也会对制度安排产生影响。奥蒂（2001）认为，资源富集国家，尤其是油气资源富集国家易于出现寡头政治统治，这种资源行业的组织模式会对制造业产生抑制作用，导致经济体系发展失衡。托维克（Torvik，2002）从寻租角度解释“资源诅咒”，认为资源生产中存在的资源租金促使企业家退出制造业等创利领域，进入寻租活动领域，这会使整个社会因资源开采业繁荣而变得更加贫困，资源收益不能在投资和消费之间、产业之间合理分配，资源不能在代际之间合理分配，从而导致中长期经济增长停滞。

我国学者也从制度角度对国内资源型经济的运行机制进行了分析。王必达、王春晖（2009）从制度视域通过一个两区域模型的三阶段分析，对资源型经济的运行机制进行了探讨，认为“资源诅咒”的发生源自一个两域在增长初期所倚重的生产要素的选择，且这个选择以交易费用最低为标准。虽然自然资源丰裕区域最初的增长路径是完全理性和经济的，但因其在增长过程中不合理的制度及其变迁过程中恶性的路径依赖，从而使资源型经济面临被“诅咒”的境地。徐康宁、王剑（2006）根据实证分析得出结论，要素流动和制度安排是自然资源制约经济增长的两个主要渠道，丰裕的自然资源所引致的制造业衰退和不合理或缺乏监督的资源产权制度是其中的关键。邵帅、齐中英（2008）认为资源开发可以诱发腐败行为，并提出我国矿产资源产权关系的不明晰是滋生寻租和腐败的最大根源。张景华（2008）认为，制度是决定经济增长的更基本的要素，资源产权及交易制度、资源收益分配制度、人力资源开发制度缺失，会扭曲要素配置，导致资源型地区出现问题。

杜凯、周勤、蔡银寅（2009）重点研究了自然资源对生态环境的负面效应。分析认为，制度的弱化加剧了这种负效应的程度。具体表现为环境管制政策的失效、资源价格机制的扭曲、产权制度安排的不合理，以及资源主导型经济体环境保护的意识和投入力度落后于其他非资源主导型经济体等。并提出，从长期来看，解除这种效应的根本在于转变传统的经济增长模式，实现资源与环境管制上的制度创新。

这些研究都表明良好的制度安排是自然资源财富有效利用的保证，好的制度框架能够约束资源型地区资源收益的投向，将资源财富投资于促进经济增长的基础设施建设和人力资本积累，因此能够提高社会福利，而坏的制度则相反，资源财富的再投资反而会抑制物质资本、人力资本的有效投资，恶化社会福利。

**2. 人力资本挤出效应**

人力资本是现代经济中推进经济增长的主要动力之一，其带来的作用与收益远大于自然资源。资源型经济运行中的一个重要问题就在于资源部门繁荣会阻碍人力资本的积累。

因为利用丰富的自然资源可以非常容易地获得财富，整个社会便会缺乏人力资本积累的激励，限制了人力资本部门对技术的传播和利用（Sachs & Warner，1995）。盖尔法森（2001）也发现，资源丰富国家的教育投入占GDP的比例普遍较低，人力资本积累不足是导致“资源诅咒”的关键，而且资源产业的繁荣对制造业存在挤出效应，同样会降低人力资本的积累。制造业具有“干中学”的特点，当繁荣的资源部门挤出制造业部门，地区经济增长必然受到阻碍。穆什德（Murshed，2001）认为，在自然资源丰富的国家，因制度不健全，政府对自然资源收益的分配使用存在政府行为失效的现象，资源收益被投资于一些投资回报率较低项目，或主要用于进口消费品或投资于国内消费品的生产，对教育、基础设施这类收益滞后期较长的公共产品投资不足。

我国学者在研究中也多次提到类似的观点：与制造业相比，资源型产业对人力资本的需求和人力资本的投资回报率都比较低，以资源产业为主导的产业结构导致资源型地区缺乏人力资本积累的内在动力。程志强（2007）根据人力资本投资的微观决策模型，对资源丰裕对人力资本投资回报率影响程度进行了分析；胡援成和肖德勇（2007）分析得出人力资本投入水平低，是我国省际层面发生“资源诅咒”的关键因素；徐康宁和韩剑（2005）的研究发现我国一些对资源开发依赖程度高的地区，对人力资本投入的回报率远不如在资源开发相关行业从事低水平劳动获得的收入，人们对教育接受意愿普遍较低，资源产业的扩张导致当地对人力资源的开发和投入相对滞后，对人力资本积累产生了挤出效应。

在现代经济中，人力资本积累能够为技术进步和创新提供智力源泉。自然资源未能给地区经济带来持续增长的深一层原因在于，由于丰裕的自然资源挤出了人力资本进而降低了创新水平。在自然资源丰富地区，依靠资源租金获得的收入远高于企业家从事生产性创利活动获得的正常利润，这种现象使具有企业家才能的人进入到资源初级生产中。追求剩余租金的行为不仅不能创造财富，还抑制了潜在的创新活动，使整个经济缺乏效率和持续推动力。

**3. 价格波动的影响**

由于资源加工类产品的供给弹性和需求弹性都很低，所以当市场条件变化时，会带来资源类产品价格的大幅波动，相应地资源产业的波动性很大。资源产业又是经济体系中的上游产业，对经济高度依赖资源产业的资源型国家或地区而言，资源产业的波动对国家或地区经济牵一发而动全身，宏观经济受资源产业的影响也表现出较大的波动性，难以对未来运行作出相对明确的预期。由于资源产出的骤升或骤降会导致利率或汇率波动，增加了本国和外国投资的风险，投资收益不确定，难以吸收保证经济增长所需的社会投资，政府也难以对经济发展作出有效的长期规划。

萨克斯和沃纳（1999）认为，在国际市场上，资源类初级产品的价格比其他产品波动幅度大，波动也更加频繁，所以资源产业的收入就呈现高度不稳定性，这种波动会导致以资源开发为主导的资源型国家或地区经济频繁经历经济周期性波动，难以让投资者形成稳定的投资预期，资本形成受阻会抑制经济增长。

施祖麟、黄治华（2009）从经济视角构建了一个包含资源部门、制造业和服务业三部门的动态模型，模型的动态过程显示，资源型地区经济在面临外部资源价格突然上升的冲击时，收入的提高使得家庭会同时增加制造品和服务品的消费支出，制造品的贸易性特征导致支出漏出到其他地区，服务品的非贸易性促使本地服务部门扩张，并从制造业部门中吸收劳动与资本，制造业因而萎缩，资源型地区经济的长期增长因此受到损害。此模型的政策含义包括：资源丰裕地区要实现可持续发展必须杜绝过度开采；要有计划地不断加强对制造业的支持和扶助，鼓励制造业部门实施技术创新，支持制造业发展，减少地区经济对资源部门的依赖，实现地区可持续发展。

**4. 贸易条件变化**

贸易条件是指一个国家或地区出口商品价格与进口商品价格之间的比率，即出口一单位商品能够换回的进口商品的数量。20 世纪 50 年代早期的发展经济学家普里比斯奇和辛格（Prebisch & Singer）提出了贸易条件理论，认为发展中国家的出口结构中是以初级加工产品为主，这类产品的需求收入弹性低，在发达国家的收入增加后，对这类初级产品的需求并不会相应的迅速增加，但进口制成品的需求收入弹性较为富有弹性，发展中国家在贸易条件上处于不利地位。

对资源型国家或地区而言，其出口的资源初级加工产品就是低收入弹性的产品，近年来初级产品与工业制成品之间的价格差距越来越大，资源型地区面临贸易条件恶化难以通过出口初级产品积累资本。

贸易条件恶化的一个显著表现是“荷兰病”问题。20 世纪 60 年代，荷兰北海发现丰富的天然气储量后，开始进入大规模的开采阶段，带来了天然气出口收入快速增加。然而伴随而来是荷兰货币汇率提高，制造业部门在国际竞争中丧失了竞争力，这类现象被称为“荷兰病”。考顿和尼尔瑞（Corden & Neary，1982）运用三部门模型分析认为，由于资源产业繁荣，劳动力和资本流向资源部门，制造业为吸引资本和劳动力投入的成本增加，加之资源产品出口带来外汇收入增加推动了了本币升值，从而削弱了制造业的竞争力。

这种“荷兰病”现象在沙特阿拉伯、尼日利亚等很多大规模出口初级资源产品的国家都有所反映。由于制造业不仅具有规模报酬递增的特点，而且还承担着促进技术创新和推进组织变革的职能，因此资源部门繁荣导致制造业部门萎缩会直接对经济增长产生负面影响。

**5. 产业结构单一的锁定效应**

资源型经济问题的又一种解释，是由于资源型地区产业专业化带来经济类型单一所形成的锁定效应。格拉博赫尔（Grabher，1993）通过对鲁尔工业区的研究认为，在高度专业化、区内企业高度依赖的地区，区域经济发展存在着由认知型和功能性锁定带来的刚性专业化陷阱。在资源型经济中，因相关产业企业长期围绕核心资源企业进行投资计划的制定，从而会产生产品的技术和功能锁定，产业网络内高度密切的内部关系制约了企业信息溢出的可能性和效果，这种地区经济的专业化锁定阻止新产业部门的形成和发展，抑制了产业结构向高层次演进。

盖尔法森（2001）从制造业、资源产业规模报酬和外部性特征角度提出资源产业的发展会带来投资水平下降、缺乏有利的资本形成途径，势必不利于区域经济产业结构的优化和调整，制约了资源型经济的健康持续发展。资源优势使资源开采和初级加工等初级部门的边际生产率提高，生产要素从制造业部门流向高利润的初级部门，制造业部门具有规模报酬递增和正外部性特征，而资源产业却不具备这些特点。此外，绝大多数的资源产业一般都远离其他生产中心，与其他产业的联系相对较弱，所以过多的生产要素汇聚于资源产业初级部门会损害经济整体的经济效率，短期的资源收入会削弱长期经济增长动力。

一个地区产业体系的优化程度和发展模式，决定了该地区的经济增长速度和增长水平，资源型经济产业结构的单一化，会吸收物质资本、人力资源和技术向资源产业集中，其他产业基础遭到破坏，丰富的自然资源禀赋可能会降低经济效率和地区福利水平。从长期看，一旦资源储量面临枯竭、资源产业遭受衰退，资源部门繁荣不再，经济增长便会陷入停滞。

### 1.2.3　资源型经济转型的相关研究

在分析资源型经济现象和运行机制的同时，相关学者也对资源型经济转型的途径和方式进行了论述，主要观点有：

### 1. 资源合理开采与利用

资源型经济问题产生的原因之一，就在于短期过度开采引起资源产业繁荣从而产生的对制造业产业、人力资本积累的挤出效应，基于这点考虑，研究者提出通过资源的合理开采和利用来化解资源型问题。施祖麟、黄治华（2009）认为，由于资源价格升高诱发的过度开采行为将导致生产要素从制造业部门的加速移出，一旦资源价格回落，经济的萧条和衰退将难以避免，因此应科学规划资源丰裕地区资源的开采度，提高资源的开采率，避免过度开采的短期行为。张复明（2002）提出，资源型地区的投资行为应注重资本总量的持续性增长，投资活动以维护和发展自然资本利用水平和利用能力为出发点，投资目标为建设能够增加社会总财富的产业体系。

在投资方向上，徐康宁、韩剑（2005）认为，对资源型产业的过度投资，会进一步扭曲原本畸形的产业结构，一旦我国经济走出了资源约束的重工业化阶段，或国际市场原材料价格大幅下降，吸收了大量资本和劳动力的资源产业衰退就会带动资源型经济陷入更严重的经济停滞。对此，他们提出建议资源型地区应该调整优化产业结构、加大人力资本投入以及提高资源租金的使用效率。

资源合理开采与利用，及由此引出的投资结构优化问题是保障资源型产业和资源型地区经济规避衰退的基本环节。

### 2. 加强制度建设与产权保护

制度是管理资源型经济合理运行的必要手段之一，资源产权保护与资源产权制度建设是缓解资源型经济问题的有效措施。安蒂（Anty，1998，2007）提出，可以通过设立自然资本的综合经济核算（SEEA）账户，建立更加透明的收益提取制度，结合对政府公共职能行为的规范，更好地管理和利用资源收益。

张景华（2008）通过分析认为，制度质量决定能否避免资源诅咒。倾向于强占者的制度和资源制造了一个增长陷阱，减少总收入；倾向于生产者的制度能使其充分利用自然资源丰裕，促进总收入增长。自然资源是祝福还是诅咒，主要原因在于制度质量的差异。为了实现将资源开采量控制在社会最优水平上，有效的管理和利用自然资源和资源收益，必须建设优化合理的资源产权制度。

徐康宁、韩剑（2005）认为，实现资源型地区长期健康发展的关键在于建立有效机制实现产业结构调整，并确立资源税和转移支付的合理使用机制，通过建立监督机制和社会公众参与机制，提高资源租金的利用效率。

王必达、王春晖（2009）通过制度模型分析认为，资源型地区存在若干个资源依赖性较强的核心产业，这些产业中的代表性企业及其组成的行业协会会促成建立一些非正式制度。因此，资源型地区要实现制度变迁，需要依靠强制性制度变迁变革非正式制度安排。政府在这个过程中要通过制定相关政策法规起到主导性推动作用，如改变激励机制、优化交易行为、降低交易费用和交易风险等。

制度建设和产权保护在资源型地区资源租金的收取和利用方面具有极其重要的意义，政府的政策制定和公共财政支出应主要投向教育、科学研究、生态环境保护与修复、公共卫生等基础设施和公共服务领域，避免大量的资源租金通过消费性支出消耗掉，实现政府职能对经济持续增长的保障作用。

**3. 加大人力资本投资**

斯蒂格利茨（Stiglitz，1974）认为对于拥有较少资本的国家或地区，经济增长的最优方式是以不断增加人均消费为内容，这就需要使技术进步率相对于人口增长比率大于或等于技术进步率相对于自然资源的比率。因此，经济体系是否建立在以人力资本为动力的基础上，是评价一个国家或地区经济发展可持续性的根本标准。张复明（2002）针对资源型经济提出，资源型经济转型就是将经济发展依托的优势从自然资源禀赋转变为人力资本的生成能力。

充足的人力资本是提供持续技术创新的来源，也是推动资源型经济良性运行的重要措施。通过加大人力资本投资，推进资源型经济转型需要相关的人力资源培训体系、技术和创新平台以及政策环境和制度安排的保障。

此外，国内还有众多关于资源型经济运行与转型机制的研究，主要集中在产业结构调整、产业结构多元化、培育替代产业，以及发展循环经济等。

例如，刘云刚（2000）认为，资源型经济产业结构调整的重点在于，主导产业体系的建设、矿区体制与布局模式的转变，产业结构的调整要考虑到地区劳动力和资源基础，立足于外向化并保持资源和环境的可持续发展。周德群、汤建影等（2002）分析认为，资源型经济转型应该做好前期规划工作，及早地培育接替支柱产业，不间断地实施产业结构的调整是资源型经济转型的根本。张米尔（2004）认为，我国资源型经济转型应强化资源加工环节，提高资源的加工精度和附加价值，把资源优势转化为经济优势。沈镭（1998）把资源型经济产业结构的转换总结为优势替代、优势再造、优势互补、优势延伸和优势挖潜五种模式。

## 1.3 研究思路与研究方法

### 1.3.1 研究思路与分析框架

区域经济发展路径不是一条简单的扩张曲线，不仅是经济增长带来总量增加，而且是要素配置不断优化、经济结构不断调整的过程。推动经济不断向高级演变的动力机制也不是一成不变的，需要不断地更新和转化。那么，资源型经济发展的动力基础是什么？是基于资源，基于资本的积累、转化，还是基于创新？资源型地区的资源禀赋优势，可以作为经济的启动动力，利用资源产业的规模优势拉动地区经济增长。但是到一定阶段之后，资源储量的天然限制和资源产业对地区经济的影响，决定了单纯依靠资源难以实现持续的动力支撑。

由于资源产品本身的特殊性，资源产业的成本不仅仅在于开采成本和资源开采权成本，更大的部分在于开采后产生的后续成本（包括生态成本、环境成本、社会成本等资源产业的成本），这些成本很大程度上没有在即期显性化。但资本追求即期利益，短期内开采资源带来的收益（主要是资源的产权收益和开发收益），在短期内会获得高额盈利，这就刺激了资源大规模、过度开发。一方面，为了继续获得短期高盈利，会继续投资于资源的大规模粗放型开发，强化了大规模低水平开发获取高额利润的生产模式，另一方面，强化了产品的初级性，决定了资源经济的区域分工和在产业链条中的贸易条件，只能长期处于产业链低端，获取相对较低的利益（相对于纵向产业链的下游环节而言）。

由于短期中资源型产业的高额利润和对地区经济增长的拉动作用，使资源部门既吸引了“看不见的手”——市场机制主导下的要素流入，也吸引了“看得见的手”——政府政策导向的要素投入，过度吸引并锁定生产要素。资源收益被不断投入到资源产业，导致资源型地区中产业结构的单一化、刚性化和初级化。资源经济中缺乏其他高质量的产品和良好的投资机会，使得其他产业发展的空间和条件明显受损，导致部分资源收益以区外高额消费和区外私人投资的形式外流，一些具有良好成长潜力的产业难以正常发育和发展，在资源经济内难以形成新的资本积累，最终导致了资源经济的衰退。资源型地区特殊的要素流动机制和资本形成机制，正是资源型地区产业结构调整始终难见成效的根本原因（见图1-1）。可见，面临衰退的资源型经济的发展，是基于资源收益对资源产业的低水平强化。

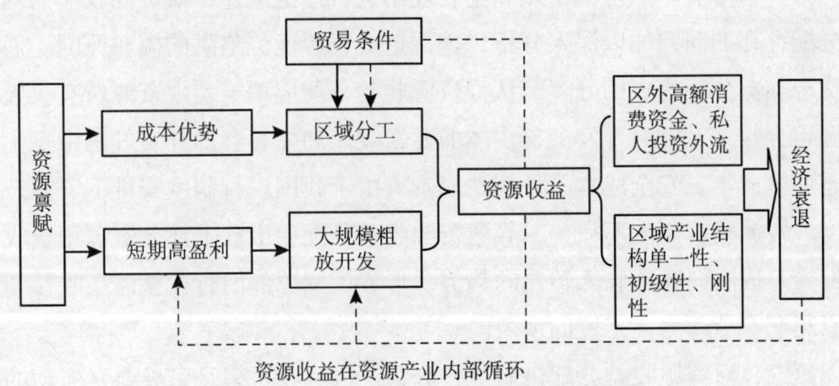


**图1-1　资源收益被锁定在资源产业内部**

资源型经济发展陷入困境，问题并不在于资源本身，资源可以带来良好的收益，但是如果没有提供合理的收益分配框架，资源收益和资源财富不仅会被不合理使用，还会通过收益信号扭曲要素配置，造成资源型地区衰退路径的资本形成机制。资源型地区出现的诸多问题与我国资源收益分配制度存在缺陷有关，资源收益分配缺乏严格的约束，一方面导致国家权益受损，另一方面因资源开发企业获得高收益而挤出了其他产业和人力资本、技术创新，国家和地方经济受到双重损害。要解决资源型经济的问题，首先要建立合理的资源收益分配机制和收益使用框架，为要素流动提供合理的信号指引，并引导资源收益和资源财富能够被有效利用，促进其他产业的资本形成、人力资本积累和技术进步。

对于资源型经济而言，在发展初期依托资源优势发展资源型产业是促进地区经济增长在短期中的必然选择，但这种选择路径必须要随着发展阶段的升级不断作出调整，避免资源产业形成对要素的过度吸纳机制，避免资源型地区陷入资源产业自我强化的陷阱。由于资源型经济面临衰退的根源在于资源收益没有在资源型地区内实现资本积累和有效利用，所以资源经济转型或者良性发展的动力机制，在于突破要素配置的刚性和收益使用的错位，构建可递进的资本形成机制。

以此为思路，本书对资源型经济的运行机制进行了逐层分析，并据此提出了资源型经济转型的相关对策。

第一，对资源经济的特点和主要症结进行理论阐述，对资源收益的构成和分配存在的问题加以深入分析，挖掘造成资源优势陷阱的内在原因。通过对资源收益分配构成的分解，认为资源收益分配应用于实现资源所有权人的资源租金收入、资源开发参与主体的要素收入和弥补资源开发过程中发生的生态环境成本、安全成本等外部性成本。由于我国现行制度安排下资源产权制度、资源税费制度不完善，导致资源收益分配中出现了部分资源租金收入和社会总成本向要素收入转化的趋势，形成了资源部门行业整体高收益和企业高利润、劳动力高工资的现象。

第二，对资源收益分配机制进行分析。边际收益率是引导要素流动的信号，在这样的收益信号指引下，必然导致资源部门吸纳过量资本和劳动力，出现过度繁荣的现象。校正资源型经济发展路径，必然要从规范资源收益入手，实现途径是完善资源收益的当期分配机制和设立资源收益的跨期分配机制。在资源收益当期分配机制中，通过完善资源产权制度、资源税费制度和社会总成本补偿相关措施，实现资源收益在资源开发的当期参与主体中合理分配；在资源收益跨期分配机制中，通过设立资源产业稳定基金，通过在资源品价格大幅波动时对资源收益削峰填谷式的跨期分配和利用，保证资源型地区经济的平稳和持续发展。

第三，要素配置机制是资源型经济成为问题经济的基本作用力量。资源产品大多为初级产品，附加值低，决定了资源型地区在区际贸易中的不利地位，贸易条件相对低级化，降低了地区的资本积累能力。而资源部门过度繁荣吸纳了大量的资本和劳动力，会抑制制造业等其他产业的发展，挤出技术研发和创新投入。这种要素流动机制使资源型地区缺乏物质资本和人力资本积累用于新的产业，在资源型地区形成了僵化、锁定的要素流向，在资源型地区演化成一种衰退的资本形成机制，只有突破这种资本形成机制才能校正资源型地区的经济发展路径。

第四，对资源型经济转型的内涵予以明确。资源型经济转型不在于地区主导产业类型的变化，而在于能够实现对自然资源和其他要素的优化配置和合理利用。无论资源型地区是在本地区可开采资源储量的约束之下，还是能够突破本地约束引进外部自然资源加以利用，要突破衰退路径，都需要不断调整要素配置，增加物质资本、技术、人力资本在生产中的投入比例，使资源型经济从资源依赖型经济增长模式，逐步转变为以物资资本、人力资本、技术创新为动力的经济良性发展模式。

第五，优化资源型地区的要素配置需要导入地区经济发展中的短缺要素、优化投资方向和投资结构，通过优化投资机制、人力资本和创新能力的递进机制、产业体系优化和参与区域分工，实现资源型地区可递进的资本形成机制。探索一种持续的投资机制和收益转化机制，将资源型地区的资源收益和资源财富与人力资本、技术能力不断循环的投入到地区经济发展中，在资源型地区构建一种长效的资本形成机制，使地区经济发展的动力由资源禀赋驱动，逐步演变为依托持续的投资驱动、创新能力驱动和财富驱动，实现经济的自我演进和递进式发展能力。

本书将主要分析资源型经济区如何实现发展动力机制的转化与更新，简单归纳为三个递进的机制：资源收益规范—要素优化配置—可递进的资本形成机制，并通过具体的实施措施，实现将资源财富转化为区域内健康的产业投资，形成资本的合理积累，逐步培育新兴的工业产业，使区域经济的发展基础慢慢摆脱资源的限制，经济发展的动力转向依托于人力资本的技术和创新。图 1－2 中三个虚框的纵列列出了资源型经济良性发展的机制、实施途径和所要实现的结果。

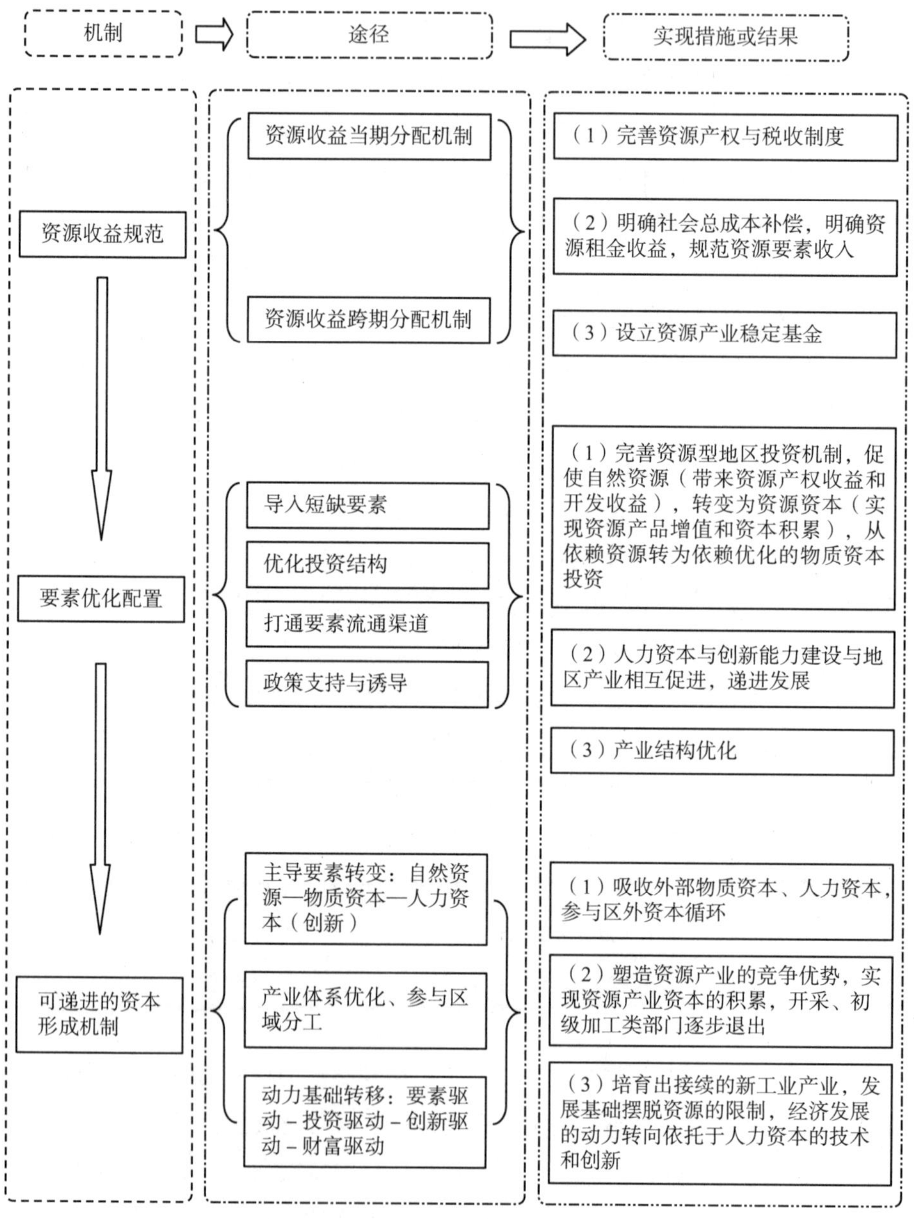


**图 1－2　研究机制总体框架**

### 1.3.2　研究方法与研究路径

本研究主要运用实证研究与规范研究、定量分析与定性分析、系统研究与典型区域研究相结合的方式，主要理论基础涉及到微观经济学、制度经济学、产业经济学、区域经济学、经济地理学等。通过大量文献阅读和理论分析，归纳出关于资源型经济的理论研究成果，并在此基础上提出新观点。

书中采用实证方法研究资源型经济的形成与演进规律，通过查阅大量的文献资料研究资源型经济的界定、发展特征、发展趋势、发展障碍，并通过案例研究发掘资源型经济中带有普遍性和倾向性的特质。分析资源型经济发展中存在的问题，并对问题产生的根源以及资源收益的合理配置做出深层次的探讨，剖析资源开发与利用、资源产业发展过程中涉及的资源收益配置、生产要素配置和区域内资本的利用与形成，系统探讨资源型经济运行机制以及资源型经济转型的优化路径。

书中通过定性分析与定量分析相结合的方法，综合分析资源型经济的发展状况：在对资源型经济的一些本质问题的考察中，主要采用定性的方法进行分析；在对资源型经济现象的描述中，采用数量列举和对比分析的形式进行量化描述，以避免犯主观随意性的错误；在对资源型经济运行机制的考察中，则采用建立数学模型的方法进行表述，并进行实证计量检验。

研究的路径（见图1-3）是通过文献的收集和分析，选取具有代表性的典型地区，进行资源型经济发展特点的剖析。在此基础之上，对资源型经济发展的轨迹进行理论阐述和分析，运用新增长模型模拟资源型经济运行机制，揭示资源型经济发展中各类要素的相互关系、作用机理和影响效用，探讨资源型经济形成和运行的内在机制，有针对性地提出资源型经济转型的路径，并提出相应的制度和政策建议。

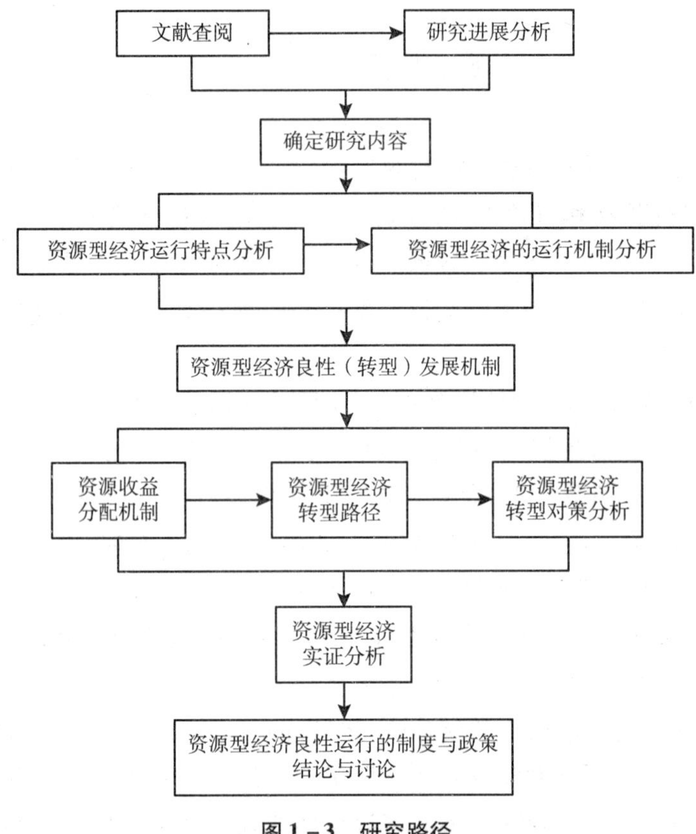


图 1-3 研究路径

在实证分析中选取正在成长期的典型资源型城市，对其现有路径进行分析，发现问题，根据其自身特点和优势提出经济转型路径和相应的对策措施。

### 1.3.3 研究的主要内容

本书从理论和应用两个方面对资源型经济的运行机制和转型发展作出研究和探索。全书分为 8 章，主要内容简述如下：

第 1 章导论部分阐述选题的背景、意义，确定研究主题，对现有资源型经济及其转型问题的相关文献作出综述研究，介绍本书研究的方法、思路与主要内容，提出资源型经济运行模式及转型分析的理论解释框架。

第2章进行资源型经济概述。界定资源型经济的内涵，从现实经济运行的角度，考察资源型经济的主要特征和症结所在，并对资源收益的一些外在指标进行对比分析。

第3章分析资源型经济的收益分配机制。探讨资源收益的构成，以及现有资源收益分配存在的弊端，并分析资源收益分配机制。

第4章分析资源型经济的要素配置和资本形成机制。运用内生增长模型，考察资源型经济的形成和自强化机制。探讨病态型资源经济的形成机理，分析资源依赖程度、国家政策、外部环境对资源地区主要经济变量的影响，探寻衰退路径下的资本形成机制，分析资源型经济问题产生的根源。

第5章探讨资源型经济转型的内涵、可能路径，以及可递进资本形成机制的含义和实现途径。规范资源收益分配只是打破资源型地区经济发展路径僵化的第一步，要真正实现资源型地区经济转型，必须明确转型发展可以选择的路径，引导实现区域内合理的要素流动，打破原有的路径依赖。构建可递进的资本形成机制，可以实现资源型地区经济发展动力机制的递进式转变，形成良性的经济运行机制。可递进的资本形成机制通过投资优化机制、人力资本和创新能力递进机制、产业体系优化机制和区域分工协调机制四部分构成。

第6章分析资源型经济转型的对策，针对资源型地区规范资源收益的要求、要素流动特点和构建可递进资本形成机制的要求，提出推进资源型经济转型主要通过资源收益规范措施、建设可递进资本形成支撑体系和完善金融支持等措施实现，并针对资源型经济中较为特殊的一类——资源枯竭型城市提出转型过程中的财政支持措施。

第7章是实证分析。以我国的典型资源城市陕西省榆林市为例做出实证研究。分析榆林市经济运行中存在的问题，并根据其自身条件和优势，提出榆林市经济转型发展的路径以及相应的政策措施。

第8章是结论和展望，概要地总结本研究工作的主要结论，提炼出本书的主要创新点，指出研究工作的局限和缺憾，初步探讨资源型经济良性运行及转型研究的发展方向。

## 1.4 本研究的特色

本研究从经济运行机制的角度对资源型地区的经济发展做出分析。资源型地区经济不可持续的原因，从根本上讲绝不仅仅在于资源储量有限性而带来的资源产业不可持续，更主要是在于资源型地区的要素流动特点，导致资源型经济内形成了衰退路径的资本形成机制，因此资源型经济的良性发展机制，或者转型机制，在于校正资源型经济的发展路径，构建可递进的资本形成机制。本研究认为：

（1）要推进资源型经济有效转型，首先要清晰界定资源型经济转型的内涵。资源型经济转型并不意味着资源型地区产业形式的改变，而是从根本上对地区要素利用模式和资本形成方式的过程进行调整，是一种动态的调整过程。

（2）资源型经济面临经济增长困境的根本原因，在于资本形成能力不足和资本使用不当。区域内的收益、储蓄不能通过有效途径转化为利于新产业形成的投资，强化了资源型经济过度依赖资源的恶性循环。因此，要保证资源型经济的良性运行，以及成熟资源型经济的成功转型，根本途径在于打破资源型产业初级部门自强化的模式。为了规避衰退的资本形成路径，资源型经济要建设一种持续的投资机制和收益再转化机制，能够将获得财富、收益，以及技术能力和人力资本等生产要素不断循环投入到地区经济发展中，形成一种可递进的资本形成机制。

（3）资源产业自身发展过程中，其初级部门内资源产品收益的来源与使用，决定了资源产业本身有一种自我强化的性质，一方面，由于现行政策下资源产品低成本高收益，导致资源的短期大规模开发；另一方面，资源产业的过度繁荣导致区域内其他产业发展受阻，缺乏良好的投资机会，导致资源收益以区外投资以及区外高额消费的方式外流。因此，要规避资源型经济转型首先要从根源上规范资源产业的收益，以正常的投资回报率规范资源开发行为。

（4）资源型地区的自然资源禀赋优势，决定了资源型经济发展初期选择依托资源相关产业是一种自发的理性选择。但这种路径在资源丰裕期会因过度依赖资源而出现社会效率损失，而在资源可开采储量减少后，又必然会面临资源约束的影响。自然资源在资源型地区的经济发展产生了极大的影响，不仅如此，资源型地区的要素流动受到资源产业和资源收益的影响，也表现出特殊性：资源产业的过度繁荣会挤出制造业等其他产业、挤出人力资本和创新，这种要素流动机制导致资源型经济内部形成一种趋向衰退的资本形成机制，只有打破这种机制才能校正资源型经济的发展路径。

（5）由于资源型经济发展模式选择的必然性和要素流动机制的特殊性，经济转型就成为资源型地区经济发展进程中的应有之意。资源型经济转型是根据具体情况对资源型地区发展路径作出的过程性调整，无论能否突破本地区的自然资源储量约束，资源型地区转型路径中都需要对要素配置进行优化，摆脱对自然资源的依赖，逐步依托物质资本、人力资本和技术创新能力实现地区经济的优化发展路径。

（6）衰退的资本形成机制必然导致资源型地区经济增长乏力，难以实现经济、社会的持续健康发展。实现经济转型，资源型地区应构建可递进的资本形成机制，在地区内形成一种持续的投资机制和收益转化机制，将经济发展获得的收益、财富，以及人力资本和技术能力，按照优化配置的方式不断再投入，促进资本形成。在这个过程中，逐步实现经济发展的动力基础的转变，将动力基础从依赖传统投入和扩大资源耗费，逐步转向依靠物质资本，进而依靠人力资本的积累和创新。在转变中，资源型地区由依靠自然资源带来的低成本比较优势，变为依靠地区竞争优势。

（7）在资源型地区转型发展的不同阶段，要素配置随着经济所处阶段不断演进，不断由物质资本、人力资本、技术代替自然资源，地区竞争优势的驱动力逐渐从最初的要素驱动，向投资驱动、创新驱动和财富驱动转变。在原有的衰退路径下，资源型地区通过资源开发获取了大量财富，如果没有良好的投资能力和创新能力做支撑，在资源部门衰退后必然在地区经济中形成产业空洞。因此，建设资源型地区经济、社会可持续发展的长效机制必须要依靠良好的企业投资意愿、投资能力和创新、研发能力。

（8）技术和创新源自于不断积累的人力资本。技术进步、创新，乃至人力资本的积累，更有效率的来源途径是源自于生产过程中的引致需求，这就要求一个适于新的工业产业成长和发育的环境，这是保证资本形成能力的必要条件。

资源型经济运行中出现的问题与资源型地区的经济转型，是我国工业化进程中不可避免要面对的问题。自 20 世纪 80 年代，我国学者开始关注资源型城市转型问题后，从不同角度提出了资源型城市经济转型的途径，如产业链延伸、资源产业集群、培育新产业等，这些措施在我国的资源型城市转型中起到了重要作用。但是，需要注意的是，由于这类成熟的资源城市自身经济发展能力差，很难通过自身运行培育出新的工业产业，因此，在我国资源型地区经济转型过程中，更多的是通过政府主导的方式培植新产业。而有了新的主导产业并不意味着资源型地区的经济重新建立了自我良性运行、持续增长的能力，由于资源产业的过度繁荣使得其他产业相对弱小，那么这种政府主导的新工业产业如果仍然类似资源产业对相关产业带动作用较小的话，这种转型的模式就不一定是成功的。从这个意义上讲，培育可递进的资本形成机制不仅是成长期、成熟期资源型经济规避衰退的必然途径，也是资源枯竭型地区实现经济转型、培育新产业必须要实现的效能。

# 第 2 章

# 资源型经济概述

## 2.1 资源型经济的界定

### 2.1.1 自然资源

资源是一个涉及多领域的概念，对人或社会有价值的东西都可以被视作资源。广义的资源，包括自然资源、人力资源、社会资源等各种资源，是经济发展的基本物质条件。在对经济问题的分析中，资源配置一般是针对广义的资源概念而言。狭义的资源，仅指自然资源，本书所分析的对象主要为自然资源。

自然资源是指在一定的时间和技术条件下，经过人们的利用，能够产生经济价值的自然环境因素的总称，自然资源既包括人们创造财富所借助的条件和手段，如土地、水流等，也包括为创造财富而直接加工的对象。作为物质生活的必要投入品，自然资源在经济发展的特定阶段起着决定性的作用。

本书所指的是自然资源中较为特殊的一类，是在地球漫长演化过程中形成的，短时期内不可再生、长期使用将会面临枯竭的这类自然资源，如煤炭、石油、天然气、黑色金属、有色金属等能源、矿产资源。这类可耗竭资源具有价值属性，空间分布不均，在人类开发利用过程中，会面临诸多与可耗竭性相关的经济问题，例如，如何实现这类资源的跨期分配问题，资源开发与所在地区协调发展问题，资源的所有权和使用权问题等，对这些问题的分析和解决都需要立足于这类资源的不可再生性特点。

### 2.1.2 资源产业

资源产业是资源型经济体系的核心部分。已有研究对资源产业的划分有不同的层次，如，将资源开采和初加工为主的产业统称为资源产业（陆大道，1995）；从广义和狭义角度对资源型产业进行定义：广义的资源产业，是指以自然资源为劳动对象的经济活动部门，包括农业、林业、采矿业、原材料业等，狭义的资源产业，是指以矿产资源开发和资源产品初级加工相关的产业，包括采矿业、与采矿业相关的原材料业和电力热力的生产和供应业三大产业领域（张复明，2007）。

基于本研究的目的，将资源型产业定义为狭义的范畴，即指矿产资源开发和初级加工工业，资源部门是指以资源产业为主体的，以资源发现、采选、加工、使用、保护，并使资源性资产增值为目的的经济部门。

资源产业在整个产业体系中处于基础地位，是典型的上游产业，其运行特点和绩效与自然资源禀赋密切相关。资源产业是资源型地区的主导产业，其形成、发展直接影响着资源型地区的经济发展状态。资源型产业的主要特点有：

#### 1. 受自然资源储量制约

自然资源，尤其是能源、矿产资源，具有可耗竭性，这类不可再生资源产业的发展必然要受到自然储量的限制，不能像高科技产业、旅游产业、文化产业、生态产业等产业那样长期保持相对良好的运行状态。资源型产业必然会随着自然资源储量的减少或枯竭，而受到产业生命周期规律的约束，从最初的快速发展最终趋于衰败。

#### 2. 产业附加值较低

资源产业从事对自然资源的开采和加工，是一个以使用自然资源为主要特征的传统生产开发领域。我国大部分资源型地区资源产业的产业链条中，前端的开采和初级加工占有很大比重，在生产过程中，技术、管理投入量较低，因此产品附加值较低。

**3. 易受宏观经济波动的影响**

资源产品在国民经济运行中具有重要地位，资源产品的需求、价格都与宏观经济形势密切相关。资源产业在国民经济体系中是典型的上游产业，在宏观经济波动时，首当其冲就会受到波及：经济繁荣期资源产业会因下游产业投资需求旺盛而过度繁荣，而经济衰退期时又会因资源产品价格大幅下跌面临损失。

在资源型地区，资源产业会对当地经济的初始积累、劳动力使用、资本流动产生十分重要的影响，既是地区经济增长的基础动力，也是影响地区产业体系演化的重要力量。资源产业的这些特点是资源型地区发展过程中可能产生一系列经济问题的原因所在。

### 2.1.3　资源型经济

**1. 资源型经济的定义**

基于对资源产业的定义，将资源型经济界定为以煤、石油、天然气、铁、铜等能源和矿产资源开采业及资源初级加工产业为主要产业的地区经济类型，也就是以资源型产业为主导产业的经济体系。

判定资源型经济主要有以下四点：一是一个地区的资源型产业是支柱产业，在区域经济中发挥主导作用；二是该地区的经济活动对当地资源的依赖性强，资源开采和初级加工是地区经济收入的主要来源，也是地区经济增长的主要动力；三是资源型产品是该地区对区外贸易的主要构成部分；四是该地区的资源部门对当地产业结构的形成和调整具有重大影响。资源型地区在区域分工中的主要功能是向其他地区提供资源类产品或初级加工产品。

在资源比较优势的影响下，资源丰裕地区在选择经济发展战略时，必然会根据地区资源禀赋，选择资源导向型发展战略，通过利用本地区的自然资源，发展资源型产业，获得经济起飞的初始动力。我国以能源、矿产资源等自然资源为重要劳动对象的采矿业等基础产业占 GDP 的 33%，却支撑着其余产值占67%的后续产业的发展，其经济辐射面极为宽阔。而资源型经济地区作为资源型产业在地区经济总量和结构中居于主体地位，并大量向外输出资源的一类独特经济区域，在我国的发展建设中发挥着无可替代的重要作用。

### 2. 资源型经济的常态与病态

根据经济活动的劳动对象和产业活动的内容差异，可以将经济类型划分为农业经济、工业经济、服务经济，或者加工型经济、知识经济等。以自然资源为劳动对象，资源开采和初级加工为主要劳动内容的资源型经济也属于不同经济类型的一种。

根据传统的经济增长理论，自然资源是推动经济增长的基本要素，资源储量丰富的国家或地区通常具有较强的经济增长潜力。资源禀赋通常会决定一个国家或地区的经济增长和发展路径，对禀赋资源的开发和利用，能够迅速实现资本积累，是一个国家或地区的优势来源。这一过程，曾被历史上很多国家和地区的经济增长路径所证实，很多经济强国在历史上都曾受益于自然资源的贡献。例如，丰富的煤、石油、铁矿石、铜等自然资源储量为美国早期的工业化生产提供了良好基础，并最终带来了19世纪美国经济的繁荣局面。

从比较优势的角度分析，丰裕的资源是地区经济发展的初始动力，天赋的自然资源也是经济发展中不可缺少的重要生产要素。资源本身不是造成一个国家或地区出现经济发展问题的根本原因，资源型经济也是经济类型中的一种，其运行本身与其他类型的经济运行模式一样，只是利用的主要要素具有特殊性，本身不意味着问题经济模式，资源型经济本身并不等同于问题经济。

如果一个国家或地区虽然具有丰裕的自然资源，但其经济体系和发展路径并未被资源、资源产业所主导，没有出现与资源部门相关的一些问题，那么这类地区与一般的经济类型一样，并不意味着最终会面临资源枯竭、区域经济发展不可持续等问题的困扰。

但是，一些资源丰裕地区在发展过程中出现了一些问题，近些年大量的事实及统计分析表明（具体综述见1.2节），资源型经济在运行过程中不仅没有从丰裕的资源储量中获得持续的经济增长动力，反而出现了具有相对共性的问题——“资源诅咒”。如果资源丰裕地区的产业结构与资源产业密切相关，依据经济发展进程中的要素递进趋势，地区经济发展的主导要素不可能一直是依赖自然资源，必然会随着经济发展阶段不断向物质资本、人力资本转化，所以资源型经济发展过程中必然面临转型要求。

本研究中所分析的，主要是指那些对自然资源、资源产业依赖度较高，最终可能会面临资源问题，需要转型发展的经济体系。

## 2.2　我国资源型地区的经济特征与表现

### 2.2.1　资源型经济的一般特征

**1. 地区经济增长乏力**

我国地区自然资源储量分布极不均衡，根据历年《中国统计年鉴》的数据，以 1990～2010 年的平均储量进行分析，石油储量排在前十位的省区分别为黑龙江、新疆、山东、河北、陕西、辽宁、吉林、甘肃、河南和内蒙古，煤炭储量排在前十位的省区为内蒙古、山西、陕西、贵州、新疆、河南、云南、安徽、山东和黑龙江。天然气储量排在前十位的省区分别为陕西、新疆、四川、内蒙古、青海、黑龙江、重庆、吉林、山东和天津，铁矿石储量排在前十位的分别为辽宁、河北、四川、内蒙古、山东、安徽、甘肃、山西、云南和湖北。从这些排位中可以看出，我国资源富集地区主要分布在中西部，这些省区能源与矿产资源相对丰富，而东部沿海地区除山东等个别省份外，资源相对匮乏。

但是，能源和矿产资源丰裕省区的经济增长情况却远逊于东部沿海地区，尤其是珠三角和长三角地区。表 2－1 列出了 1990～2010 年省级层面不可再生资源储量和经济增长数据。从表中可以看出，这些年间经济平均增长率排名在前列的大部分是资源贫乏的东部省份，资源相对丰富的黑龙江、山西、内蒙古、辽宁、吉林等省份的经济增长却较为缓慢。从图 2－1 能够明显看出经济增长率和自然资源储量之间的负相关性。这从一定程度上反映了自然资源对地区经济增长存在一定的负面影响。

表 2-1　　我国自然资源储量地区分布与经济增长

| 地区 | GDP 平均增长率（%） | 石油平均储量（万吨） | 煤炭平均储量（亿吨） | 地区 | GDP 平均增长率（%） | 石油平均储量（万吨） | 煤炭平均储量（亿吨） |
|---|---|---|---|---|---|---|---|
| 北京 | 17.23 | 4.5 | 6.475 | 河南 | 16.74 | 6239.12 | 120.16 |
| 天津 | 17.52 | 4710.93 | 3 | 湖北 | 15.38 | 1229.405 | 2.98 |
| 河北 | 16.43 | 20076.11 | 71.53 | 湖南 | 16.06 | 0 | 19.83 |
| 山西 | 16.11 | 0 | 1053.62 | 广东 | 24.37 | 1378.61 | 1.95 |
| 内蒙古 | 19.30 | 5966.47 | 1127.2 | 广西 | 16.42 | 162.1 | 8.09 |
| 辽宁 | 15.08 | 18186.68 | 46.735 | 海南 | 15.79 | 34.18 | 0.9 |
| 吉林 | 15.86 | 16922.22 | 14.34 | 四川 | 27.82 | 264.45 | 68.56 |
| 黑龙江 | 14.02 | 62784.87 | 81.81 | 贵州 | 14.77 | 0 | 139.16 |
| 上海 | 16.12 | 52.98 | 0 | 云南 | 14.83 | 11.925 | 112.865 |
| 江苏 | 26.14 | 2620.12 | 20.15 | 西藏 | 15.54 | 0 | 0.1 |
| 浙江 | 18.14 | 0 | 0.51 | 陕西 | 17.01 | 19022.03 | 277.52 |
| 安徽 | 15.44 | 146.595 | 109.65 | 甘肃 | 14.64 | 10582.69 | 53.9 |
| 福建 | 17.96 | 0 | 4.39 | 青海 | 15.43 | 4222.01 | 18.87 |
| 江西 | 15.99 | 0 | 7.92 | 宁夏 | 17.13 | 109.91 | 58.32 |
| 山东 | 25.48 | 35277.16 | 89.64 | 新疆 | 15.75 | 44076.99 | 126.675 |

注：①GDP 平均增长率 = $[(GDP_{2010}/GDP_{1990})^{1/21}-1]\times 100\%$，其中 GDP 用当年价格计算；②石油和煤炭平均储量为 1990～2010 年的平均储量。③重庆市的数据并入四川省计算。

资料来源：根据历年《中国统计年鉴》整理。

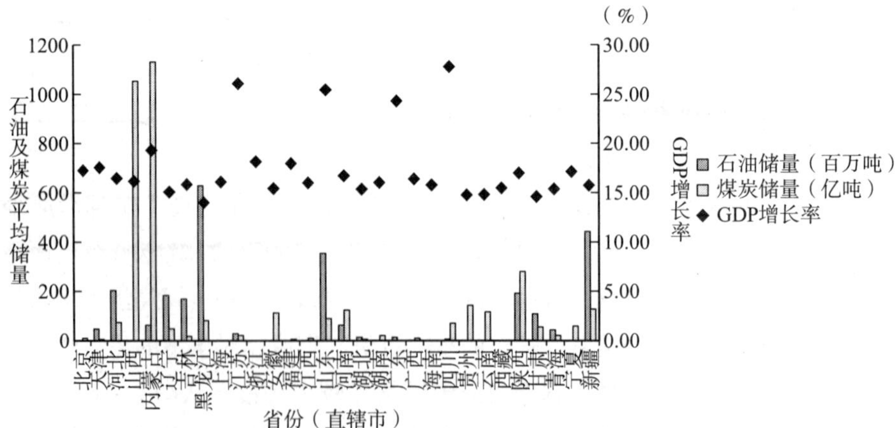


图 2-1　我国地区资源禀赋与 GDP 增长率

注：GDP 增长率为 1990～2010 年平均增长率；石油和煤炭储量为 1990～2010 年平均储量。

相关的深入统计实证研究已有很多（见本书 1.2.1 节），这些研究都表明“资源诅咒”的命题在我国内部的地区层面同样成立。尽管在国内外的研究中采用的分析度量方法有很大差异，但得出的结果却大多一致：资源丰度与区域经济增长之间存在负相关关系。

**2. 区域内产业结构单一**

经济结构是一个地区经济发展的基础，经济发展水平的差异与产业发展水平有很大关系。在资源型地区经济发展的过程中，大多依托于本区域的优势资源发展资源产业，以资源开采量和资源产品拉动资源产业发展，一般形成了以能源、原材料、重型工业等为主导的产业结构，对资源和资源产业依赖性很强，产业结构单一。从图 2-2 中可以看出，煤炭资源丰富的山西省，采矿业增加值占工业增加值的份额基本在 30% 以上，且近几年仍在显著增加，2009 年以后已达到 60% 以上，采矿业规模不断扩大，产业结构失衡现象明显。

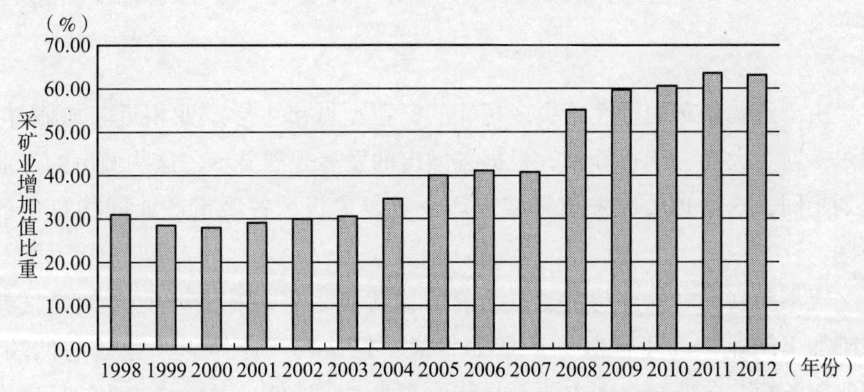


**图 2-2　1998~2012 年山西省采矿业占工业增加值比重**

资料来源：根据 2004~2013 年《山西省统计年鉴》整理。

从资源型城市层面看，这种产业结构失衡问题在成长期、成熟期和衰退期的资源型城市都有所体现。2013 年我国第三产业比重已经超过第二产业，产业结构逐步趋向优化，而选取的 9 座资源型城市中（见表 2-2），除大同市第三产业比重略超过第二产业外，其他城市的第二产业在整体经济结构中仍占有很高份额。从工业结构内部看，资源型城市产业结构失衡问题更为明显，重工业发展迅速，工业产业结构呈现明显的重型化特征，处于成长期和成熟期的资源型城市尤为如此。

**表2-2　　2013年我国9座资源型城市产业结构**

| 类型 | 资源型城市三次产业比重 | | 规模以上工业中重工业比重（%） | 全国三次产业比重 |
|---|---|---|---|---|
| 成长型 | 榆林 | 4.9∶69.8∶25.3 | 98.30 | 10.0∶43.9∶46.1 |
| | 鄂尔多斯 | 2.5∶59.9∶37.6 | 97.56 | |
| | 朔州 | 6.0∶56.0∶38.0 | 96.67 | |
| 成熟型 | 大同 | 5.7∶47.1∶47.2 | 94.94 | |
| | 宝鸡 | 10.2∶65.8∶24.0 | 78.05 | |
| | 三门峡 | 8.3∶66.4∶25.3 | 93.50 | |
| 衰退型 | 抚顺 | 8.3∶59.8∶33.4 | 87.55 | |
| | 焦作 | 7.8∶67.4∶24.8 | 65.62 | |
| | 铜川 | 6.8∶66.7∶26.5 | 86.86 | |

资料来源：2013年全国及各市经济和社会发展统计公报，其中抚顺数据来源于2012年统计公报的数据。

由于资源分布的特性，很多相邻的资源型城市主导产业相近。如榆林、鄂尔多斯、大同、朔州等市，根据各城市的发展规划显示，这些城市的产业规划趋同，这就必然带来相邻城市产业重复建设、各城市产业同构竞争的问题。

资本要素在资源部门集聚，会在一定程度上带动配套产业（如原材料基础加工产业）和生产服务产业的发展。但这类产业处于产业链的低端，产业链条短，向外辐射能力弱，与其他产业关联度低，对第三产业的带动作用微弱，导致资源型地区制造业、服务业发展滞后。为了实现对资源产品的深加工，资源型地区大力延伸资源产业链，虽然能够提高资源产品的附加值，但却进一步强化了资源型地区产业结构僵化，使地区经济受制于自然资源。资源型经济区域内产业结构单一化和刚性化的特点，严重削弱了资源型地区经济的竞争能力和可持续发展能力。

### 3. 反工业化现象

丰富的自然资源可以为资源型地区带来低成本优势，促进资源产业的发展壮大。在地区经济的早期发展中，依托资源优势发展起来的资源型产业是产业分工和专业化发展所需要的，是经济开发的基础和动力，也是初期工业化资本积累的有效途径。但是过分依赖资源产业，就会在资源部门不断强化投资，增加生产要素投入，使资源产业部门成为吸纳资本、劳动力的“洼地”，制约资本和人才流动，造成优势自我强化的负效应，形成优势陷阱和优势产业的自循环，从而抑制新兴产业的形成和发展，资源产业在地区经济中所占份额增加，而制造业却被“挤出”，出现了反工业化现象。

以我国主要资源型省份为例，图 2 – 3 为 2000 ~ 2012 年山西、黑龙江、青海、内蒙古、陕西五省采矿业与制造业增加值总值分别占工业增加值总值的比重。虽然不同年份有所波动，但从添加的趋势线上可以看出，采矿业增加值比重呈递增趋势，而制造业增加值比重则呈递减趋势。这种趋势在典型的资源型省份表现更为明显，图 2 – 4 为我国资源大省山西省采矿业与制造业增加值占工业增加值的比重，从图中可以很明显看出近年来采矿业所占份额日趋增加，对制造业产生明显的挤出效应。

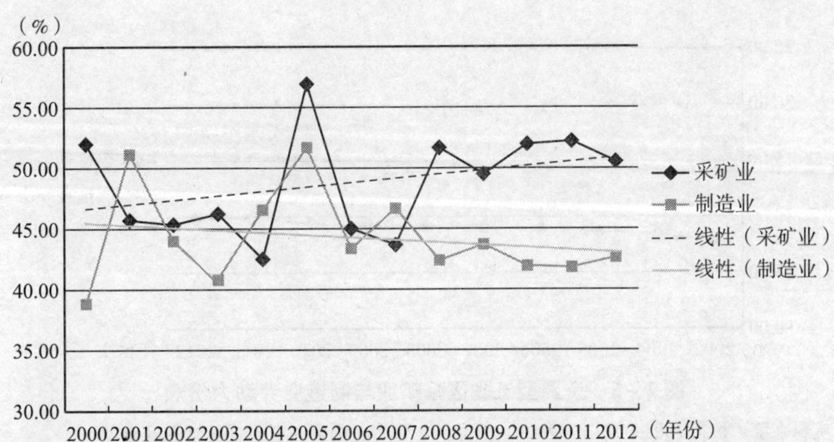


**图 2 – 3　2000 ~ 2012 年资源型五省区工业增加值中采矿业与制造业比重**

资料来源：根据 2001 ~ 2013 年山西、黑龙江、青海、内蒙古、陕西各省区统计年鉴整理。

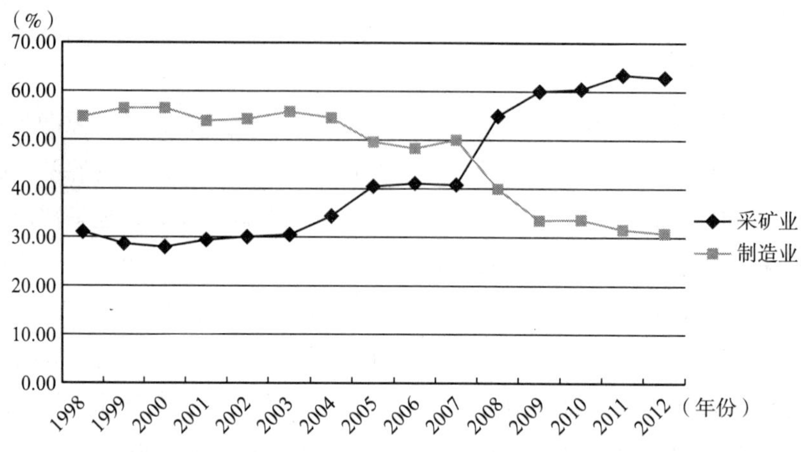


**图2-4 1998~2012年山西省工业增加值中采矿业与制造业比重**

资料来源：根据2000~2013年《山西省统计年鉴》整理。

在劳动力资源配置方面也同样反映出类似的变化趋势。图2-5为山西、黑龙江、青海、内蒙古、陕西五省的采矿业与制造业劳动力人数分别占劳动力资源总量的比重（2003~2012年）。从图中可以看出近年来采矿业劳动力份额呈增加趋势，而制造业劳动力份额则明显减少。从图2-6中山西省的数据中可以看出，这一趋势尤为明显。

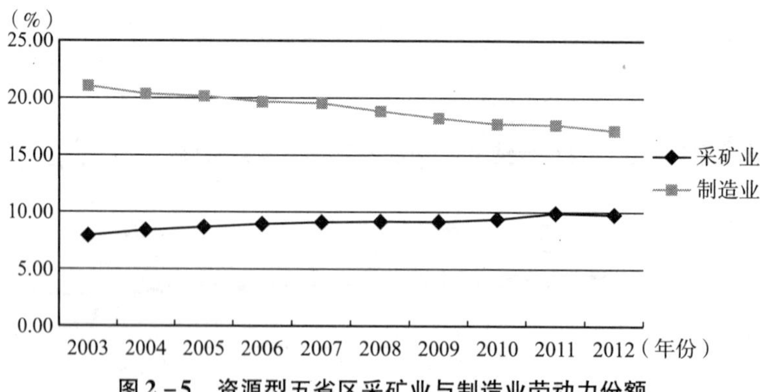


**图2-5 资源型五省区采矿业与制造业劳动力份额**

资料来源：根据2003~2013年山西、黑龙江、青海、内蒙古各省区统计年鉴整理。

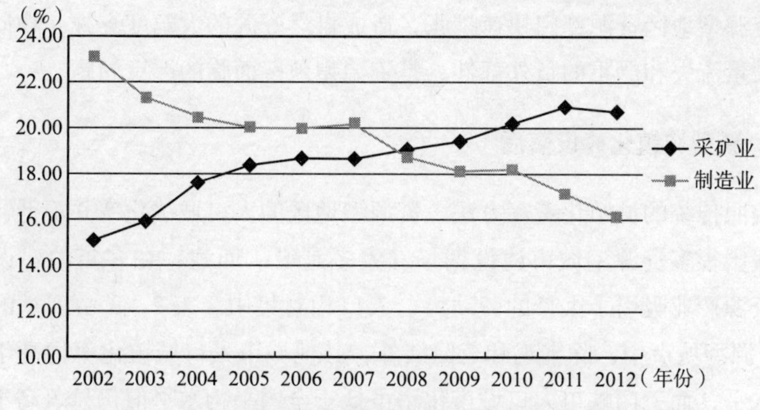


**图 2－6　2002～2012 年山西省采矿业与制造业劳动力份额**

资料来源：根据 2003～2013 年《山西省统计年鉴》整理。

### 4. 环境生态成本高，生态承载力低

资源开发是人为力量作用于自然的一个直接途径，资源的开采和开发必然会对环境和生态产生影响。由于能源化工等重工业比重高，资源型地区面临严重的环境污染、资源浪费，损坏了生态的更新能力，造成了区域自然环境和生态环境的恶化，付出了巨大的生态代价。

在我国的一些主要资源型地区，以资源型产品开发为主体的产业结构和高耗能、重污染的产业开发方式，造成了烟尘、粉尘和固体废物的大量产生和排放，带来了严重的环境污染。在开采过程中，存在资源回收率不高、资源利用程度低的现象，导致矿产资源的大量浪费和共生、伴生资源的破坏，造成严重的地下水破坏和地表水漏失，大规模开采还导致矿区土地塌陷、地表扰动、崩坍、泥石流等严重的地质灾害。巨大的资源浪费和严重的生态环境破坏，不仅直接造成巨大的经济损失，生态环境的治理和恢复也需要支付高额的成本。很多成长、成熟期的资源型城市高耗能、高污染、高排放的项目低水平重复建设，枯竭型资源型城市接续替代产业发展滞后，由于早期过度开发又缺乏相应的生态成本补偿措施，生态修复难度大、重建成本高，地区可持续发展压力大，资源开发和社会经济发展、环境保护之间矛盾突出，脆弱的生态承载力已经成为资源型地区长期发展的严重制约。

区域经济可持续发展的前提是各类资本的总价值保持不变或不断增长。

一些资源型地区资源部门快速扩张，造成自然资源的大幅度衰减，物质资源财富大量流失和严重的负外部性，是资源型地区面临的严重问题。

**5. 新型城镇化建设落后**

按照传统的城镇化考察方法，资源型地区的人口城镇化率并不低，这是由于我国很多资源型城市建设期早，大多是缘矿而建，在多年的建设过程中，资源产业吸引了大量的劳动力，人口相对集中。表2-3中列举的三类9座资源型城市中，除宝鸡和三门峡外，其他城市人口城镇化率均高于全国平均水平，而三门峡市人口城市化率虽低于全国平均水平但仍显著高于河南省这个农业大省平均水平。资源型城市的收入水平却相对较低（见表2-3），除鄂尔多斯和宝鸡外，其他资源型城市的城镇人均可支配收入均低于全国平均水平。

**表2-3　2013年我国资源型城市人口城镇化率和城镇人均可支配收入**

| 类型 | 人口城镇化率 | | | | 城镇居民人均可支配收入 | |
|---|---|---|---|---|---|---|
| | 资源型城市 | | 所在省份 | 全国 | 资源型城市 | 全国 |
| 成长型 | 榆林 | 52.8% | 51.31% | 52.57% | 26820元 | 26955元 |
| | 鄂尔多斯 | 72.4% | 58.70% | | 37564元 | |
| | 朔州 | 51.1% | 52.56% | | 24013元 | |
| 成熟型 | 大同 | 59.03% | 52.56% | | 21430元 | |
| | 宝鸡 | 45.61% | 51.31% | | 28509元 | |
| | 三门峡 | 48.9% | 43.80% | | 20938元 | |
| 衰退型 | 抚顺 | 65.48% | 65.65% | | 20545元 | |
| | 焦作 | 52.02% | 43.80% | | 22058元 | |
| | 铜川 | 61.25% | 51.31% | | 24495元 | |

资料来源：全国及各市2013年统计公报，其中抚顺数据来源于抚顺市2012年统计公报。

资源型城市的社会保障水平相对落后。选取的9座不同类型资源型城市中，除朔州外，其他城市的养老保险覆盖率均低于全国水平，医疗保险覆盖率也仅有抚顺和铜川高于全国水平，而且不同城市间养老保险和医疗保险普及程度差别较大（见表2-4）。随着新型城镇化的推进建设，参保人数不断增加，资源型城市社会保障负担会进一步加重。

表 2－4　　2013 年我国资源型城市养老保险和医疗保险覆盖率

| 类型 | | 养老保险覆盖率 | | 医疗保险覆盖率 | |
|---|---|---|---|---|---|
| | | 资源型城市 | 全国 | 资源型城市 | 全国 |
| | 榆林 | 53.97% | | 22.43% | |
| 成长型 | 鄂尔多斯 | 39.44% | | 31.76% | |
| | 朔州 | 60.89% | | 22.71% | |
| | 大同 | 41.66% | | 39.20% | |
| 成熟型 | 宝鸡 | 55.19% | 60.23% | 27.08% | 42.13% |
| | 三门峡 | 13.20% | | 29.42% | |
| | 抚顺 | 27.50% | | 66.12% | |
| 衰退型 | 焦作 | 14.68% | | 25.80% | |
| | 铜川 | 26.27% | | 44.79% | |

注：养老保险覆盖率 =（城乡基本养老保险人数 + 城镇职工养老保险人数）/总人口。

医疗保险覆盖率 = 基本医疗保险人数/总人口。

其中，三门峡和铜川数据中仅包含城镇职工养老保险人数。

资料来源：2013 年全国及各市经济和社会发展统计公报，其中抚顺数据来源于抚顺市 2012 年统计公报。

重型化工业一般是资本、技术密集型工业，对第三产业的拉动作用有限，对就业的吸纳能力低、对劳动力素质要求高。在转型发展过程中，无论是通过延伸产业链、建设产业集群推动成长期、成熟期资源型地区有序跨越式发展，还是通过培育接替产业支持衰退期资源型城市转型，都需要各类合格的人才作为保证，这对资源型城市人力资源的知识、技术水平提出了较高的要求，因此在城镇化过程中对转移的农业劳动力人口的吸纳效果有限。由于资源型城市基础设施相对薄弱，环境吸引力较差，因此对人才、资金等要素的集聚能力较弱，创新水平低，经济发展的内生动力不足。

大量的矿业人口也为资源型城市带了很多社会问题，在资源枯竭型城市表现尤为突出。由于早期发展过程中的历史性原因，资源型城市自身财政积累差，社会保障负担重，财政欠债较多。我国共有 67 个资源枯竭型城市，目前尚有近 7000 万平方米棚户区需要改造，约 14 万公顷沉陷区需要治理，失业矿工人数达 60 多万，城市低保人数超过 180 万人①。不仅如此，很多

① 摘自：《全国资源型城市可持续发展规划（2013～2020 年）》。

资源型城市基础设施不完善、交通不便捷，实施新型城镇化的资金缺口大，对资源型城市推进新型城镇化提出了很大挑战。

### 2.2.2 资源收益的初步统计观察

自然资源丰富的地区以资源开发为契机发展经济，以增加地区财富，但在一定条件下自然资源开发也对地区经济发展产生了负面影响。然而，在资源型地区区域经济层面经济增长表现不佳的同时，资源部门却能够获得较高的收益，出现资源地区经济增长乏力与资源部门高利润并存的现象。通过相关的统计数据，可以初步观察资源部门收益情况。

#### 1. 资源开发部门的收益

为了观察我国资源开发部门的实际收益水平，图 2 –7 列出了山西、黑龙江、青海、内蒙古和陕西五省采矿业企业与制造业企业的平均销售利润率。可以看出，虽然采矿业企业销售利润率在不同年份波动较大，但明显高于制造业企业销售利润率，而且从添加的趋势线看出，采矿业企业销售利润率上升速度明显高于制造业企业。这一点，在山西省表现更为明显（见图 2 –8）。

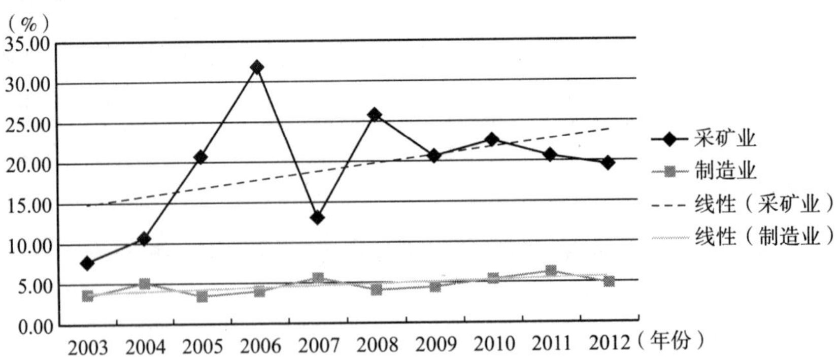


**图 2 –7 2003 ~2012 年资源型五省区采矿业企业与制造业企业销售利润率**

资料来源：根据 2004 ~2013 年山西、黑龙江、青海、内蒙古、陕西各省区统计年鉴整理。

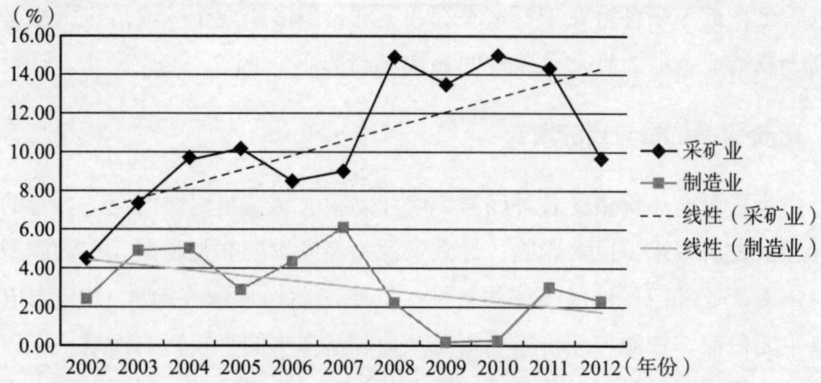


**图 2－8　2003～2012 年山西省采矿业企业与制造业企业销售利润率**

资料来源：根据 2004～2013 年《山西省统计年鉴》整理。

### 2. 行业人员工资

资源部门的高收益现象不仅体现在企业层面，在行业人员工资水平上，同样有所表现。以采矿业总产值占工业总产值比重作为资源开发依赖程度的衡量指标，根据 1999～2012 年我国各省份（市）这一指标数值的平均值，选择排名前 18 位的省区（市）（因西藏部分数据不完全，故未包含）作为分析对象，分别为：天津、河北、山西、内蒙古、辽宁、吉林、黑龙江、安徽、山东、河南、四川、贵州、云南、陕西、甘肃、青海、宁夏、新疆。

图 2－9 反映了 18 省区（市）采矿业和制造业职工平均工资对比情况。

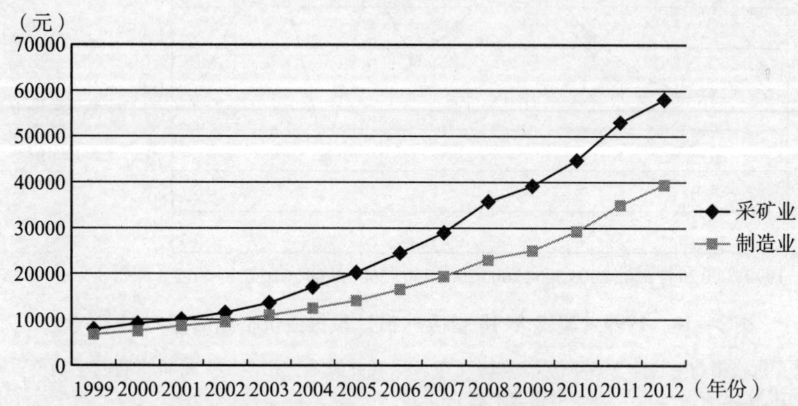


**图 2－9　1999～2012 年 18 省区（市）采矿业与制造业职工平均工资**

资料来源：2000～2013 年中国统计年鉴，其中 1999～2008 年为各地区分行业职工平均工资，2009～2013 年为各地区按行业分城镇单位就业人员平均工资。

可以看出，近年来各行业工资水平都在上涨，但采矿业企业人员工资水平一直高于制造业企业，且上涨速度明显快于制造业企业。

### 3. 资源品价格与经济增长

由于资源产品价格受各种因素影响波动很大，这给资源型经济自身的稳定和经济发展带来了巨大影响，导致资源型经济发展非常脆弱。在资源型地区，资源产业部门是地区经济的支柱，资源产业增加值在地区 GDP 构成中占有主要份额。资源产品价格是资源产业收益多少的直接影响因素，所以资源型地区经济增长对资源品价格波动十分敏感。价格高时，资源财富大幅增加，而资源品价格下跌时，资源收益会明显减少，地区经济也会受到负面影响。

图 2-10 反映了 1999~2012 年 18 省区（市）采掘业工业生产者出厂价格指数平均值与地区经济增长速度平均值，可以看出价格指数波动幅度很大，而经济增长速度基本表现出与价格指数相似的波动。在资源类价格下降时表现更为明显，受资源产品价格大幅波动的影响，资源型地区经济增长波动明显，发展非常脆弱。

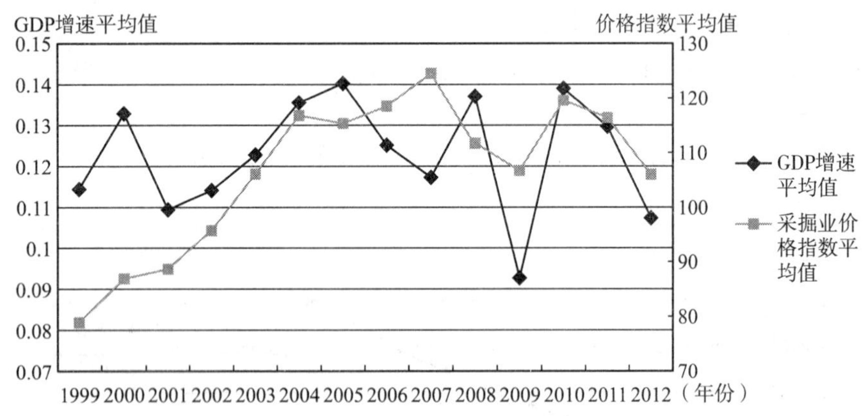


**图 2-10 1999~2012 年 18 省区（市）采掘业价格指数与 GDP 增速**

注：价格指数平均值为各年份 18 省区（市）采掘业工业生产者出厂价格指数的平均值；平均 GDP 增速为 18 省区（市）GDP 增速的平均值

为考察价格指数与各省区（市）经济增长间的关系，以 1999~2012 年各省区（市）年均 GDP 增长率做纵轴变量，各省采掘业工业生产者出厂价格指数平均值做横轴变量，建立散点图（见图 2－11），从添加的趋势线可以看出两者呈现出负向关联。

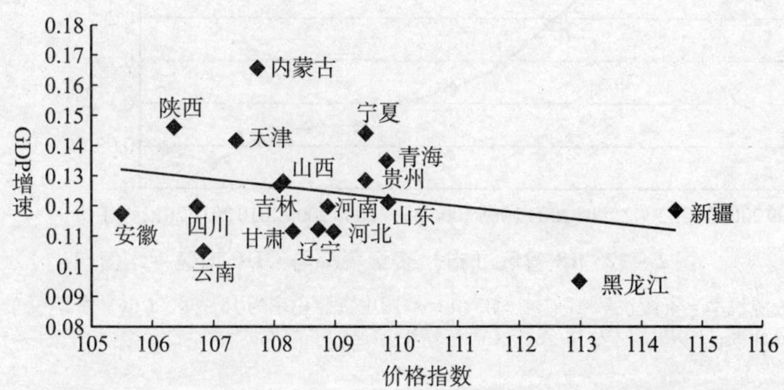


**图 2－11　18 省区（市）采掘业价格指数与 GDP 增速**

注：价格指数为各省区（市）14 年采掘业工业生产者出厂价格指数平均值；年均 GDP 增速为按可比价格计算的 1999～2012 年间各省区（市）GDP 年均增速 = $(GDP_{2012}/GDP_{1999})^{(1/14)}-1$。

**4. 资源税与经济增长**

资源型地区一般以资源产业作为主导产业，资源税是地区财政收入的重要组成部分。在我国，虽然资源税是个小税种，但作为一项重要的财政调节手段，资源税率的高低可以影响到资源部门的收入，影响资源型地区的要素流动和资源型地区的产业结构，进而对地区经济增长产生影响。

图 2－12 反映了 18 省区（市）平均资源税率与经济增长速度平均值的逐年变化情况。可以看出，平均资源税率呈现下降趋势，在采矿业总产值递增的背景下，资源税率下降说明以资源税形式反映的国家资源所有者权益没有得到合理补偿。

从资源税率和 GDP 增速的变化上，未能明显看出两者波动的相应特征，以 1999～2012 年各省区（市）年均 GDP 增长率为纵轴变量，各省区（市）资源税率平均值为横轴变量，建立各省区（市）经济增速和资源税率的散点图（见图 2－13），添加趋势线后，可以看出经济增速与资源税率间呈现一定程度的正向关联。

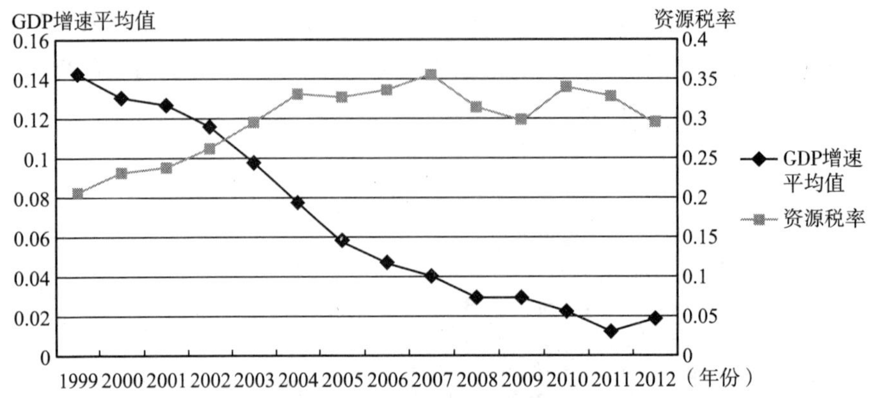


**图2－12　18省区（市）资源税率与GDP增速平均值**

注：资源税率＝资源税额/采矿业总产值，本图中资源税率为18省区（市）资源税总额占其采矿业总产值计算；GDP增速为18省区（市）GDP增速的平均值。

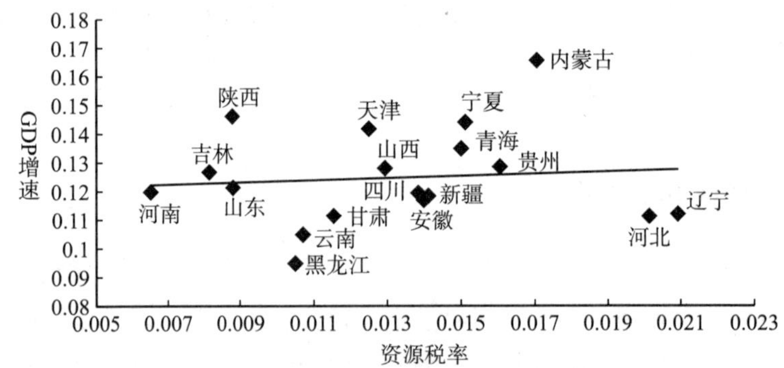


**图2－13　18省区（市）资源税率与GDP增速散点图**

注：资源税率＝资源税额/采矿业总产值；本图中资源税率为各省区（市）各年份资源税率的平均值；年均GDP增速为按可比价格计算的1999～2012年各省区（市）GDP年均增速＝$(GDP_{2012}/GDP_{1999})^{(1/14)}-1$。

通过对统计数据的初步观察，可以发现资源部门企业的收益与制造业企业形成明显对比，显示出资源部门获得了高于其他产业部门的收益。资源价格和资源税率也与资源型地区的经济运行有一定的关联。对于资源开发类企业高收益的现象，我国一些学者从不同角度进行了分析论证。李国平（2004）运用使用者成本法对我国煤炭开采进行了测算，认为煤炭开采企业存在收益虚增；程昔武（2008）、耿建新等（2008）通过对采掘类上市公司的分析，得出资源开发企业收益率超过其他行业，高于社会平均收益率，存在超额收益的结论；陈军杰（2011）通过对我国资源开采企业收益的实证研究证明，我国资源开采企业存在超额收益，并且不同的行业间差异性明显，煤炭企业收益率偏低。

各产业部门收益不同会影响生产要素流动，生产要素配置状况最终会导致地区经济走向不同的发展路径。可见，资源部门的收益对地区经济运行存在影响。分析资源型地区在资源开发中资源部门的收益分配对地区经济的作用机制，可以为研究资源型地区经济的运行提供一个新的角度，以此为着眼点，分析资源型地区经济的运行机制，可以寻求地区经济良性运行或转型发展的合理解决办法。

## 2.3　小　结

本章从自然资源和资源产业的特征入手，对资源型经济进行了界定，基于对资源产业的定义，将资源型经济界定为以煤、石油、天然气、铁、铜等能源和矿产资源开采业及资源初级加工产业为主要产业的地区经济类型，也就是以资源型产业为主导产业的经济体系。资源型经济运行存在常态和病态，本研究中所分析的，主要是指那些对自然资源、资源产业依赖度较高，最终可能会面临资源问题，需要转型发展的经济体系。

以我国的资源型地区为分析对象，通过初步统计观察发现我国的资源型地区存在经济增长乏力与资源部门高利润并存的现象。资源部门的收益会影响地区生产要素流动，进而影响资源型地区的经济发展路径。

实现资源型经济的良性运行的关键，在于明确资源型地区的要素配置机制及其背后的资源收益分配机制，合理分配和使用资源收益，优化要素配置机制，实现资源型地区的资本积累和有效利用，构建可递进的资本形成机制，实现经济转型发展。

# 第 3 章

# 资源型经济收益分配机制

自然资源开发带来的高额收益，如果不能合理分配和使用，会带来地区经济结构单一化、刚性化，挤出物质资本、人力资本和技术创新，导致资源型地区缺乏长期经济增长的内在动力，引发资源型经济问题。考察现有资源收益的实现形式和存在问题，是建立合理的自然资源收益分配机制的基础，对于资源型地区避免资源诅咒、实现经济转型和区域经济的可持续发展至为关键。

## 3.1 资源收益的实现形式

### 3.1.1 资源租金与资源收益

#### 1. 经济租金

经济租金的概念起源于土地的地租。地租是指凭借土地所有权从土地使用者那里获取的收入，是土地所有权在经济上的实现形式。地租是土地在生产利用中自然产生的或应该产生的经济报酬，等于总收益减去要素总成本后的剩余部分。土地的最大特点是假定它不被毁灭，即土地的供给不为价格所左右，对于那些供给同样不变的资源，也必然会带来租金收入，这种租金一般称为经济租金。

在新古典主义经济理论框架下，经济租金就是由于对某一生产要素，特别是对短期不能随意发生边际变化的固定生产要素的垄断而产生的超过边际成本之上的超额利润或生产者剩余。由于这类生产要素的供给为固定的，故因需求的增大而获得的较多于生产成本以外的收益，就会带来经济租金。也就是说，经济租金来源于垄断产生的超额利润，处于垄断地位的要素都可以得到超过机会成本的剩余（Surplus）或者余额（Residual）。

经济租金产生的原因是所有权的存在。在要素分配论下，要素所有者自然可以凭借其所有权获得经济租金。从度量上看，经济租金等于要素收入中减去不会影响要素总供给的那部分要素收入，类似于生产者剩余，即：经济租金 = 要素收入 - 机会成本。

在使用多种要素生产的情况下，某一生产要素带来的经济租金可以表示如下：

经济租金 = 总收益（产品出售价格 × 数量）- 其他非固定数量要素成本 - 获得固定供给要素所必须支付的最低报酬（固定供给要素用于其他用途时所能获得的报酬）

**2. 资源租金**

资源租金是经济租金的一种形式。自然资源具有稀缺性、可耗竭性的特点，因此在使用时必须为其支付代价，资源租金就是指资源开采者为了获得资源的开采权，向资源所有者所做的支付。

具有一定垄断性的自然资源都存在资源租金。在经济学分析中，资源租金的理论依据有地租理论和产权理论等。地租理论认为，与农业地租类似，矿山地区也包括绝对地租和级差地租，绝对地租来源于矿产资源所有权垄断，级差地租来源于开采条件较好的矿产资源和开采条件较差的矿产资源所获得的高低利润之差。产权理论认为，矿产资源的收益相当于是其产权交易的市场支付，当使用者和所有者不同时，使用者需要支付给所有者一定费用，这部分费用就是资源租金，是使用者利用自然资源进行生产得到的经济收益部分。收取资源租金的目的，是防止浪费和过度使用自然资源，实现自然资源合理、高效利用。

根据对经济租金的表述，资源开发过程中的资源租金可以表示为下面的等式：

资源租金 = 资源收益 − 其他要素成本 − 资源开发的机会成本

### 3. 资源收益

根据新古典经济学的要素收入分配理论，在生产过程中，资本、劳动力、土地和企业家才能作为生产要素，应分别获得相应的报酬，即利息、工资、地租和企业家正常利润。在自然资源开发过程中，自然资源与土地一样，可以视为供给不变的生产要素投入到生产过程中，那么这个过程中的要素收入除了包括劳动力工资、利息和企业家才能应得的正常利润之外，还有资源租金。资源收益可以表示为：

资源收益 = 资源租金 + 其他要素成本 + 资源开发的机会成本

（即资源开发中的全部成本）

其他要素成本即劳动力、资本和企业家才能获得的要素收入：工资、利息和正常利润。将资源开发中发生的全部成本定义为社会总成本，则上式改写为：

资源收益 = 资源租金 +（工资 + 利息 + 正常利润）+ 社会总成本

这一等式可解释为资源收益分配构成。参与资源收益分配的主体，即参与利益分配活动的当事人，是依据某些条件获取相应份额经济利益的社会群体或集团。在资源收益分配中包括国家或地方政府、矿业权人、资源地区居民等。资源收益分配是对相关主体的经济利益弥补。因此，资源收益应分配于以下几个方面：第一，需要使资源所有者或相关主体（即国家）获得应得的经济收益，即资源租金收入；第二，劳动力、资本和企业家获得各自的要素收入；第三，要弥补投入的全部成本，即对资源地区居民生产和生活造成影响的环境和生态问题进行相应的价值补偿。

可见，资源收益分配受到资源租金、要素收入和资源开发过程中发生的总成本的影响，其中任何一部分界定不清，都会影响到收益分配的合理性和有效性。自然资源的不可再生性及其对经济发展的重要性，决定了资源收益的分配对资源部门乃至资源型地区的要素配置和可持续发展具有重要影响：分配与使用合理，资源开采将会促进区域经济发展；如果不合理，资源型地区将会陷入资源优势陷阱，形成问题经济。清晰界定资源租金和资源开发中的社会总成本，合理分配和使用资源收益，是实现资源型经济良性运行的根本。

### 3.1.2 资源租金的构成

资源收益与资源租金直接相关，要深入分析资源收益，就要对资源租金的构成进行分析，对资源租金进行清晰界定，才能合理进行资源收益分配，完善要素配置机制。

资源租金的本质是源于自然资源开发过程中对矿区土地资源的使用，及自然资源的稀缺性和可耗竭性，故资源租金可以作如下细分：

**1. 矿地租金**

矿地租金是资源开发过程中由于对土地资源的占用和使用，而需要对土地资源使用权进行的补偿，应根据土地的原有用途，按照面积大小进行计算和支付。其支付方是采矿权人，收益方是土地的所有权人。国外一些国家征收的矿业权出让金、我国征收的矿业权使用费类似矿地租金。

**2. 稀缺性租金与耗竭性租金**

针对资源租金产生的原因和来源，根据新古典经济的要素价格理论，在开发利用资源时必须要对其支付，类似于土地的地租。但矿产资源与土地不同，土地并不会因使用而减少，矿产资源却会随着开发的不断深入，转化为资源产品而消失。在开发过程中，矿产资源表现出稀缺性和可耗竭性两方面特征，因此，资源租金可以细分为两个部分：稀缺性租金和耗竭性租金。因矿产资源在短期中储量不变而呈现出稀缺性，这部分由供给不变而产生的经济租金为稀缺性租金，耗竭性租金是因矿产资源的可耗竭性，随着开发深入供给减少而必须为其支付的代价（普景秋，2010）。

从短期来看，或者说是针对开采当期来看，自然资源是稀缺的，即资源的供给是既定的。从长期来看，自然资源的储量是有限的，随着开发的不断深入，必然面临可采储量的减少，资源的可耗竭性会导致资源供给的减少。在自然资源开发的过程中，资源的稀缺性和可耗竭性同时反映在资源租金变化中，稀缺租金为供给没有弹性的自然资源相对于需求不足而获取的收益，耗竭性租金为资源储量减少而获取的收益。如图 3－1 所示：

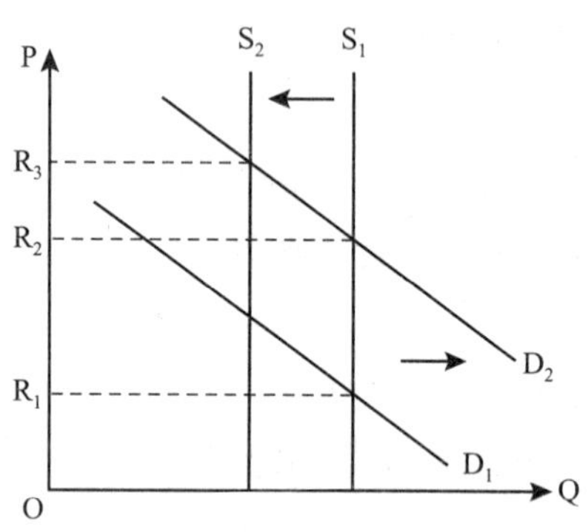


**图 3－1　稀缺性租金与耗竭性租金**

其中，稀缺性租金来源于资源供给不变。当资源的供给固定时，随着对资源的需求增长，资源将变得相对稀缺，引起资源价格上涨，使得生产者剩余增加，带来资源租金增加。图 3－1 中，资源供给曲线不变，为 $S_1$，由于经济发展，对资源的需求不断增加，需求曲线从 $D_1$ 右移到 $D_2$，资源价格相应上升，此时 $R_2$ 与 $R_1$ 之间的差值部分，对应自然资源稀缺性增加带来的稀缺性资源租金。

稀缺性租金反映采矿权人或开采者在使用矿产资源这种稀缺资源时必须要付出的代价，是对部分资源所有权的补偿。对矿业权人而言，在矿产资源勘探中付出的资本投入和劳动投入应在这部分租金中予以体现，是对资源发现权的补偿。从价值实现看，这部分稀缺性租金是资源作为一种资产，在未来期能够实现的收益现值的总和，是采矿权人对获取矿产资源使用权和收益权对资源所有权人作出的支付，也是资源所有权人获得的补偿。

国外一些国家征收的权利金、资源租金税、红利，以及我国的矿产资源补偿费、资源税、矿业权价款、特别收益金类似于稀缺性租金。

耗竭性租金来源于资源的损耗。由于自然资源储量是有限的，随着开发的不断深入，资源供给会不断减少，导致资源价格提高，生产者剩余增加，带来资源租金增加。假设经济中对资源的需求不变，为 $D_2$，供给曲线从 $S_1$ 左移到 $S_2$，引起资源价格上升，此时 $R_3$ 与 $R_2$ 之间的差值部分，对应因资源耗竭、供给减少带来的耗竭性资源租金。

自然资源的稀缺性租金与凭借土地获得的租金收益类似，土地的使用并不会损毁其本身的价值，并不会因为使用权、收益权的变化而变化。但自然资源与土地的不同之处在于，随着自然资源的开采，已探明储量绝对量会减少，自然资源本身的财富价值会消失，耗竭性租金对应的就是这部分自然资源本身的财富价值，是对资源所有权的补偿。这部分租金收益应该用于弥补已探明矿产资源绝对储量减少引起的损失，用于探寻新的矿产资源或开发替代资源。

国外有些国家设置有资源耗竭补贴，类似于耗竭性租金，我国尚缺乏对这部分租金的收取。

在自然资源价格上涨带来的资源租金增加中，稀缺性租金和耗竭性租金都应有所补偿。稀缺性租金是对资源相对稀缺的补偿，对应于当代人的行为，应为当代人所拥有；耗竭性租金是对资源消耗的补偿，来自于提前到当期的未来收益，应归后代人所有。

### 3.1.3 资源开发中的社会总成本

资源开采加工过程中发生的全部成本是影响资源收益的一个重要因素。

不同于一般产品，资源开发过程具有以下特点：（1）对生态环境影响、破坏性大；（2）风险大、安全事故发生率高且后果严重；（3）资产专用性强、沉淀成本高。这些特征决定了自然资源开采和加工过程中发生的成本，不仅限于企业在生产过程中面对的勘探成本和开采成本等私人成本，还存在社会成本。资源开采加工过程中发生的社会成本有：

第一，生态环境成本。自然资源开发的过程是人类行为作用于自然生态环境的典型表现。在资源开发过程中，会对土地资源、水资源造成破坏，产生土地沉降、塌陷，并伴有大气污染和水污染等影响，这些对生态环境造成的负的外部性，严重影响了当地的社会经济生活。这部分生态环境成本必须在资源收益分配中予以补偿，即资源收益中应有足够份额用于资源开发前对生态环境问题的防范，以及开发中和开发后的修复和治理，以实现资源型地区经济和社会的可持续发展。

第二，安全成本。资源开发是高风险的作业过程，在生产过程中必须有完善的安全保障措施和安全管理措施，安全保障成本也是资源开发过程中必须要投入的成本。安全成本就是这部分用于保证安全生产、加强安全防范的系统和设施，并实施安全管理所额外增加的成本。

第三，沉淀成本。资源产业资产专用性强，投资数额大，容易形成高额的沉淀成本。这些因素会导致在资源产业形成投资过度、产业刚性和非资源产业投资不足等现象，出现严重的要素配置扭曲，也是导致资源型地区经济发展路径依赖、转型困难的重要原因。随着资源枯竭或者市场需求的变化，区域发展需要适时转型，资源型经济发展必然面临经济转型，届时必须要补充一部分沉淀成本，需要在开发期间对沉淀成本进行提前计提。计提的沉淀成本可以作为资源型地区的转型发展基金，为培植新的主导产业提供必要的资金支持。

将这三部分成本与开发企业生产中的私人成本放在一起，称为社会总成本。由于考虑到这些社会成本，资源开发过程中的社会总成本远大于生产企业面对的私人成本。从可持续发展的角度考虑，资源收益应该由全部的社会成本而不是私人成本决定。目前我国资源开发中对社会成本各部分投入尚有不足。

### 3.1.4 资源收益的构成及表现

根据前述分析，资源收益应分配于以下三个方面：第一，需要使资源所有者或相关主体获得应得的经济收益，即资源租金收入；第二，劳动力、资本和企业家获得各自的要素收入；第三，要弥补投入的全部成本。即，资源收益 = 资源租金 + 要素收入 + 社会总成本。其中：

（1）资源租金由三部分组成：一是因对矿区地区使用形成的矿地租金，类似地租，是由于矿地资源不能在使用中消灭所实现的部分；二是稀缺性租金，是由于自然资源供给不变、需求增加引起价格上涨带来的部分；三是耗竭性租金，是由于矿区资源储量绝对减少导致的价格上涨所带来的，对未来收益提前所做的弥补。

资源租金 = 矿地租金 + 稀缺性租金 + 耗竭性租金

（2）要素收入包括工人工资、利息和企业家才能应得的正常利润。

要素收入 = 工资 + 利息 + 正常利润（即企业家才能）

（3）投入的全部成本即社会总成本，包括私人成本和社会成本。私人成本是资源开采过程中勘探和开采企业需要投入的生产性成本。社会成本是在资源开采过程中产生的外部性成本和对安全生产投入的保障性成本。

社会总成本 = 私人成本 + 社会成本
= 勘探、开采成本等 +（环境、生态成本 +
安全成本 + 沉淀成本）

由此，资源收益可以表示为：

资源收益 =（矿地租金 + 稀缺性租金 + 耗竭性租金）+
（工资 + 利息 + 正常利润）+（私人成本 + 社会成本）。

资源收益分配合理与否直接影响着资源开发部门乃至资源型地区的发展状态。资源分配制度缺失或不完善，缺乏对收益流向的规范，会扭曲资源型地区的要素流动信号，影响要素流动机制。在不合理的要素流动机制下，资源开发过程中经济主体的行为就会背离社会最优状态，加速资源的浪费和耗竭，导致资源型地区的财富迅速流失，最终引发资源型地区的诸多问题，制约地区经济良性发展。

## 3.2　资源租金的转化与流失

在资源收益的各构成部分中，资源租金是否全部可以被资源所有者获得呢？答案是否定的。主要原因有：第一，资源租金本身界定不清，对资源的稀缺性租金和耗竭性租金缺乏清晰界定，缺少相应的制度安排使资源所有者对这部分资源租金加以回收；第二，社会成本界定范围过窄，社会总成本不仅包含资源开发成本，还应该包括当期资源开发造成的生态、环境成本、保障安全的成本，以及对未来的补偿成本、沉淀成本等。对环境成本、安全成本和沉淀成本缺乏相应的制度安排予以明确，导致对资源开采过程中的社会总成本估值过低，变相提高了资源租金和要素收入；第三，资源价格波动幅度大，在资源价格上涨时，会引起资源部门的额外收益迅速提高，虽然从价或从量征收的资源租金部分会消化一部分额外收益，但产品市场依然存在额外增加的收益。

由于上述原因的影响，未能清晰界定的资源资金便可能出现未被资源所有者获取的情况，这部分资源收益一方面可能转化为其他生产要素或企业家才能的超额收入，出现资源租金的转化；另一方面，由于资源开发部门内外存在多重的“委托－代理”关系，未能清晰界定的资源租金便会引发寻租行为，从而造成资源租金的流失。

### 3.2.1 资源租金的转化

#### 1. 资源租金向正常利润转化

正常利润是对企业家才能的补偿。在竞争性的市场过程中，企业通过独特的资源禀赋、管理创新、技术创新和发明以获得产品的独特性或降低成本，从而达到排挤竞争对手并获得独占地位的目的。这种因企业家行为而引起的垄断给企业带来的高额利润是技术或管理创新带来的垄断租金。垄断租金的存在，成为激励企业家进行管理和技术创新的动力。

在资源开发部门，因自然资源不可再生性产生的垄断租金应以稀缺性租金和耗竭性租金的形式，由资源所有者回收。但是，在资源租金界定不清的情况下，因缺乏必要的制度安排收回资源所有者应得的资源租金，导致这部分租金收益转化为企业家——即矿业权人获得的利润。

这种情况在资源价格上涨时表现得更为明显。资源价格上涨时，由于资源供给固定，必然会带来超出正常利润之外的垄断利润，这部分增加的垄断利润存在一个在资源所有者与矿山经营者之间的分配问题。这个分配应该是在租约签订之中实现的，并且在租期到期后通过谈判来不断调整。从理论上讲，由于在长租期内资源价格上涨、技术进步产生的资源租金归资源开采企业，所以较长的租期对资源开采企业有利，较短的租期对资源所有者有利。资源开采业的巨额沉没成本和资产专用性很强使太短的租期成为不可能，必须是长期的租期甚至是一次性签订的终身租约。这样租约的确定（租金的收取方式）就十分重要，直接影响到资源租金的数量、分配的公平和经济效率。

作为资源所有者，国家应通过相应的税费政策对增加的资源稀缺性租金予以回收。但是在我国现行的资源税费政策中，资源税采取从量（煤炭和矿产资源）或从价（原油和天然气）的形式进行征收，在石油开采领域针对高额利润征收的特别收益金比率也相对较低，起不到在价格大幅上涨时回收稀缺性租金的作用。这种情况不仅对资源所有者是个损失，更主要的是这种转化来的高额利润，虚假化为资源开发企业的正常利润，降低了资源开发企业进行管理和技术创新追求垄断租金的激励，在客观上加剧了资源产业低技术水平和低管理水平的状况。同时，这也是导致资源开采过程中出现“采富弃贫”现象的一个重要原因。

**2. 资源租金向要素收入的转化**

根据一般的经济理论，企业内存在企业所有者与企业经营者的“委托—代理”问题，在企业内部有经济利润向工资转化的倾向。在资源开发部门，要素收入是资源收益在扣除社会总成本和资源所有者应得的资源租金后的部分。资源利润的实现需面临资源所有者通过资源开采企业所有者、资源开采企业经营者的双重甚至多重“委托—代理”问题。

在现有的制度安排下，资源开发收益中资源租金界定不清、社会总成本中环境成本、安全成本和沉淀成本考虑不全面，致使资源收益中资源租金和经济利润难以区分，资源经营者存在更强的激励将资源收益向工资、利息等要素收入转化。由于资源租金转化成工资、利息，所以资源产业的工资、资本回报水平要高于其他产业，这种要素价格失真的结果是资源部门吸引更多的劳动力、资本流向本部门，造成资源部门生产要素过度配置，产业发展过度繁荣，而制造业被迫接受拉高的工资和利息，竞争力下降，发展潜力受到损害。

生产要素在资源产业过度配置，导致资源型地区产业体系畸形发展，原本可以流向制造业等其他产业的资本、劳动、技术等要素大量在资源产业积聚。但是，资源产业的要素高回报是资源租金转化的结果，不是真正的要素产出，降低了生产要素的效率。另一方面，资源产业对人力资本的需求比较低端化、简单化，高工资吸引大量的优秀人才从事简单的劳动，进一步降低了要素的使用效率。

要素价格失真造成资源型地区对人力资本、物质资本配置不当，制造业发展受到制约，地区经济竞争力下降。另外，资源租金转化带来生产要素的"不劳而获"，减弱了竞争的压力和激励，致使资源部门缺乏创新动力，削弱了地区经济的持续发展能力。

### 3. 社会成本向资源租金、要素收入转化

资源开发对资源型地区的生态环境造成了巨大的负外部性影响，为了保证当地生产、生活的正常发展，需要有足够的生态环境补偿投入用以修复当地的生态环境。在我国早期的工业化进程中，对生态环境建设重视不够，分配主体中也未考虑到资源型地区的居民，资源收益分配中也几乎未包含对地区生态环境成本的弥补，当地居民不仅无法从本地资源禀赋中获益，还要承担资源开发带来的生态破坏和环境污染。这部分生态环境补偿机制不健全甚至缺失，致使很多早期开发的资源型地区陷入生态环境恶化的境地。在资源产业由于资源枯竭而步入衰退后，不仅当地经济增长乏力，而且由于环境恶化，当地的社会生活也受到严重影响。因缺乏对生态环境的补偿资金，当地的环境和生态修复严重缺乏资金，无力对生态环境进行修复和治理，进一步恶化了当地的生产和投资环境，地区经济缺乏吸引力。

沉淀成本也是资源型地区必须要支付的成本之一。我国的资源型地区在资源产业繁荣期缺乏对转型的必要认识，在资源产业衰退地区经济必然面临转型时，由于缺乏良好的投资环境和必要的资金扶持，新兴产业难以培育发展，对资源型地区经济转型和良性运行形成了巨大的阻碍。提前计提的沉淀成本，可以为资源型地区经济转型发展提供资金来源。

资源开发过程中生产安全防范性投入不足或缺失，是造成我国矿难频发的主要原因。因此需要对开发过程中环境、生态成本和安全保障性投入予以足够的补偿，才能保证资源型地区的经济和社会的健康、可持续发展。

从资源收益的形成上看，资源租金和要素收入是资源收益扣除社会总成本后的部分。生态环境成本、安全成本和沉淀成本必须先于资源租金、要素收入和经济利润得到补偿。但是在制度不健全、缺乏有效的法律保护或者法律执行不力的情况下，资源型地区对这类社会成本提取不够，导致本应成为

成本支付的部分被错误的视为资源部门虚增的高额利润。由于“委托－代理”关系，这些利润就必然存在向资源租金、经济利润转化的动力与可能。对社会成本计提不足，虚高的资源部门利润使资源部门劳动力工资增加、物质资本回报率上升，在这种扭曲的要素收入信号的引导下，势必造成资源型地区要素流动失衡，使资源型地区的经济发展形成严重的路径依赖，陷入转型困难的境地。

### 3.2.2　资源租金的流失

在现有的资源使用制度和资源收益分配制度下，不仅存在资源租金的转化，同时还存在大量的资源租金的流失。

由于自然资源的供给量不能增加，所以随着开采的推进，需求增加加剧了自然资源的稀缺性，长期中储量绝对减少还会产生自然资源的耗竭性。这种自然资源的稀缺性和可耗竭性会使资源产品的市场价格持续地高于成本，从而在长期中保持超额利润或超额要素收入。这部分超额利润或要素收入主要体现为自然资源的稀缺性租金和耗竭性租金。如果利用适度和管理得当，自然资源能够持续产生资源租金，这部分资源租金应归属资源所有权人所有，由资源所有者回收。如果对稀缺性租金和耗竭性租金界定不清，制度不健全或者缺失，在公共领域留存大量的游离状态的资源租金收益，就会出现资源租金流失的现象。

资源租金的流失，源于两方面的原因：一是由于资源租金界定不清，采矿权人过度竞争导致的资源租金的消散，二是由于争夺超额租金收益产生的寻租行为所导致的效率损失。

#### 1. 资源租金的消散

根据产权经济学的相关理论，有价值的资源或财产由于产权安排方面的原因，其价值（或租金）会下降，乃至完全消失，即出现租值的耗散。如果资源是公共财产（也就是世界各国资源所有权最一般的情况），资源租金收取的制度就非常重要，直接导致资源租金是处于确定的状态还是处于流失的状态。租值消散理论说明，权利没有清楚界定，是产生非专有收入的条件，也是租值消散的根源。巴泽尔（1997）提出，公共领域的产权必然会导致对租的攫取；张五常（2001）认为，产权界定不清将导致租金的消散。我国的国有企业的资源免费使用就是典型的资源租金的流失的状态。当前，我国资源产权市场还不完善，对资源的稀缺性租金和耗竭性租金缺乏清晰的制度安排，未能清晰界定的、本应属于资源所有权人的资源租金收益处于游离状态留在公共领域，这部分资源租金往往被采矿权人获得，成为采矿权人争夺的目标。

对于竞争市场中的一般产品，在价格上涨时，企业可能会在短期中获得超额收益，但随着供给的增加，价格会逐渐回落，难以在长期中维持超额利润。在大部分产业中，率先使用先进技术或低成本技术的企业能够在短期中获得超额利润，但产业内的其他生产者会竞相使用新技术，这种生产者之间的竞争会使整个行业的生产成本降低。这样，随着竞争的不断深入，超额利润最终会因生产规模扩大而逐渐消失。然而，资源产业的情况却并非如此。由于资源行业的总产量受到自然资源储量的限制，技术进步不能增加总产出，只会改变不同生产者的产出份额，所以资源产业内对自然资源的竞争性利用，最终只能导致整个行业成本增加，利润水平下降，出现了资源租金的消散。

在技术水平一定的条件下，因资源的稀缺性和可耗竭性，市场上对资源产品需求增加，而资源供给则日趋减少，资源价格呈现不断上涨的趋势。因此，采矿权人能够获得的超额租金收益也呈现出上涨的趋势。资源所有权人的租金收益如果未随着资源产品价格上涨相应调整的话，资源产品市场的均衡价格与采矿权人支付的成本之间差距会进一步扩大，单位资源租金的超额收益也会随之上涨。在产权市场中，因为资源稀缺性和可耗竭性带来的资源报酬增加的份额，在现实中如果转化为由资源所有者回收的稀缺性租金和耗竭性租金，或者能够弥补资源生产过程中发生的全部成本，那么资源产业中的超额利润降低也就减少了市场中的额外租金来源。但是在不健全的资源产权市场中，资源产品价格上涨，并未实现资源所有权人的租金收益相应增加和补偿社会总成本的增加，那么这部分资源租金的超额收益就成为资源产权市场争夺的额外增加的租金来源。

对资源产品市场而言，由于利润空间的扩大，为了获取这部分没有明确界定的额外租金收益，数量众多的潜在采矿权人便会展开竞争，对资源产品的产量份额进行争夺，超额资源租金收益越大，参与竞争的主体就越多。在这种无序、过度的竞争性开采中，不仅提高了资源开采的成本，采矿权人为了占有更多的游离状态的资源租金，还会出现“采富弃贫”现象，造成巨大的资源浪费，从而导致资源租金的消散。

### 2. 寻租行为的效率损失

寻租行为，是指为获得和维持垄断地位从而得到垄断利润，所从事的一种非生产性活动。资源开采中存在的游离状态的超额资源租金，不仅会引发采矿权人过度竞争带来资源租金的消散。这部分额外的租金收益还会引发寻租行为。根据前面的分析，资源产权市场存在超额的租金收益，这部分超额租金收益，成为资源产权市场寻租的租金源。

为了获取额外租金收益，更多的采矿权人参与争夺供给有限的自然资源。数量众多的潜在的采矿权人之间展开竞争，于是通过各种手段，付出相应的成本来争取获得超额租金收益。事实上，只要采矿权人付出的代价小于额外的资源租金收益，就会存在对这部分既得利益的争夺，导致资源产权市场中出现寻租行为，具体表现为资源产品市场中产量份额的竞争。寻租的规模与强度随超额租金收益的增加而加剧。

由于资源开发中外部性问题、安全保障不健全等方面带来的社会成本尚未完全计入成本，致使资源产品市场的私人成本小于社会成本，采矿权人能够获得正常利润之外的额外利润。政府作为资源所有权人会对采矿权人的资源开采份额进行分配，对于采矿权人而言，如果能够得到更多的份额，就可以获取更多的超额利润。因此采矿权人会对政府分配的产量份额进行争夺，为了得到更多的超额利润，就要付出更大的代价，由此导致了普遍和严重的寻租现象。而且超额利润越大，愿意为争夺这部分超额利润付出的代价也越大，因寻租行为产生的社会总体福利损失也就越大。

在寻租过程中，额外的超额租金收益被少数人所获取，尤其是在资源价格大幅上涨的情况下，少数权益人在短期内获取的巨额财富，远高于根据自己的资本、能力和机会从事生产性活动所获得的收入。由此，导致资源开发企业从生产性活动，转向寻求高额租金的寻租活动。在资源产品价格大幅上涨的时候，这种寻租行为更为明显。

这类活动支付相应的寻租成本，却不能带来生产进步和社会整体福利的增加，最终导致资源产业内超额的资源租金减损，出现租金的流失，带来社会福利损失。同时，寻租行为还会引发腐败现象，带来更大的社会效率损失和社会不公平。

## 3.3 资源收益分配机制

根据前面的分析，产生资源收益分配不当的根本原因在于资源租金界定不清和资源开发过程中社会总成本支付不足。由于收益分配制度缺失，本来用于弥补资源可耗竭性、稀缺性和社会成本的收益部分，成为资源开发中的额外租金收益和超额利润。这部分租金收益和超额利润又被误认为投入要素获得的高额报酬，使资源部门的要素价格明显高于制造业、农业等其他部门。要素收入信号失真会误导要素流向，扭曲资源配置，资本、劳动力等生产要素会从制造业部门流向资源部门，出现“反工业化”现象。对额外收益的追求以及对额外收益的挥霍性消费，造成资源收益流失、资源型地区资本形成不足。最终导致资源型地区严重依赖资源部门，经济发展受资源产品价格波动的影响明显，周期性波动强，经济增长滞缓，引发区域经济的非持续发展。

只有构建合理的资源收益分配机制，才能从根本上校正资源型经济的发展路径。资源开发的特殊性，决定了资源开发收益分配的特殊性。根据资源收益（资源品价格 * 开采数量）= 资源租金 + 要素收入 + 社会总成本，资源收益分配机制的核心在于：扣除社会总成本后，如何回收资源租金和保障生产投入要素获得合理的要素收入，以及资源价格发生波动时，如何调节浮动的资源租金以稳定资源产业和资源型地区的发展，对这些部分的解释和合理的制度安排是规范资源型经济合理运行的关键。

基于此，资源收益分配机制应包含两个层面：资源收益的当期分配机制和跨期调节机制，最终形成资源开发过程中对所有参与主体（国家——资源所有权主体，矿业企业——矿业开发主体，当地居民——环境和生态的被影响者，以及未来居民——资源耗竭的被影响者）的合理利益补偿。如图 3－2 所示：

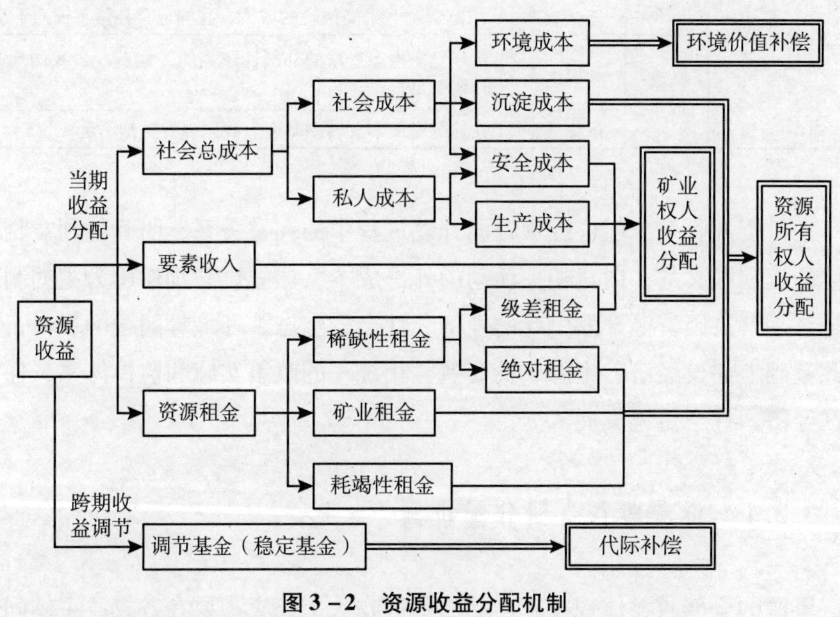


图 3－2　资源收益分配机制

结合我国现行的资源税费政策，资源收益使用的构成和表现汇总如表 3－1 所示：

表 3－1　资源收益分配的构成及其表现

| 组成部分 | | | 表现 |
|---|---|---|---|
| 资源收益 | 资源租金 | 矿地租金 | 土地使用权的补偿，相当于我国的矿业权使用费 |
| | | 稀缺性租金 | 对资源所有权及发现权的补偿，相当于我国的矿产资源补偿费、资源税、矿业权价款和特别收益金 |
| | | 耗竭性租金 | 对资源所有权的补偿，弥补资源绝对储量减少引起的损失，我国尚欠缺 |
| | 要素收入 | 工资 | 资源部门劳动力工资 |
| | | 利息 | 物质资本回报 |
| | | 正常利润（企业家才能） | 企业家回报 |

续表

<table>
<tr><th></th><th colspan="3">组成部分</th><th>表现</th></tr>
<tr><td rowspan="4">资源收益</td><td rowspan="4">补偿社会总成本</td><td rowspan="2">私人成本</td><td>生产成本</td><td>勘探成本、开采加工成本等</td></tr>
<tr><td>安全成本</td><td>防范资源开采高风险的成本，我国现有补偿、投入不足</td></tr>
<tr><td rowspan="2">社会成本</td><td>环境成本</td><td>对环境、生态造成的外部性成本的补偿基金，我国现有补偿不足</td></tr>
<tr><td>沉淀成本</td><td>弥补沉淀成本、转型基金，我国现有补偿不足</td></tr>
</table>

通过资源收益分配，理顺资源开发过程中的利益关系，明确各利益相关主体的权利和义务，内化相关活动的外部成本，建立以激励作用为主的制度安排，是解决因资源开发引起的经济、社会、生态、环境等问题的根本，并在此基础上建设经济、生态、社会效益相统一的政策实施和监控体系，保障地区经济、社会协调发展。

### 3.3.1 资源收益当期分配机制

资源的全部收益体现在矿产品的销售收入上，它需要在各权益主体间进行合理地分配。当期收益分配机制，主要是指将资源收益在资源开发当期涉及的主体之间分配和使用，用于当期对资源开发过程中的社会总成本的弥补、使生产要素获得相应补偿，以及资源所有权主体获得资源租金。

#### 1. 矿业权人收益分配

矿业权人是矿产资源的开发利用者，是直接承担资源勘探开发的主体。矿业权人具有矿产资源使用权，拥有对矿产资源勘察、开采的权利，享有矿产资源地质勘查的成果，生产具有利用价值的资源产品并获得收益。

资源收益分配中要素收入用于支付工资、资本利息和企业家应得的正常利润，属于矿业权人收益分配的一部分。这部分收益分配主要通过以下途径实现对相关主体的补偿：

第一，矿业权人。探矿权和采矿权通过流转，以探矿权价款和采矿权转让价款的形式体现其经济价值。矿业权人拥有矿产资源的使用权从而获得应得的利润。在开发过程中，通过对矿产资源的深入开发获得相应的级差租金部分，是属于矿业权人的正常利润。

第二，矿业职工。在矿产资源开发过程中，矿业职工付出体力或脑力劳动实现对资源的使用、开发和经营。矿业职工的收益分配，是根据在劳动过程中付出的体力或脑力而获取相应的劳动报酬，即劳动力的工资收入。

第三，矿业权人作为资源的开发主体，需要对开发过程中发生的成本实施补偿。这部分成本不仅包含生产中必要投入的生产性成本，还应包括需要企业承担的保障生产安全性的必要成本，如安全设施投入、安全管理投入、施工环境改善以及安全教育投入等。安全投入成本中，还有一部分需要资源所有者即国家投入的部分，是属于社会成本的一部分。

在矿业权人的收益分配中，直接发生的生产性成本和劳动力报酬，在市场经济条件下能够通过要素市场得以实现。矿业权人收益合理分配，是建立在矿业权价值充分实现的前提下。在市场经济条件下，矿业权价值的实现，需要建立与完善矿产资源产权交易制度。

**2. 资源所有权人收益分配**

国家对矿产资源的所有权，明确了矿产资源应存在经济价值，这部分所有权价值是矿产资源使用权价值的基础。资源所有权的价值通过资源租金实现，从资源开发的要素投入层面看，因资源的稀缺性和可耗竭性，所产生的由资源所有权人回收的稀缺性租金和耗竭性租金，必然要求在资源交易过程中将这部分收益充分体现，并加以实现。作为矿产资源所有权人，国家的经济权益是在与资源使用权人对资源使用权的交易中体现的。

我国的资源租金在矿产资源交易的一级市场和二级市场两个层面得以实现。在一级市场中，通过矿业权使用费实现对土地使用的补偿，在二级市场，通过矿产资源补偿费、资源税、矿业权价款和特别收益金，部分实现对资源所有权和发现权的补偿。目前在我国探矿权价款和采矿权价款的实现方式主要有市场方式（招标、拍卖、挂牌等）或协议出让的方式两种途径。探矿权和采矿权仅是国家出让的矿产资源使用权，由于矿产资源存在耗竭性特征，使用权人在开发、利用矿产资源时，必须给予所有权人补偿。资源所有权人的资源租金合理回收关键在于完善资源税收制度，这就要求建立完善的资源产权交易市场。

### 3. 社会成本补偿机制

资源收益合理分配中的一个重要环节是用资源收益对资源开发过程中发生的社会总成本进行合理补偿，这样才能保证资源开发不会对资源型地区的经济、社会、环境可持续发展造成不利影响。

社会总成本是衡量资源开发利用过程中使用和消耗的全部成本。资源开发中的总成本包含资源企业的私人成本和社会成本两部分。资源企业的成本是企业生产过程中的直接支出，主要有矿产资源勘查、开采和加工过程中的成本，例如我国的勘探开采费用、人工成本等。这部分成本与矿产资源本身的价值补偿和生态环境补偿没有直接关系，仅是矿产资源从自然属性向资源产品商品转化过程中支付的支出。在我国资源开发企业现有的成本核算中，只反映资源开发的直接成本，对生产过程的安全性成本投入不足。而且资源开发的总成本中，也未包括因开发而引起的生态破坏成本和环境治理成本，以及给当地居民造成的其他社会、经济损失。资源收益分配中，对资源开发的外部性成本未能予以充分补偿。

社会成本补偿主要包含三个方面：一是防范资源开发过程中的高风险需要投入的安全保障成本，这部分安全性成本中，与企业生产直接相关的部分由企业承担，应该通过完善政府规制、监管、教育、培训等方面发生的成本由国家或地方政府承担；二是对资源型地区的生态环境价值损失实施补偿，主要用于补偿、消除资源开采对环境的损害，这部分补偿也是对资源开发被影响主体——当地居民的补偿；三是对资源型地区的沉淀成本实施补偿。其中后面两项社会成本由国家或地方政府补偿。由国家或地方政府补偿的部分，表现为政府税费对资源收益的转化投入。当前我国资源企业对后两种成本的补偿严重不足。

## 3.3.2 资源收益跨期调节机制

跨期收益调节机制是应对资源价格的大幅波动，调节资源收益在不同时期分配和使用。

由于矿产资源储量有限，资源开发中资产专用性强，沉没成本高，导致资源产品的供给缺乏弹性，而相比较而言，制造业部门产品的供给则是相对富有弹性的。资源产品的低供给弹性，决定了在市场需求发生变化时，资源产品的价格波动幅度远大于其他制造业部门产品，价格变化对外界条件变化的反应更为敏感、剧烈。如图 3－3 描述了资源产品和制造业产品的供给弹性差异导致的价格波动幅度差异：

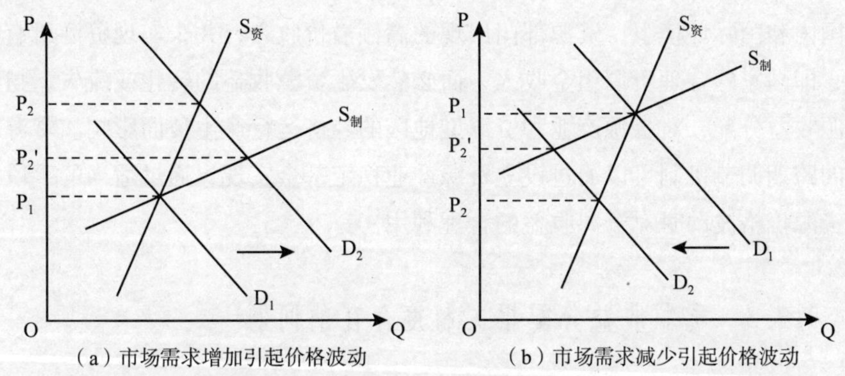


**图 3－3　资源产品与制造业部门产品供给弹性差异与价格波动幅度比较**

较为陡峭的 $S_{资}$ 是弹性低的资源产品供给曲线，较为平缓的 $S_{制}$ 是一般制造业部门产品的供给曲线，$D_1$ 和 $D_2$ 分别为市场条件变化前后的需求曲线。图 3－3（a）中，当市场需求增加时，由于资源产品的供给缺乏弹性，资源产品的价格从 $P_1$ 上升到 $P_2$，上涨幅度远大于一般制造业产品价格的上涨幅度 $P'_2$。在市场条件变化引起需求减少时，情况正好相反，图 3－3（b）中，需求减少仅使制造业部门产品价格从 $P_1$ 下降到 $P'_2$，但资源产品价格却大幅下降到 $P_2$。

由于资源租金一般根据较长期合同确定，一旦价格上升，资源部门的额外收益会大幅提高，以从价方式征收的资源租金虽然能够回收部分额外的超额收益，但在资源产品市场仍然会存在部分未能回收的额外收益。高额租金收入并不能完全实现由资源所有者获得，这就使得资源价格上涨时增加的资源租金发生转化与流失，导致资源部门过度繁荣。在资源产品价格低位运行时，由于资源开发部门生产中固有的高额沉淀成本和资源租金及要素收入调节的滞后，资源型企业难以退出市场，会减少产量以应对价格下降带来的亏损。由于资源产品在经济发展中的战略性作用，产出减少可能会影响到国民经济整体运行。这种特性使得资源部门收益的大幅波动，直接影响资源型地区经济的平稳发展。

目前，我国的资源税费制度难以实现在资源价格大幅上涨时对额外增加的高额资源收益加以回收，在资源价格下降时也无法实现对资源产业的相应稳定措施，缺乏这类资源收益的跨期调节机制。尤其是在资源价格不断上涨的国内和国际环境下，资源部门出现的高额溢价收入，并未实现资源所有权人，即国家的合理资源租金收入，而必然发生资源收益的转化或流失，扭曲资源收益分配，对资源产业和资源型地区的经济运行产生负面影响。资源收益的跨期调节机制可以通过设立资源产业稳定基金实现，通过适当的手段实现资源价格波动时对资源收益的合理利用。

### 3.3.3 资源收益分配相关制度存在的问题

**1. 矿产资源产权制度不健全**

自1996年我国矿产资源产权制度改革及矿业权市场初步建立后，我国逐步建立了探矿权和采矿权有偿取得的制度，在有限范围内放开了探矿权和采矿权的转让，将矿业权市场划分为一级出让市场和二级转让市场，初步建立了矿业权交易制度。然而，在市场经济体制改革不断深化的背景下，我国的矿产资源产权制度和矿业权交易制度已经滞后于矿产资源管理改革的要求，对矿业市场公平竞争、维护国家资源所有权权益和保障社会整体公共利益产生了阻碍作用，资源型地区的经济要素难以通过市场机制实现有效配置。因此，我国的矿产资源产权制度需要进一步完善，深化改革。目前矿产资源产权制度存在的问题主要有：

第一，矿产资源产权虚置和产权关系不明晰。

明晰的产权是市场机制正常运转的前提，但是对于大多数自然资源而言，其产权往往难以界定。国家是个抽象的、不清晰的集合体，资源的国家所有权实际上被分割给各级政府和相关管理部门，必然呈现出以行政管理替代资源产权管理的现象，导致资源产权虚置。在这种情况下，国家所有权的矿产资源就成为公有资源，难以避免地产生“公地悲剧”现象，出现资源滥用和破坏，国家对矿产资源的所有者权益无法保障。

矿业权是由矿产资源所有权派生出来的，包括探矿权和采矿权两部分，其本质是矿业权人依法获得的对特定矿产资源的使用权。由于矿业权是矿产资源国家所有权派生出来的一部分财产权利，并不具有真正的完整性和独立性，矿业企业只能在一段时间内享有对矿区的使用权，因此企业缺乏对矿区资源开发进行中长期规划以及投资的意愿和积极性。这种状态必然导致开采企业的掠夺性开采和私挖滥采行为，造成严重的资源浪费，国有资源资产严重流失，矿业开采秩序混乱。

矿产资源必然与土地相联系，然而我国的矿产资源所有权归属国家，但土地所有权属于国家和集体，矿产资源所有权和土地所有权在一定程度上是相分离的。资源开发过程中，往往会对土地和生态环境造成破坏，影响到当地居民的土地权利和生活环境。现行矿产资源产权制度使资源输出地政府和当地居民的利益难以得到保证。

第二，委托代理和寻租问题。

我国《矿产资源法》明确规定由国务院代表国家行使矿产资源的所有权。但事实上，国务院只能委托中央政府各部门和地方政府管理自然资源，这样，便出现了矿产资源产权的层层委托。我国的矿业权出让、转让程序不规范，很多时候起到决定作用的不是市场机制，而是行政手段和地方法规。各级地方政府和管理部门由于在矿产资源使用权出让中具有行政审批权，这就会产生巨大的寻租空间，以许可证的方式将矿产资源勘探和开采权以无偿或低价授予企业。

第三，矿产资源有偿取得制度不完善。

我国开采企业获得矿业开采权的途径主要不是通过买卖、拍卖等市场方式，而是更多的通过政府部门审批以直接划拨或无偿授予的方式获得。例如，目前在我国 15 万个矿山企业中，仅有 2 万个企业通过市场机制取得矿业开采权（袁丽静，2008）。由于矿业企业可以廉价获得矿业开采权，因此严重缺乏珍惜资源的内在动力，掠夺式、破坏式开采，造成了严重资源浪费。而且各级地方政府在行政审批过程中并没有相应的收益权，资源开采企业凭借无偿或低价获得的矿业开采权以极低的成本从资源使用权中赚得资源开发收益。在资源产品价格大幅上涨的背景下，许多资源开发企业获得了巨大的经济收益甚至是暴利，而拥有资源所有权的国家和政府的所得仅限于份额较小的资源补偿费。

### 2. 资源税收制度不完善

在我国现行的资源税费制度框架下，矿产资源税费包括 6 项 8 种：资源税、所得税、增值税、矿业权使用费、资源补偿费和矿业权价款。资源开发中涉及的利益主体包括资源所有人，一般为国家（我国法律规定矿产资源归国家所有，国务院行使所有权）、矿区地方政府、探矿人、采矿人及当地居民。资源税费制度应该实现对这些相关权益主体的权益补偿。但我国现有的资源税费制度存在缺陷，导致资源收益管理中存在名不副实的现象，造成国家利益流失、资源开发利益分配扭曲、资源收益不能惠及全民等问题。

首先，资源补偿费和矿业权使用费可以视为对资源所有者的补偿，目的是实现国有资源的有偿使用，但是，我国资源补偿费的征收标准很低，远达不到制度设计的目标。我国矿产资源补偿费费率自 1994 年开征以来，一直是低费率，最高为4%，最低为0.5%，平均费率为1.18%，远低于西方国家体现资源所有者权益的权利金 10% 左右的比例。过低的费率无法真正实现国家对矿产资源的所有权收益，使得部分应属国家的资源收益流入非国有的投资者手中。而且，被抬高的矿业投资的实际收益率，会导致资源收益分配扭曲，并引发众多安全事故发生。我国 1998 年开始征收矿业权使用费，目的是实现矿业权作为一种物权的有偿使用。结合计征方式看，它类似于西方国家征收的矿业权地租金。但与世界主要矿业城市相比，我国收费标准过低，为矿业企业通过炒买炒卖矿业权获取高额收益提供了空间，扰乱了矿产资源勘察和开发的正常秩序。在矿业权获得上，我国仍实行有偿、无偿取得的双轨制，没有充分体现市场机制的作用，导致部分矿业权人为了降低成本“采富弃贫”，造成资源过度浪费。

其次，在对探矿人和采矿人的权益补偿上，缺乏相应的税费制度保障。设置矿业权价款是为了防止国有资产流失，补偿由国家出资勘探形成的探矿权和采矿权。近年来随着我国市场经济推进，地质勘查事业市场化改革日益深入，矿业权价款必要性已经减弱。对探矿人、采矿人的权益补偿可以交由市场机制，通过矿业权交易市场实现。

最后，在对资源型地区政府和当地居民的补偿上，现有补偿严重不足。在现有的税费制度下，当地政府和居民可以获取并自由支配的税费来源于部分地方资源企业的资源税、所得税，以及部分增值税和资源开发补偿费，税费额度较小，地方政府和居民难以享受到资源地应得的好处。在2011年11月我国公布修改后的《中华人民共和国资源税暂行条例》之前，我国的资源税征收办法一直是从量计征（2010年6月开始在新疆、重庆、四川、贵州等地推行资源税从价计征试点），实现递减税，且税额相对偏低。资源税负与资源的销售价格、资源产品的市场价格变化脱节，税收不能对资源生产实现自动调节，在客观上导致了资源企业收益过高和“采富弃贫”现象的发生。

现行税费制度决定了中央与地方政府间的利益分配，同样影响到资源型地区经济主体的行为。我国资源企业除了缴纳增值税、所得税等税种外，现行矿产资源税费体系包括的主要构成部分和中央与地方政府间的利益分配如表3-2所示。中央与省级政府增值税一次分配比例为3:1，矿产资源补偿费为中央和地方固定比例（5:5或4:6）分成收入，地方分成再按3:1:6或2:2:6在省、市、县进行分成，真正的资源地当地政府所得还不到整个补偿费的1/4。80%以上的资源收益所在地区并未享受到应有的权益，没有体现“公共资源出让收益全民共享”的原则，很难实现资源型地区成功经济转型和可持续发展。

**表3-2　我国矿产资源收益实现形式与分配**

| 矿产资源收益形式 | 征收机关 | 分配方式 |
| --- | --- | --- |
| 资源税 | 税务机关负责征收管理 | 归于地方政府 |
| 矿产资源补偿费 | 地质矿产主管部门会同财政部门征收 | 中央与省、直辖市按5:5比例分成；中央与自治区按4:6比例分成 |
| 矿区使用费 | 税务机关负责征收管理 | 归中央所有 |
| 探矿权使用费 | 探矿权登记管理机关 | 中央与省两级财政 |
| 采矿权使用费 | 采矿权登记管理机关 | 中央与省两级财政 |

续表

| 矿产资源收益形式 | 征收机关 | 分配方式 |
| --- | --- | --- |
| 探（采）矿权价款 | 财政部 | 国家出资形成的探（采）矿权价款收入按固定比例进行分成，其中20%归中央所有，80%归地方所有 |
| 石油特别收益金 | 财政部 | 归中央所有 |

### 3. 生态环境价值补偿不充分

在我国现有的资源开发成本核算中，尚未包括因资源开发而引起的生态、环境破坏和治理成本，以及对当地居民造成的其他损失。产权不明晰导致了负的外部效应，资源的使用权人即开采企业并未承担生态环境破坏的外部性成本，资源收益分配没有对这部分成本实施补偿。这种生态环境补偿机制缺失对我国资源型地区造成了严重的后果：资源型地区生态环境恶化，使当地经济社会发展面临日趋严重的资源压力和生态环境约束，走出一条不可持续的发展路径，最终面临“矿竭城衰”的局面。

根据国家发改委公布的数据，我国现已有资源枯竭型城市67座，均面临严重的生态环境问题，即便是那些当前处在成长、成熟期的资源型城市，也表现出产业结构严重失衡、生态环境恶化等一系列问题。与发达国家资源型地区从成长、繁荣再到衰落经历了100～200年的历程相比，我国的资源枯竭城市的这一历程不足30～50年，这一现象是与我国的资源保护和生态环境保护政策缺失分不开的。目前，我国矿产资源资产收益分配中几乎不考虑资源资产收益的外部效益。受益最大的资源开发者凭借着对环境、资源的无偿或低价占有而获取了超额利润，却没有对环境、资源给予足够的补偿，从而造成了严重的环境污染、资源浪费和生态破坏。当人们可以通过滥用环境来逃避生活或生产成本时，对利益的最大化的追求会使滥用行为迅速扩散，环境恶化不可避免。矿区居民作为资源开采过程中环境变化的直接受影响者，理应纳入资源收益分配主体中，但居民不但没有从资源开发中获益，反而要被迫承受资源开采带来的生态破坏和环境污染。因此，当地居民为了从采矿中获益，更易于纵容非法采矿，甚至参与其中。

对生态环境价值实施充分补偿是资源收益分配中的重要构成部分。生态补偿机制，就是针对资源开发过程中负的外部性影响，建立的有效解决生态环境保护资金来源的重要手段。从生态补偿政策的国际实践经验来看，建立完善的生态环境补偿机制是创新生态环境管理模式的必然选择。

我国现行的政策法规不完善，在一定程度上制约了资源型地区生态补偿机制。我国资源型地区生态环境治理的主体仍然是地方政府，而开采企业才是资源开发和生态环境影响的直接实施者，但目前尚无明确的规定将资源开采企业确定为生态环境修复治理的主体。由于缺乏法律依据，开采企业对生态环境修复治理成本承担的份额远低于实际应补偿的额度。例如，我国现行资源税政策，是依据销售量或自用量计税，而不是开采量，企业缺乏节约资源、高效开采的激励，在客观上纵容了企业对资源的滥采滥用，造成了资源浪费和生态环境破坏。生态补偿的原则和依据也尚不明确，各地区生态环境的治理遭遇严重的资金瓶颈。

## 3.4　小　　结

本章对资源型经济的收益分配机制进行了分析和探讨。市场经济条件下，要素收益水平是引导生产要素流动的最基本因素。由于资源收益构成界定不清，造成资源所有权人的资源租金收入和用于补偿社会成本的部分资源收益转化成资源部门劳动力的高工资、资本投入的高回报以及企业家的高额利润，导致资源部门过度繁荣。

资源部门的收益分配机制可以包含当期分配机制和跨期分配机制两部分：通过资源收益的当期分配机制对资源所有权人、矿业权人和社会总成本进行合理补偿；通过设立资源产业稳定基金实现资源收益的跨期调节，将资源收益在代内和代际之间合理分配使用，从根本上转变资源收益对要素配置信号的扭曲。

我国目前在资源产权制度、资源税收制度和生态环境价值补偿等方面的制度还不完善，必然会导致出现资源租金转化和流失的现象，造成资源收益信号失真。资源产业收益、资源企业利润和资源部门要素收入均高于其应有水平，势必会扭曲资源型地区的要素配置。要理顺资源型地区的经济发展机制，必须首先规范资源部门的收益。

# 第 4 章

# 资源型经济要素配置和资本形成机制

## 4.1 资源型经济发展路径选择特征

根据要素禀赋论的观点：一国或地区应出口其具有比较优势的产品，也就是要密集使用该国或地区相对充裕并且便宜或容易获得的生产要素进行产品生产，而进口那些需要密集使用该国或地区相对稀缺且昂贵的生产要素生产的产品。资源型地区丰裕的自然资源必然成为其产业选择的起点。然而，自然资源这种“天赋食粮”很容易让资源型地区在发展过程中选择一条过度依赖资源的经济增长之路。

在一定的技术条件下，若不加以约束，资源型经济地区在初期资源储量较丰富时，生产模式会趋向于过度的资源开发和利用，走粗放式的经济增长之路，而在自然资源接近枯竭时，资源约束同样会带来经济发展中的效率损失。

如图 4 -1 所示，假设：在既定的技术条件下，资源型地区有一个固定的资源储量 $R_0$，生产过程中使用自然资源、资本和劳动力三种要素，自然资源与其他要素可以相互替代。图中 $R_0$ 为资源型地区的资源可开采总量，OL 为产出扩展线，曲线上各点反映不同产出水平时的最优生产选择，此时的要素配置为有效率状态，即既定产出时社会总成本最低，沿着这条路径实现的经济增长是最有效率的。$Q_1$、$Q_2$、$Q_3$ 表示不同时期的产出水平，随着经济增长的不断推进，$Q_3 > Q_2 > Q_1$，aa、bb、cc 分别为各个时期的社会总成本约束线，如果不考虑自然资源的影响，$E_1$、$E_2$、$E_3$ 分别为各个时期对应的最优生产组合点。

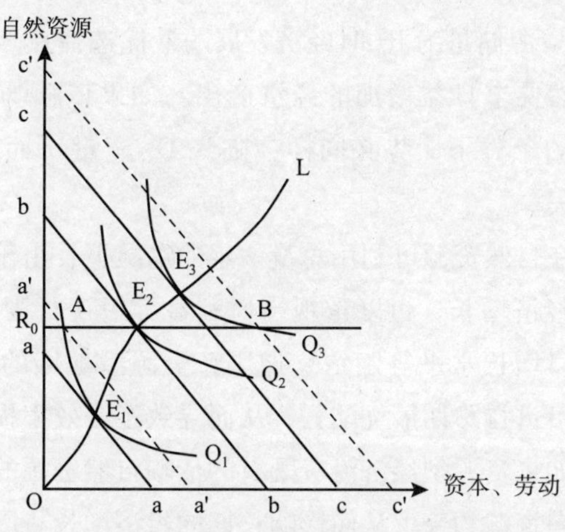


**图 4-1　资源型地区经济模式选择行为特征**

如果考虑自然资源的影响，资源型地区经济的生产选择就会发生一些变化。在早期经济发展阶段，资源型地区可实现的最优产出为 $Q_1$，实现这一产出水平需要投入的最低成本由 aa 总成本约束线反映，这时最优生产方式下应投入的自然资源数量、资本和劳动的数量由 $E_1$ 点对应表示。但此时，由于经济发展初期经济中存在着资本和劳动（尤其是资本）的制约，自然资源相对丰裕，相对于资本和劳动更容易获得，人们会趋向于用自然资源来替代其他生产要素实现 $Q_1$ 的生产规模，因此，这一时期资源型经济在 A 点实现 $Q_1$ 的产出。这种生产模式下，实际投入的社会总成本用过 A 点的虚线 a′a′表示，社会总成本高于 aa 线，产生了社会福利损失。这种情况多是资源型地区早期发展选择的路径，由于自然资源的相对丰裕，造成“自然资源可以无限、低成本获得”的错觉，从而过度依赖“资源优势”，最终导致对资源的无效率滥用。

如果资源型地区追求 $Q_3$ 所代表的产出，就短期而言，在不存在生产要素制约的情况下，实现 $Q_3$ 产出需要投入的社会最低总成本用 cc 总成本约束线表示，此时最优生产方式下应投入的自然资源数量、资本和劳动的数量由

$E_3$ 点对应表示。但由于自然资源的不可再生性，自然资源总量的约束使得实现 $Q_3$ 的总产出需要支付 c′c′的社会总成本，这同样会带来社会总体的效率损失。

$E_2$ 点为自然资源储量为 $R_0$ 时经济发展的最优选择点。但是，由于人口的不断增长，必然要求日益增加的经济产出，如果依赖既定的经济增长路径，在资源约束的条件下，势必同样会陷入 $Q_3$ 产量所面临的资源约束问题，出现效率损失。

这就是说，在自然资源可利用总量一定的情况下，由于人类生产行为的主观（追求过快经济增长、过度重视当代利益等短视行为）或客观（如资本积累速度、人口增长水平等制约）原因，资源型地区的短期生产选择未能对自然资源总量进行跨期最优配置，从而导致经济效率损失。在资源储量一定的情况下，如果资源型经济沿着既有的依赖自然资源的路径发展，必然会从资源滥用走向资源约束，从而影响长期的经济增长。因此需要转变依赖资源的路径，寻求资源型经济的优化发展路径。

## 4.2 资源型经济内生增长模型

资源型经济利用天赋的自然资源从资源产品的开发和初级加工中，可以相对容易的获得较高额的收益，并驱使资源型地区以此为起点走向依赖自然资源禀赋的发展之路。但从现象上看，这些初始的积累，却并没有为资源型地区的经济发展带来持续的动力。那么，对自然资源的依赖，对资源型地区的要素流动、长期经济增长和技术进步有何影响？依赖自然资源，是否会让资源型地区陷入自我强化的怪圈？国家政策和外部环境对资源型地区经济运行有何影响？资源型地区能否规避资源开发活动对长期经济增长的抑制效应？只有深入分析资源型经济的运行机制，才能够找到成功规避资源诅咒的路径。

现有对资源型经济运行的研究中，对资源开发造成的人力资本和投资挤出作用给予很多关注，例如，盖尔法森（2001）认为，自然资源开发带来的财富易被人们认为是持续性的财富来源，因此降低了人们将现有资本转化到未来进行消费的需求，即丰裕的自然资源会降低储蓄和投资。萨克斯和沃纳（2001）指出，丰富的自然资源会将更多的创新者和企业家吸引到初级产业部门，进而限制他们的创新行为和企业家的寻利活动，导致整个经济缺失推动力并且缺乏效率性。帕皮拉奇斯和格拉赫（Papyrakis & Gerlagh，2004）通过建立包含资源开发部门的内生增长模型，对资源开发会挤出R&D 投资进行了解释。国内的很多研究学者也从我国省际层面对资源诅咒现象进行了研究。如邵帅和齐中英（2009）、邵帅和杨莉莉（2011）认为我国省际层面资源诅咒现象的产生原因在于资源开发对技术创新的挤出效应；姚予龙等（2011）通过我国不同省区资源禀赋程度的分析，提出我国资源诅咒现象产生的内外部动因在于资源开发导致产业结构单一、生态环境恶化、地区资源和经济利益双流失。对我国资源型地区资源诅咒的问题分析中，普遍将资源丰裕地区直接视为问题经济地区。既然自然资源本身并不是经济增长的滞后因素，那么究竟是何种运行机制或资源配置方式，使资源型地区出现了资源诅咒的问题？资源型地区产业结构的僵化经济体系，究竟是区域经济出现问题的“因”还是“果”？

鉴于此，从一国内部区域层面的视角，将自然资源开发部门引入罗默尔（Romer）的 R&D 模型，建立一个包含三部门的区域经济内生增长模型，通过模型分析解释自然资源开发对区域经济增长、技术进步和区域内要素流动之间的内在联系进行动态分析，并对所得到的主要命题进行实证考察。据此，分析以下问题：第一，一个地区对资源的依赖程度如何影响经济增长和技术进步；第二，资源型地区的生产要素流向如何影响产业结构的演进；第三，在现有的要素配置状态下，国家政策和资源品价格对资源型地区的产业结构和发展路径有何影响；第四，资源型地区在何种条件下能规避资源诅咒。

### 4.2.1　模型介绍

假设在一国内部存在一个以自然资源开发为导向的小型区域经济体系，其内部包含最终产品生产部门、R&D（研究与开发）部门和自然资源开发部门三个部门。最终产品部门生产的最终产品既可以进行资本积累也可以用于消费，并且仅用于满足本地的物质资本投资和消费者需求。资源开发部门对最终产品产生的额外需求通过对外输出资源产品换回的等价值最终产品来实现。资源产品的价格由中央政府外生给定，一国内部的最终产品是同质的，其价格由国内市场确定。不考虑该资源型地区与其他地区间的物质资本、劳动力、技术和金融资产的交易和流动。在该地区内部，劳动力在最终产品部门、自然资源开发部门和 R&D 部门之间无成本流动，技术进步是区域经济增长的源泉。

这个小型资源型经济体系的运行机理如下：最终产品部门通过雇用一定数量的劳动力、投入物质资本，利用从 R&D 部门购买的知识和技术进行最终产品的生产；R&D 部门投入劳动力，结合现有的知识存量进行研究与开发，产生新的技术知识，然后将新的生产技术和知识出售给最终产品部门；自然资源开发部门利用外溢的知识技术，通过一定数量的劳动力开发自然资源，实现资源产品的生产，并将资源产品输出到区域外以换回等价值的最终产品用于生产和消费。

**1. 生产**

（1）最终产品生产部门

最终产品的生产决定于技术存量水平 $A$、劳动力投入 $L_Y$ 和物质资本存量 $K$，假定技术进步属于劳动附加型，且最终产品部门对于新技术能够实现即期使用，不存在滞后性。最终产品部门的生产函数采用规模收益不变的 Cobb－Douglas 形式：

$$Y = (AL_Y)^{\alpha} K^{1-\alpha}$$

其中，$0<\alpha<1$，$L_Y$ 为劳动力总量中投入到最终产品生产部门的份额。

不考虑资本折旧和税收的转移支付，经济中任何时点上物质资本新增额等于总产出与总消费之差，由此物质资本积累的方程为：

$$\dot{K} = Y + P_R R - C$$

（2）自然资源开发部门

自然资源开发部门从事自然资源的开采活动和对自然资源进行的初级加工活动，包括采矿业、资源产品初级加工业、以资源消耗为主的高耗能工业等资源型产业部门（不包括资源的深加工）（张复明，2007）。资源开发部门作为一个劳动密集型部门，其产出主要取决于从事资源开发的非熟练劳动投入份额和资源禀赋状况。

假定存在一个专门从事资源开发活动的部门，使用自然资源 $D$ 和劳动力 $L_R$（$L_R$ 为劳动力总量中投入到资源开发部门的份额）两种生产要素生产资源产品，将其生产函数设定为固定替代弹性（CES）生产函数的形式：

$$R = \mu A[(1-\lambda)D^{\beta} + \lambda L_R^{\beta}]^{\frac{\omega}{\beta}}$$①

其中各参数的含义如下：

①$\mu$，技术滞后参数，$0<\mu<1$。

与一般的制造业相比，自然资源的开采和初级加工过程中的技术含量比较低，对劳动力技术水平要求不高，资源型产业部门技术进步率也相对滞后。研发部门的技术创新主要提供给最终产品部门，资源开发部门是初级原材料的提供部门，与最终产品的生产存在一定的产业关联，因此资源开发部门也可以利用到外溢的技术知识。但由于资源开发部门的生产过程中技术含量和劳动力知识水平较低，对知识技术的吸收和利用能力相对较弱，因此，资源开发部门对外溢知识技术的应用存在滞后性。

生产函数中的技术滞后参数 $\mu$（$0<\mu<1$），反映资源开发部门对新知识和技术的吸收能力和利用能力，$\mu$ 值越大，说明资源开发部门对外溢技术的吸收能力越强。最终产品生产部门生产过程中运用存量技术 $A$ 进行生产，$\mu A$ 为资源开发部门实际利用到的技术知识。

②$\lambda$，劳动产出弹性参数，$0<\lambda<1$。

$\lambda$ 反映资源部门总产出中，劳动要素产出所占的相对份额参数，反映了资源开发部门的经济结构。（$1-\lambda$）为资源要素产出占总产出的相对份额参数。

③$D$，资源要素投入量，$D>0$。

资源开发部门通过投入自然资源和劳动力进行资源产品的生产，资源要素的投入量 $D$ 能够反映区域经济对资源开发的依赖程度。在其他条件不变时，$D$ 值越大，说明区域经济对自然资源开发的依赖程度越高。

---

① 参考邵帅、杨莉莉．自然资源开发、内生技术进步与区域经济增长［J］．经济研究，2011 年增刊第 2 期：114.

④$\beta$，劳动力与资源要素之间的替代弹性参数，$-\infty<\beta<1$。

在资源开发部门的 CES 生产函数中，替代弹性 $\varepsilon=1/(1-\beta)$。其他条件不变时，$\beta$ 值越小，生产中要素的替代性越差，意味着区域经济中要素配置效率低下；$\beta$ 值越大，生产中要素的替代性越强，意味着区域经济中要素市场相对完善、要素配置相对有效。

⑤$\omega$，规模报酬率，$0<\omega\leqslant 1$。

一般认为，资源型产业部门为规模报酬不变或规模报酬递减的部门，因此，规模报酬率 $0<\omega\leqslant 1$。

### 2. R&D 部门

R&D 部门为新技术的生产部门。根据罗默尔的思想，知识存量是一种公共产品，所有的研究者都能够免费获取，R&D 部门的研发产出取决于投入的从事研发的劳动力数量和已有的技术知识存量。R&D 部门的生产函数为：

$$\dot{A}=\varphi A L_A$$

其中，$\dot{A}$ 表示技术知识增量；$A$ 为技术知识存量水平；$L_A$ 为劳动力总量中投入到 R&D 部门的份额；$\varphi$ 为 R&D 部门的生产率参数。通过对上式变形，可以得到技术知识的增长率：

$$\frac{\dot{A}}{A}=\varphi L_A \tag{4-1}$$

### 3. 消费者偏好

假设经济由无限生存期的家庭所构成，存在 L 个同质的家庭成员，每个家庭成员都可以提供 1 单位的劳动力。假定经济中无人口增长，即人口增长率和劳动力的供给弹性为 0，则劳动力总量 $L=L_Y+L_A+L_R$。所有消费者均为理性消费者，具有相同的决策，标准的固定弹性效用函数为：

$$U(c)=\int_0^{\infty}\frac{c^{1-\sigma}-1}{1-\sigma}e^{-\rho t}\mathrm{d}t$$

其中，$c=C/L$ 表示个人瞬时消费水平，$C$ 为瞬时消费总水平；$\rho>0$，为贴现率，即消费者的主观时间偏好率；$\sigma\geqslant 0$，为相对风险回避系数，是跨期替代弹性的倒数，$\sigma$ 越大，消费者会较多地安排当前消费，较少地安排未来消费。

通过建立汉密尔顿函数求最大值方法推出 Ramsey 法则：

$$\frac{\dot{c}}{c}=\frac{(r-\rho)}{\sigma} \tag{4-2}$$

### 4.2.2　市场均衡分析

**1. 均衡条件**

假设最终产品市场、技术市场和劳动力市场均为完全竞争市场，在平衡增长路径上，应满足以下条件：（1）最终产品部门、R&D 部门和资源开发部门三部门厂商利润最大化；（2）消费者效用最大化；（3）所有市场出清。

**2. 均衡条件下各部门行为**

（1）最终产品部门

将最终产品价格单位化为 1，即 $P_Y=1$，最终产品生产厂商通过选择雇用劳动力的数量和物质资本投入量来实现其利润最大化。最终产品部门面临的生产决策规划为：

$$\max_{L_Y,K}(A L_Y)^{\alpha}K^{1-\alpha}-W_YL_Y-rK-P_AA$$

其中，$W_Y$为最终产品部门劳动力的工资水平，$P_A$为技术知识的价格，$r$为市场利率。

上式的一阶条件为：

$$W_Y=\alpha A\ (A L_Y)^{\alpha-1}K^{1-\alpha}=\frac{\alpha}{L_Y}Y \tag{4-3}$$

$$r=(A L_R)^{\alpha}(1-\alpha)K^{-\alpha}=\frac{(1-\alpha)Y}{K} \tag{4-4}$$

$P_A$应等于 $A$ 带来的最终产品生产的边际产出，即：

$$P_A=\alpha\ (A L_Y)^{\alpha-1}L_YK^{1-\alpha}=\frac{\alpha Y}{A} \tag{4-5}$$

（2）R&D 部门

R&D 部门将技术知识出售给最终产品部门，其生产决策规划为：

$$\max_{L_A} P_A \varphi A\, L_A - W_A L_A$$

其中，$W_A$为 R&D 部门的劳动力工资水平。

上式的一阶条件为：

$$W_A = P_A \varphi A \tag{4-6}$$

该式说明 R&D 部门研究人员的工资水平等于其边际产出。

(3) 自然资源开发部门

自然资源开发部门厂商的生产决策规划为：

$$\max_{L_R} P_R(1-\tau)\mu A\left[(1-\lambda)D^{\beta}+\lambda\, L_R^{\beta}\right]^{\frac{\omega}{\beta}} - W_R L_R$$

其中，$P_R$为资源产品的价格，$W_R$为资源开发部门工资水平。$\tau$（$0<\tau<1$）为资源税率，是一个外生参数。国家凭借其对资源的所有权，对资源开发部门征收资源税，税率为 $\tau$。这一设定基本与我国目前资源税主要品种从量征收的现实情况及现行的资源税收政策相符合。显然，$\tau$ 值越大，国家从资源部门获得的资源开发收益中抽取的部分就越多，资源部门负担的资源使用成本就越高。

上式的一阶条件为：

$$W_R = (1-\tau)P_R\mu A\omega\lambda\left[(1-\lambda)D^{\beta}+\lambda\, L_R^{\beta}\right]^{\frac{\omega}{\beta}-1}L_R^{\beta-1} \tag{4-7}$$

**3. 平衡增长路径**

由于劳动力可以在各部门间无成本流动，因此劳动力套利行为使最终产品部门、R&D 部门和资源开发部门具有相同的工资水平，即，$W_Y = W_A = W_R$：

$$\frac{\alpha}{L_Y}Y = PA\varphi A = (1-\tau)P_R\mu A\omega\lambda\left[(1-\lambda)D^{\beta}+\lambda\, L_R^{\beta}\right]^{\frac{\omega}{\beta}-1}L_R^{\beta-1}$$

另 $k = K/AL_Y$，$c' = C/AL$，将式（4-3）、式（4-4）、式（4-5）转化为人均有效形式：

$$W_Y = \alpha A\ (A\, L_Y)^{\alpha-1}K^{1-\alpha} = \frac{\alpha}{L_Y}Y = \alpha A\, k^{1-\alpha} \tag{4-8}$$

$$r = (A\, L_R)^{\alpha}(1-\alpha)K^{-\alpha} = \frac{(1-\alpha)Y}{K} = (1-\alpha)k^{-\alpha} \tag{4-9}$$

$$P_A = \alpha\ (A\, L_Y)^{\alpha-1}L_Y K^{1-\alpha} = \frac{\alpha Y}{A} = \alpha\, L_Y k^{1-\alpha} \tag{4-10}$$

由 $W_Y = W_R$ 得：

$$k = \left[\frac{(1-\tau)P_R\mu\omega\lambda}{\alpha}\right]^{\frac{1}{1-\alpha}}\left[(1-\lambda)D^{\beta} + \lambda L_R^{\beta}\right]^{\left(\frac{\omega}{\beta}-1\right)\left(\frac{1}{1-\alpha}\right)} L_R^{(\beta-1)\left(\frac{1}{1-\alpha}\right)} \tag{4-11}$$

由平衡增长路径性质可知，最终产品产出 $Y$、技术 $A$、物质资本 $K$、消费 $C$ 具有相同的增长率。令 $g$ 表示各变量的增长率，则 $g_Y = g_A = g_K = g_C$，$g_{c'} = 0$。

由：$g_Y = g_A = \frac{\dot{A}}{A} = \varphi L_A$；$\frac{\dot{c}}{c} = \frac{(r-\rho)}{\sigma}$；$g_{c'} = g_C - g_A = \frac{(r-\rho)}{\sigma} - \varphi L_A = 0$

得：

$$L_A = \frac{(1-\alpha)k^{-\alpha} - \rho}{\sigma\varphi} \tag{4-12}$$

由 $W_A = W_R$，$L_Y = L - L_R - L_A$，结合式（4－11）、式（4－12），得：

$$L_R = L - \frac{(1-\alpha)k^{-\alpha} - \rho - \sigma}{\sigma\varphi} \tag{4-13}$$

由 $g_Y = g_A = \varphi L_A$

得：

$$g_Y = g_A = \frac{(1-\alpha)k^{-\alpha} - \rho}{\sigma} \tag{4-14}$$

**4. 平衡增长路径下的比较静态分析**

通过 $L_A$、$L_R$、$g_Y$、$g_A$ 和 $r$ 的表达式可以看出，当经济环境中其他变量和参数既定时，在平衡增长路径上，资源开发部门的劳动力投入份额 $L_R$、R&D 部门的劳动力投入份额 $L_A$、经济增长率 $g_Y$、技术进步率 $g_A$ 以及实际利率 $r$ 均与有效人均资本存量 $k$ 有关，而 $k$ 又分别会受到地区资源依赖程度 $D$、资源税税率 $\tau$ 和资源品价格 $P_R$ 的影响。也即是说，资源依赖程度、资源税率和资源品价格会决定资源型地区经济的演化路径。通过对各主要变量和参数的考察，可以分析资源型地区经济的演变机理和运行机制。

（1）资源依赖程度对资源型地区经济增长的影响

为考察资源依赖程度对资源型地区技术进步水平、经济增长率等重要经济变量的影响及其作用机制，通过式（4－11）、式（4－12）、式（4－13）、式（4－14）、式（4－9）对 D 求偏导来进行比较静态分析，可得到如下表达式：

$$\left\{1-\frac{1}{\sigma\varphi}\alpha k^{-\alpha}L_R^{-1}[(1-\lambda)D^{\beta}+\lambda L_R^{\beta}]^{-1}[(\omega-1)\lambda L_R^{\beta}+(\beta-1)(1-\lambda)D^{\beta}]\right\}$$

$$\frac{\partial k}{\partial D}=k(\omega-\beta)\left(\frac{1}{1-\alpha}\right)[(1-\lambda)D^{\beta}+\lambda L_R^{\beta}]^{-1}(1-\lambda)D^{\beta-1} \tag{4-15}$$

$$\frac{\partial L_A}{\partial D}=\frac{1}{\sigma\varphi}[(1-\alpha)(-\alpha)k^{-\alpha-1}]\frac{\partial k}{\partial D} \tag{4-16}$$

$$\frac{\partial L_R}{\partial D}=-\frac{1}{\sigma\varphi}[(1-\alpha)(-\alpha)k^{-\alpha-1}]\frac{\partial k}{\partial D} \tag{4-17}$$

$$\frac{\partial g_Y}{\partial D}=\frac{\partial g_A}{\partial D}=\frac{1}{\sigma}[(1-\alpha)(-\alpha)k^{-\alpha-1}]\frac{\partial k}{\partial D} \tag{4-18}$$

$$\frac{\partial r}{\partial D}=[(1-\alpha)(-\alpha)k^{-\alpha-1}]\frac{\partial k}{\partial D} \tag{4-19}$$

表4－1中给出了不同参数条件下，资源依赖程度对一个地区重要经济变量的作用。从中可以看出：

**表4－1　　资源依赖程度对资源地区主要经济变量的影响**

| 条件 | $\frac{\partial k}{\partial D}$ | $\frac{\partial L_A}{\partial D}$ | $\frac{\partial L_R}{\partial D}$ | $\frac{\partial g_Y}{\partial D}$或$\frac{\partial g_A}{\partial D}$ | $\frac{\partial r}{\partial D}$ |
|---|---|---|---|---|---|
| $\beta<0$ | $>0$ | $<0$ | $>0$ | $<0$ | $<0$ |
| $0<\beta<\omega\leqslant1$ | $>0$ | $<0$ | $>0$ | $<0$ | $<0$ |
| $0<\omega<\beta<1$ | $<0$ | $>0$ | $<0$ | $>0$ | $>0$ |
| $\beta=\omega$ | $=0$ | $=0$ | $=0$ | $=0$ | $=0$ |

由表4－1中的比较静态分析结果可以推出下列命题：

命题1：资源型地区经济是否会发生“资源诅咒”现象，与该地区的生产要素配置状况相关。其他条件不变时，如果$\beta<\omega$，即资源开发部门的要素配置效率低于其生产规模报酬率时，资源型地区的资源依赖度越高，其稳态的经济增长率和技术进步率越低；如果$\omega>\beta$，则相反。

命题2：其他条件不变时，如果$\beta<\omega$，资源型地区的资源依赖度越高，其稳态的有效人均资本存量和资源开发活动投入的劳动力份额越高，而从事创新活动的劳动力投入份额、物质资本回报率，即实际利率，则随着资源依赖程度提高而降低；如果$\omega>\beta$，则相反。

由此可见，资源型经济并非等同于病态经济类型，资源诅咒发生与否取决于资源开发部门的要素配置情况。当资源开发部门要素配置效率较低，且低于其生产规模报酬率时（$\beta<\omega$），区域经济对自然资源的依赖程度高，更多的劳动力被吸引到资源开发部门($\partial L_R/\partial D>0$)。这一过程虽然会在短期中增加物质资本的积累($\partial k/\partial D>0$)，但会降低物质资本回报率($\partial r/\partial D<0$)，而且由于从事研发活动的劳动力数量减少($\partial L_A/\partial D<0$)，降低了 R&D 部门的产出水平，削弱了技术创新对经济增长的动力，导致资源型地区技术进步水平和经济增长率放缓($\partial g_Y/\partial D<0$，$\partial g_A/\partial D<0$)。相反，当资源开发部门的要素配置效率较理想且高于其生产规模报酬率时（$\beta>\omega$），劳动力会趋于流向 R&D 部门($\partial L_A/\partial D>0$)，促进技术创新，为经济增长提供良好的动力来源，加之物质资本回报率也会增加($\partial r/\partial D>0$)，使资源型地区走向良性区域经济增长路径($\partial g_Y/\partial D>0,\partial g_A/\partial D>0$)，避免了“资源诅咒”现象的发生。

由分析结果可知，生产要素配置效率 $\beta$ 与生产规模报酬率 $\omega$ 之间，可能存在四种比较关系，即 $\beta<0$、$0<\beta<\omega\leqslant 1$、$0<\omega<\beta<1$、$\beta=\omega$。在四种状态中，由于经济体系往往处于动态的运行中，出现 $\beta=\omega$ 状态的几率很低，因此可将这种状态忽略。在 $\beta<0$ 和 $0<\beta<\omega$ 两种状态时，即要素替代弹性 $\varepsilon\leqslant 1$，或 $\varepsilon<1/(1-\omega)$ 时，资源诅咒现象会发生。只有在 $\beta>\omega$ 时，资源型地区才有可能避免资源诅咒现象。可见，资源型地区发生资源诅咒的概率远高于规避资源诅咒。

（2）资源税税率和资源品价格对资源型地区经济增长的影响

为考察资源税税率和资源品价格对资源型地区技术进步水平、经济增长率等重要经济变量的影响及其作用机制，通过式（4－11)、式（4－12)、式（4－13)、式（4－14)、式（4－9）分别对 $\tau$ 和对 $P_R$ 求偏导来进行比较静态分析。

对 $\tau$ 求偏导，可得到如下表达式：

$$\frac{\partial k}{\partial \tau}=\frac{1}{1-\alpha}\left[\frac{(1-\tau)P_R\mu\omega\lambda}{\alpha}\right]^{\frac{1}{1-\alpha}-1}\left(\frac{-P_R\mu\omega\lambda}{\alpha}\right)[(1-\lambda)D^{\beta}+\lambda L_R^{\beta}]^{(\frac{\omega}{\beta}-1)(\frac{1}{1-\alpha})}L_R^{(\beta-1)(\frac{1}{1-\alpha})}<0$$

$$\frac{\partial L_A}{\partial \tau}=\frac{1}{\sigma\varphi}(1-\alpha)(-\alpha)k^{-\alpha-1}\frac{\partial k}{\partial \tau}>0$$

$$\frac{\partial L_R}{\partial \tau}=-\frac{1}{\sigma\varphi}(1-\alpha)(-\alpha)k^{-\alpha-1}\frac{\partial k}{\partial \tau}<0$$

$$\frac{\partial g_Y}{\partial \tau}=\frac{\partial g_A}{\partial \tau}=\frac{1}{\sigma}(1-\alpha)(-\alpha)k^{-\alpha-1}\frac{\partial k}{\partial \tau}>0$$

$$\frac{\partial r}{\partial \tau}=-(1-\alpha)(-\alpha)k^{-\alpha-1}\frac{\partial k}{\partial \tau}>0$$

对 $P_R$ 求偏导，可得到如下表达式：

$$\frac{\partial k}{\partial P_R}=\frac{1}{1-\alpha}\left[\frac{(1-\tau)P_R\mu\omega\lambda}{\alpha}\right]^{\frac{1}{1-\alpha}-1}\left(\frac{(1-\tau)\mu\omega\lambda}{\alpha}\right)$$

$$[(1-\lambda)D^{\beta}+\lambda L_R^{\beta}]^{(\frac{\omega}{\beta}-1)(\frac{1}{1-\alpha})}L_R^{(\beta-1)(\frac{1}{1-\alpha})}>0$$

$$\frac{\partial L_A}{\partial P_R}=\frac{1}{\sigma\varphi}(1-\alpha)(-\alpha)k^{-\alpha-1}\frac{\partial k}{\partial P_R}<0$$

$$\frac{\partial L_R}{\partial P_R}=-\frac{1}{\sigma\varphi}(1-\alpha)(-\alpha)k^{-\alpha-1}\frac{\partial k}{\partial P_R}>0$$

$$\frac{\partial g_Y}{\partial P_R}=\frac{\partial g_A}{\partial P_R}=\frac{1}{\sigma}(1-\alpha)(-\alpha)k^{-\alpha-1}\frac{\partial k}{\partial P_R}<0$$

$$\frac{\partial r}{\partial P_R}=-(1-\alpha)(-\alpha)k^{-\alpha-1}\frac{\partial k}{\partial P_R}<0$$

表4－2中汇总了资源税税率和资源品价格对资源型地区主要经济变量的影响。

**表4－2　资源税税率和资源品价格对资源地区主要经济变量的影响**

| 变量$\chi$ | $k$ | $L_A$ | $L_R$ | $g_Y/g_A$ | $r$ |
|---|---|---|---|---|---|
| $\frac{\partial \chi}{\partial \tau}$ | $<0$ | $>0$ | $<0$ | $>0$ | $>0$ |
| $\frac{\partial \chi}{\partial P_R}$ | $>0$ | $<0$ | $>0$ | $<0$ | $<0$ |

这样，可以推出如下命题：

命题3：其他条件不变时，资源型地区的经济增长率和技术进步率与资源税税率有关。较高的资源税税率，可以提高资源型地区经济的稳态经济增长率和技术进步水平；较低的资源税税率，则相反。

命题4：其他条件不变时，资源税税率越高，资源型地区有效人均资本存量和资源开发部门投入的劳动力份额越低，R&D部门劳动力投入份额和物质资本回报率即实际利率越高；资源税税率越低则相反。

命题5：其他条件不变时，资源品价格可以影响资源型地区的稳态经济增长率和技术进步率。较高的资源品价格，会使资源型地区稳态的经济增长率和技术进步水平下降；而较低的资源品价格，则相反。

命题6：其他条件不变时，资源品价格越高，资源型地区有效人均资本存量和资源开发部门投入的劳动力份额越高，R&D 部门投入的劳动力份额和物质资本回报率即实际利率越低；资源品价格越低则相反。

可见，在资源型地区要素配置效率和生产报酬率不变的条件下，税收政策和资源产品价格，同样会对资源型地区的长期发展路径产生影响。

首先分析资源税税率对资源型地区经济增长的影响。

不考虑政府转移支付，如果资源税税率较低，意味着资源开发部门从资源开采和初级加工中能够获得相对较高的收益，从而使资源开发部门的工资水平上升，受逐利行为的驱使，更多的劳动力从最终产品部门和 R&D 部门流出，进入到技术含量较低、不需要高技能劳动力的资源开发部门。从短期来看，即使资源开发部门的繁荣会提高物质资本存量，增加物质财富的积累，但从事研发活动的劳动力数量减少，对区域经济增长的源泉——技术创新产生了挤出效应，降低了资源型地区的创新能力，从而会削弱经济增长的动力，阻碍了资源型地区的长期经济增长。

相反，在资源税率较高的情况下，资源开发部门因支付更高的资源使用成本而使获得的收益减少，从而资源开发部门的劳动力工资水平降低，劳动力会逐步从资源开发部门流出，转而流向其他部门。资源部门的产出水平下降、资源产品对外输出相应能力也下降，降低了资源型地区短期中的物质资本积累水平。但是，从资源开发部门流出的劳动力会流向 R&D 部门，促进创新研发能力提升，并提高未来的资本回报率。适当提高资源税率有利于增强资源型地区的技术创新动力，促进资源型地区技术进步和经济增长，带动区域经济朝着积极的方向发展。

资源税率可以通过调节资源开发部门的收益，影响资源型地区的产业格局和经济结构，进而影响资源型地区经济增长的路径。

再来看资源品价格对资源型地区的影响。

资源品价格上涨时，资源开发部门的收益增加，劳动力会因较高工资水平被吸引到资源开发部门，增加资源开发部门的劳动力投入份额。短期中，资源开发部门的繁荣增加了物质财富的积累水平，但同样会带来 R&D 部门的劳动力投入减少，对技术创新产生挤出效应，降低资源型地区的创新能力，进而削弱长期中经济增长的动力，减缓经济增长。

资源价格的过快上涨带来资源开发部门的收益在短期中快速积累，从而会减缓资源型地区的经济增长步伐。由于国际市场上资源品价格受多种因素影响，波动较大，资源品价格快速上涨时，会驱动资源产业扩张，长期中会带来资源诅咒现象。但由于资源产业在发展过程中，需要投入大量的开发成本，这些成本一旦投入便成为沉没成本，资源品价格下降时也很难退出，产业规模难以收缩，造成了资源产业发展难以逆向性调整。正因为如此，对于以资源品输出为主要收入来源的资源型地区，经济运行很容易受到资源品价格波动的影响：快速上涨的资源品价格会驱使资源产业不断扩张，挤出制造业和技术研发，在资源品价格下降时，资源产业又难以缩减，资源型地区不得不承担高额的投入成本，从而造成资源型地区经济受资源品价格波动影响很大的现象。

可见，在资源型地区要素配置效率和生产报酬率不变的条件下，税收政策和资源产品价格，会对资源型地区的长期发展路径产生影响。较低的资源税率和快速上涨的资源产品价格，会强化资源型地区的“资源诅咒”现象，形成创新能力不断被挤出的产业体系循环，资源型地区的经济发展会陷入不断自我强化、难以自拔的怪圈。

### 4.2.3 计量模型设定

以萨克斯和沃纳（2004）所使用的数据模型为基础，建立面板数据回归模型，用于解释人均 GDP 增长率与资源依赖程度和其他控制变量之间存在的相互影响关系。模型如下：

$$y_t^i = \alpha_0 + \alpha_1 \ln Y_{t-1}^i + \alpha_2 RD_t^i + \alpha_3 X_t^i + \varepsilon_t^i \tag{4-20}$$

其中，被解释变量$y_t$为人均 GDP 增长率，用于衡量地区经济增长速度，$\ln Y_{t-1}$为滞后一期人均 GDP 的自然对数，反映地区经济前期差异对后期经济增长的影响，$RD_t$为对资源开发的依赖程度，$X_t$为其他控制变量向量级，t 为年份，i 对应各截面省份，$\alpha_1$、$\alpha_2$、$\alpha_3$ 为系数向量，$\varepsilon$ 为随机扰动项。

参照帕皮拉奇斯和格拉赫（2004，2007）的方法，利用模型对经济的长期增长效应进行推导，分析过程如下：

假设两个不同状态的省份分别为 $i$、$j$，初始人均收入水平相同或相近，但对资源开发的依赖程度和其他控制变量在不同省份间各不相同，即 $RD_i \neq RD_j$，$X_i \neq X_j$。由于发展环境不同，经历一段时期后，各省份社会经济变量的特征必然会产生差异，则，由经济增长率 $y_t = \ln GDP_t - \ln GDP_{t-1}$ 结合模型（4－20）可得：

$$y_t^i - y_t^j = \alpha_1(\ln Y_{t-1}^i - \ln Y_{t-1}^j) + \alpha_2(RD_t^i - RD_t^j) + \alpha_3(X_t^i - X_t^j) + (\varepsilon_t^i - \varepsilon_t^j) \tag{4-21}$$

另：$\Delta \ln Y_\infty = \ln Y_\infty^i - \ln Y_\infty^j$，$\Delta RD = RD_t^i - RD_t^j$，$\Delta X = X_t^i - X_t^j$，$\Delta\varepsilon = \varepsilon_t^i - \varepsilon_t^j$。根据条件收敛假设，t—＞∞时，$y_t^i = y_t^j$，结合式（4－21），有：

$$-\alpha_1 \Delta \ln Y_\infty = \alpha_2 \Delta RD + \alpha_3 \Delta X + \Delta\varepsilon \tag{4-22}$$

为了消除随机扰动项的影响，对式（4－22）取期望值，得：

$$E(\Delta \ln Y_\infty) = -\frac{\alpha_2}{\alpha_1}\Delta RD - \frac{\alpha_3}{\alpha_1}\Delta X \tag{4-23}$$

对式（4－23）进行指数化处理，得：

$$\frac{Y_\infty^i}{Y_\infty^j} = exp\left(-\frac{\alpha_2}{\alpha_1}\Delta RD - \frac{\alpha_3}{\alpha_1}\Delta X\right) \tag{4-24}$$

即：

$$\frac{\Delta Y_\infty}{Y_\infty^j} = \exp\left(-\frac{\alpha_2}{\alpha_1}\Delta RD - \frac{\alpha_3}{\alpha_1}\Delta X\right) - 1 \tag{4-25}$$

对于较小的$\left(-\frac{\alpha_2}{\alpha_1}\Delta RD - \frac{\alpha_3}{\alpha_1}\Delta X\right)$，由泰勒公式可将式（4－25）近似为：

$$\frac{\Delta Y_\infty}{Y_\infty} = -\frac{\alpha_2}{\alpha_1}\Delta RD - \frac{\alpha_3}{\alpha_1}\Delta X \tag{4-26}$$

由公式（4－26）可以看出资源开发依赖程度和其他控制变量对长期人均收入变化存在影响，影响程度的大小分别为：$(-(\alpha_2/\alpha_1))$ 和 $(-(\alpha_3/\alpha_1))$。资源开发依赖程度的系数 $(-(\alpha_2/\alpha_1))$ 可以反映不同资源开发依赖程度对人均收入增长产生的不同影响，见表4－3：

表 4-3　　资源开发依赖程度可能对人均收入增长产生的影响

| 条件 | 含义 |
| --- | --- |
| $-\frac{\alpha_2}{\alpha_1}>1$ | 自然资源开发投入增加 1%，可以带来当期人均收入大于 1% 的增长。资源开发有利于人均收入水平的提高。 |
| $-\frac{\alpha_2}{\alpha_1}=1$ | 自然资源开发投入增加 1%，可以带来当期人均收入同等程度（1%）的增长。 |
| $0<-\frac{\alpha_2}{\alpha_1}<1$ | 自然资源开发投入增加 1%，可以带来当期人均收入小于 1% 的增长。虽然依托资源开发能够带来经济增长，但属于粗放型的经济增长模式，是一种不可持续的增长模式。 |
| $-\frac{\alpha_2}{\alpha_1}<0$ | 自然资源开发投入增加，反而带来人均收入的下降，资源开发阻碍了经济增长，即发生“资源诅咒”现象。 |

模型（4-20）中影响经济增长的其他控制变量主要包括制度环境、物质资本投入水平、人力资本水平、技术投入水平、制造业水平等相关的社会经济变量。这些控制变量的系数（$-(\alpha_3/\alpha_1)$）可以反映这些变量对人均收入增长产生的不同影响，其含义与（$-(\alpha_2/\alpha_1)$）的影响类似。

根据资源型地区内生增长模型的分析，资源型地区的经济增长与要素配置状况有关，资源依赖程度会影响到物质资本投入、创新活动的人力资本投入等因素，进而对经济增长产生影响。为了进一步考察资源开发依赖对其他社会经济变量的影响，将资源开发依赖程度变量与其他控制变量进行线性回归，回归模型为：

$$X_t^i=\beta_0+\beta_1 RD_t^i+\mu_t^i \tag{4-27}$$

其中，$\beta_0$为常数项，$\beta_1$为系数向量，$\mu$ 为随机扰动项，其他变量含义与前文相同。通过回归系数分析资源开发依赖对其他变量的影响，再结合模型（4-20）可以考察资源开发通过其他社会经济变量对经济增长的传导机制，分析资源开发依赖对经济增长影响的间接效应。

根据前述分析，资源税率和资源品价格会对地区资源开发投入、资本形成、研发部门劳动力投入和科技水平产生影响，进而影响经济增长。为进一步考察资源税率和资源品价格对经济变量的影响，以资源税率和资源品价格作为解释变量与资源开发投入水平和其他经济变量建立回归。模型如下：

$$Z_t^i=\gamma_0+\gamma_1 RT_t^i+\gamma_2 P_t^i+\omega_t^i \tag{4-28}$$

其中，$Z_t$为$RD_t$或$X_t$，$RD_t$和$X_t$的含义与前文相同，$\gamma_1$、$\gamma_2$为系数向量，

ω 为随机扰动项。通过回归系数分析资源税率和资源品价格对资源开发投入和其他变量的影响，再结合模型（4-20），可以考察资源税率和资源品价格通过主要经济变量对经济增长的传导机制，分析资源收益对经济增长影响的间接效应。

### 4.2.4 资源依赖对经济增长影响的计量分析

#### 1. 变量选取与数据说明

由于数据可获得性方面的原因，将面板模型的时期范围确定为 1999～2012 年，在截面对象的选择上，选取采矿业从业人数占全部从业人数的比重反映采矿业的投入水平，作为资源开发依赖程度的衡量指标，以 RD 表示。根据 1999～2012 年我国各省份（市）这一指标数值的平均值，选择排名前 18 位的省区（市）（因西藏部分数据不完全，故未包含）作为分析对象，分别为：天津、河北、山西、内蒙古、辽宁、吉林、黑龙江、安徽、山东、河南、四川、贵州、云南、陕西、甘肃、青海、宁夏、新疆。[①]

模型中其他变量的度量指标如下：

$\ln Y_{t-1}$为滞后一期人均 GDP 自然对数，即 1998～2011 年 18 个省区（市）人均 GDP 的自然对数；$y_t$为各省区（市）的人均 GDP 增长率。数据来源于 2000～2013 年各省区（市）统计年鉴。

控制变量 X 包括：物质资本形成（K），用全社会固定资本投资占 GDP 的比重作为相应的度量指标；制造业投入水平（I），用制造业从业人数占全部从业总人数的比重作为度量指标；人力资本（E），用大专以上人口占总人口比重作为度量指标；科技投入（T），用科技支出占财政支出比重作为度量指标。以上数据均根据 2000～2013 年中国统计年鉴相关数据整理而得。

#### 2. 计量结果

利用广义最小二乘估计法（EGLS）对模型（4-20）进行参数估计，为消

---

① 这一选择标准与根据采矿业产值占工业总产值的比重作为标准选取的结果相同，因部分省区（市）采矿业产值数据各年份间连续性不足，故未采用此标准。

除异方差的影响，加权方法采用截面加权。通过 Hausman 检验确定选择固定效应模型。为了观察各控制变量对资源开发依赖程度的影响，和对经济增长的关联性影响，采用逐步向方程中增加控制变量的方法。计量估计结果见表 4 –4。

**表 4 –4　模型（4 –20）资源开发依赖和其他经济变量对经济增长影响的计量分析结果**

| 方程 | C | lnYt – 1 | RD | I | K | E | T | $R^2$ |
|---|---|---|---|---|---|---|---|---|
| （1） | 0. 14246 | – 0. 00252 | | | | | | 0. 72286 |
| | (2. 60) *** | ( – 3. 82) *** | | | | | | |
| （2） | 0. 14074 | – 0. 00223 | – 0. 01767 | | | | | 0. 72294 |
| | (3. 46) *** | ( – 7. 68) *** | ( – 4. 99) *** | | | | | |
| （3） | 0. 14108 | – 0. 00220 | – 0. 01803 | 0. 00331 | | | | 0. 72296 |
| | (3. 24) *** | ( – 3. 86) *** | ( – 3. 54) *** | (3. 28) *** | | | | |
| （4） | 0. 06302 | – 0. 00108 | – 0. 04129 | 0. 00080 | 0. 00892 | | | 0. 77002 |
| | (2. 64) *** | ( – 3. 27) *** | ( – 4. 45) *** | (3. 13) *** | (6. 66) *** | | | |
| （5） | 0. 06523 | – 0. 00068 | – 0. 03953 | 0. 00139 | 0. 00892 | 0. 02011 | | 0. 77008 |
| | (3. 03) *** | ( – 2. 89) *** | ( – 3. 57) *** | (3. 75) *** | (6. 65) *** | (3. 05) *** | | |
| （6） | 0. 06651 | – 0. 00089 | – 0. 04136 | 0. 00282 | 0. 00889 | 0. 03391 | 0. 28814 | 0. 77068 |
| | (2. 65) *** | (1. 98) ** | ( – 2. 63) *** | (3. 81) *** | (6. 62) *** | (3. 39) *** | (1. 95) ** | |

注：系数值下方的括号中数值为系数的 t 统计量，*** 、** 分别表示系数通过了 1% 、5% 显著性水平的检验。

在第一行的方程（1）中，仅以滞后一期人均 GDP 与经济增长率进行回归，其系数为负值，说明在不同省份（市）间的经济增长符合条件收敛假说。在第二行的方程（2）中，加入了资源开发依赖程度变量，其系数为负数，且显著性水平为 1%，表明从总体上看，这些省份（市）的经济增长与资源开发依赖程度之间存在显著的负相关。

为了进一步考察资源开发是否对地区经济造成“资源诅咒”，还需要结合其他控制变量进行综合分析。

在方程（3）和（4）中，加入了控制变量——制造业投入水平（I）和物质资本形成（K），这两个变量在 1% 的显著性水平上与经济增长呈正相关，表明了制造业投入和物质资本投入对经济增长的促进作用。加入后，资源开发依然与经济增长呈显著负相关。

在方程（5）中加入人力资本投入水平（E）后，资源开发依赖程度的系数仍然在 1% 的显著性水平上为负值。从人力资本投入水平变量的系数值可以看出，人力资本投入对经济增长具有促进作用，且促进作用较大。

在方程（6）中，进一步增加了控制变量——科技投入，该变量在 5% 的显著性水平上与经济增长呈正相关，且系数值表明科技投入对经济增长的促进效果十分明显。加入后，资源开发依赖程度的系数仍显著为负。

在逐步增加控制变量后，滞后一期人均 GDP 的系数仍为负值，再次验证经济增长的条件收敛假说。包含全部经济变量方程的可决系数（$R^2$）为 0.77，且通过了 F 统计显著性检验（F 统计量为 20.07），说明模型较好地模拟了资源开发依赖程度和其他控制变量对经济增长的影响，资源开发依赖对地区经济增长存在明显的“资源诅咒”效应。包含所有控制变量的模型分析结果显示，资源开发依赖程度每提高 1%，资源型地区的经济增长率下降约 0.041%，而制造业投入、物质资本投入、人力资本水平和技术投入均在一定程度上促进了经济增长。

根据对模型（4－20）中控制变量系数的分析（公式（4－26）），模型（4－20）中（$-(\alpha_3/\alpha_1)$）的数值能够反映控制变量对经济增长影响的效果。从包含全部控制变量的方程中可以看出，这些控制变量的系数值与 $\ln Y_{t-1}$ 的系数值之间的关系，符合模型分析中 $0 < -(\alpha_3/\alpha_1) < 1$ 的条件，说明这些控制变量每增加 1%，只能带来经济小于 1% 的增长。这说明，这些省份（市）在经济发展过程中，对要素的利用效率较低，是一种粗放型的经济增长模式。为了解释这一现象，进一步利用模型（4－27）来考察资源开发对其他控制变量的影响。

根据模型（4－27），依次在各控制变量和资源开发依赖程度之间建立回归方程，计量分析结果见表 4－5：

**表 4－5　模型（4－27）资源开发依赖对其他社会经济变量影响的计量分析结果**

| | I | K | E | T |
|---|---|---|---|---|
| RD | −0.101953<br>(−3.28)*** | 0.243333<br>(4.79)*** | −0.072328<br>(−1.97)** | −0.010135<br>(−5.68)*** |
| c | 0.197416<br>(19.53)*** | 0.522849<br>(27.13)*** | 0.069120<br>(22.04)*** | 0.014807<br>(21.29)*** |
| $R^2$ | 0.8506 | 0.8679 | 0.9071 | 0.8494 |

注：系数值下方的括号中数值为系数的 t 统计量，***、** 分别表示系数通过了 1%、5% 显著性水平的检验。

在四个被解释变量中，物质资本投入与资源开发依赖程度之间的系数为正值，二者呈现明显的正相关，说明资源开发在一定程度上带动了地区的固定资本投资。然而，其他三个被解释变量的系数均为负值，制造业投入和科技投入在1%的显著性水平上与资源开发依赖程度呈负相关，人力资本水平在5%的显著性水平上与资源开发依赖程度负相关。这一结果反映了资源开发通过其他社会经济变量对经济增长的间接传导机制，说明资源开发对制造业投入和科技投入产生了挤出效应，并降低了人力资本积累能力。

制造业发展、人力资本积累、技术投入是经济增长的重要条件。制造业具有明显的“干中学”效应，其技术溢出能够带动地区技术水平提高和经济增长，人力资本积累和技术创新能力是促进地区经济长期增长的关键因素。而资源开发吸引了更多的劳动力和资本进入资源部门，制造业部门的投入份额相应降低，造成地区产业结构单一化、低级化的特征。由于资源开发对劳动力的知识、技能水平要求较低，所以导致地区的人力资本水平和技术投入随着资源依赖程度提高而降低。这一结果与运用新增长模型分析得出的命题2一致。资源部门的要素吸纳机制造成了资源型地区趋于锁定的恶性循环路径，资源开发通过传导机制间接对经济增长产生了阻碍作用。

为了考察资源开发对经济增长间接影响的程度，将模型（4－27）带入模型（4－20）。可以看出，系数 $\alpha_3\beta_1$ 能够反映资源开发依赖通过其他控制变量对经济增长影响的间接效应。结合表4－4和表4－5的回归结果，可以进一步考察传导机制的效应大小和相对影响程度。见表4－6：

**表4－6　　资源开发依赖传导效应影响分析**

| | $\alpha_3$ | $\beta_1$ | （$\alpha_3\beta_1$）绝对影响程度 | | 负面影响的相对影响程度 |
|---|---|---|---|---|---|
| | | | 正面影响 | 负面影响 | |
| I | 0.002823 | －0.10195 | | －0.000287813 | 5.08% |
| K | 0.008891 | 0.243333 | 0.00216352 | | |
| E | 0.033911 | －0.07233 | | －0.002452715 | 43.33% |
| T | 0.288136 | －0.01014 | | －0.002920258 | 51.59% |
| 总影响 | | | 0.00216352<br>－0.003497267 | －0.005660786 | 100.00% |

从传导效应分析结果可以看出，通过制造业、人力资本和技术投入三个传导途径，资源开发依赖对经济增长进一步产生负影响。资源开发间接阻碍经济增长的负面影响绝对数值约为 -0.00566，而通过拉动固定资本投入带来的正面影响绝对数值约为0.00216，从总体上看，资源开发通过间接传导效应阻碍了地区经济增长，资源开发依赖程度每提高1%，通过间接传导机制会降低经济增长约0.0035%。从传导效应负面影响的相对影响程度看，由于科技投入对经济增长的促进作用最为明显（0.28814），所以因资源开发挤出科技投入而对经济增长产生的负效应也最大，超过了50%，这说明科技投入是重要的传导渠道，资源开发对技术投入要求的低级化是阻碍地区经济发展的重要因素。其次是资源开发通过人力资本的传导效应，相对影响程度达到43.33%，对经济增长的阻碍效应同样很大。现代经济发展过程中，科技创新和人力资本是促进经济增长的重要动力，资源开发依赖对科技创新和人力资本积累的挤出效应不可忽视。

### 3. 模型总结

通过资源型地区内生经济增长模型和计量实证分析，考察了资源型经济运行的特点和内在机制，并对资源开发与其他社会经济变量的关联效应和传导机制进行分析，得到的主要结论如下：

第一，虽然从现实看短期中资源开发带来了资源型地区收入增加，但是却损害了资源型地区的长期经济增长，资源开发投入水平上升会降低长期中的经济增长速度。

第二，经济中物质资本、制造业、人力资本投入水平增加和市场化程度提高均会在一定程度上促进经济增长。其中，科技创新投入水平提高对长期中经济增长的促进作用最为明显，其次是人力资本水平和物质资本投入。但是这些要素投入水平每增加1%带来的经济增长小于1%，说明资源型地区的要素利用程度较低，经济增长方式仍属于粗放型的增长。

第三，资源开发依赖对经济增长的影响存在直接效应和间接效应：资源开发不仅会直接阻碍长期中的经济增长，还能够通过对其他社会经济变量的间接作用弱化经济增长的能力。通过对传导机制的分析，在对其他变量的影响中，资源开发通过带动社会固定资本投资对经济增长产生正面影响，而对制造业、人力资本和科技投入均存在一定程度的负面影响，且总的负面影响大于正面影响。总体而言，资源开发投入水平上升通过其他社会经济变量又会进一步抑制长期中的经济增长。

第四，从计量结果看，由于科技投入水平对经济增长的促进作用最为明显，所以在传导机制上，资源开发由于挤出了科技创新，因此对长期经济增长的间接损害也最大。排在其次的是资源开发通过人力资本水平传导机制对经济增长造成的负面影响，制造业传导机制的负面影响同样不可忽视。

在良好的经济发展环境下，人力资本、科技投入、制造业是长期中决定经济增长的关键因素和动力基础，资源型地区只有改变现有的要素利用状态，才能打破目前的经济增长路径。对此，必然需要对这种要素流动机制形成根源加以深入剖析，找到影响要素流动的深层次原因，改善资源型地区要素配置，加强生产要素的流动性，打破经济发展的锁定路径，最终寻求到合适的途径和政策规范资源型地区的经济行为，引导资源型地区的合理发展。

### 4.2.5 资源税率和资源品价格对经济增长影响的计量分析

#### 1. 变量选取与数据说明

面板模型的时期范围为1999～2012年，截面对象与前文一致，选取18个省区（市）作为分析对象。模型中资源税率（RT）以资源税占采矿业总产值的比重为度量指标，资源品价格（P）采用采掘业工业生产者出厂价格指数，其他变量的度量指标均与前文相同。以上数据均根据2000～2013年中国统计年鉴或各省份统计年鉴相关数据整理而得。

#### 2. 计量结果

根据前述分析，包含全部变量的模型（4－20）计量估计结果见表4－7：

为了考察资源税率和资源品价格的影响，根据模型（4－28），依次在资源税率和资源产品价格与资源开发依赖程度和其他变量间建立回归方程，计量结果见表4－8：

表 4-7　　模型（4-20）计量结果汇总

| C | $lnY_{t-1}$ | RD | I | K | E | T | $R^2$ |
|---|---|---|---|---|---|---|---|
| 0.06651<br>(2.65)*** | 0.00089<br>(1.98)** | -0.04136<br>(-2.63)*** | 0.00282<br>(3.81)*** | 0.00889<br>(6.62)*** | 0.03391<br>(3.39)*** | 0.28814<br>(1.95)** | 0.77068 |

注：括号中数值为系数的 t 统计量，***、** 分别表示系数通过了 1%、5% 显著性水平的检验。

表 4-8　　模型（4-28）资源税率和资源品价格对资源开发投入和其他变量的影响计量结果汇总

| | RD | I | K | E | T |
|---|---|---|---|---|---|
| RT | -0.33033<br>(-2.11)** | 0.78397<br>(2.98)*** | -1.03091<br>(-1.65)* | 0.24138<br>(1.96)** | 0.01617<br>(1.79)** |
| P | 0.00723<br>(2.72)*** | -0.01581<br>(1.62)* | 0.01391<br>(2.31)** | -0.00107<br>(-1.84)* | -0.00200<br>(-1.94)** |
| c | 0.06131<br>(26.14)*** | 0.18329<br>(-30.88)*** | 0.54841<br>(48.15)*** | 0.06204<br>(33.54)*** | 0.01421<br>(34.57)*** |
| $R^2$ | 0.87837 | 0.85324 | 0.86878 | 0.90796 | 0.85006 |

注：括号中数值为系数的 t 统计量，***、**、* 分别表示系数通过了 1%、5% 和 10% 显著性水平的检验。

可以看出，资源税率与资源开发投入和物质资本形成之间呈负相关，提高资源税率能够限制资源开发投入和物质资本形成。资源税率每提高 1%，能够使资源依赖程度下降 0.33%，物质资本投入下降 1.03%，这也反映出资源型地区的物质资本形成与资源开发存在很大关系。资源税率与制造业投入、人力资本水平和科技投入呈正相关，资源税率每提高 1%，能够带来制造业投入、人力资本积累和科技投入分别提高约 0.78%、0.24% 和 0.016%。

从资源品价格的影响看，资源品价格与资源开发依赖程度和物质资本形成呈正相关，说明资源产品价格越高，资源型地区对资源开发依赖程度越高，并促进了物质资本形成。而较高的资源品价格却对制造业、人力资本形成和科技投入产生了负影响，资源产品价格上涨时三者的投入水平出现不同程度下降。

这一结果与运用内生增长模型分析得出的命题 3～6 一致。直接影响资源部门收益的资源税率和资源品价格对资源型地区要素流动产生了影响，低资源税率和高资源产品价格会强化资源型地区对资源开发的依赖，但对长期经济增长的动力——制造业、人力资本和科技投入产生了抑制作用，会间接阻碍地区经济增长。

为了考察资源税率和资源品价格对经济增长的间接影响，将模型（4－28）带入模型（4－20），系数 $\alpha_2\gamma_1$、$\alpha_3\gamma_1$ 和 $\alpha_2\gamma_2$、$\alpha_3\gamma_2$ 能够反映资源税率和资源品价格通过资源开发投入和其他变量对经济增长的间接影响。结合表 4－7 和表 4－8 的回归结果，表 4－9 列出了传导机制的效应大小和相对影响程度。

**表 4－9　　资源税率和资源品价格对经济增长的传导机制分析**

| | （$\alpha_2\gamma_1/\alpha_3\gamma_1$）资源税率对经济增长的影响 | | | （$\alpha_2\gamma_2/\alpha_3\gamma_2$）资源价格对经济增长的影响 | | |
|---|---|---|---|---|---|---|
| | 正影响 | | 负影响 | 正影响 | 负影响 | |
| | 绝对影响 | 相对影响 | | | 绝对影响 | 相对影响 |
| RD | 0.0136631 | 47.57% | | | －0.000299 | 31.23% |
| I | 0.0022131 | 7.71% | | | －0.000045 | 4.66% |
| K | | | －0.009166009 | 0.000124 | | |
| E | 0.0081855 | 28.50% | | | －0.000036 | 3.79% |
| T | 0.0046600 | 16.22% | | | －0.000577 | 60.31% |
| 总影响 | 0.0287217 | 100.00% | | | －0.000957 | 100.00% |
| | 0.0195557 | | | －0.000833 | | |

从资源税率的影响看，虽然提高资源税率会在一定程度上对物资资本投资产生负影响，但却能够通过减少资源开发依赖，促进制造业、人力资本和科技投入对经济增长产生正影响，且正影响大于负影响，从总体上看，资源税率每提高 1% 通过这些对经济变量的间接作用，能够促进经济增长约 0.0196%。在资源税率对经济增长的正的间接影响中，通过减少资源开发依赖和提高人力资本储备对经济增长的促进作用显著，分别达到了 47.57% 和 28.50%。

资源品价格的间接影响机制也存在正、负两方面影响，但负影响大于正影响，高资源品价格对长期经济增长有抑制作用。资源品价格每上涨 1%，通过这些经济变量的间接影响机制，会抑制长期经济增长减弱约 0.0008%。其中通过强化资源开发和减少科技投入对经济增长的负影响最为显著，在负影响中所占比重分别达到了 31.23% 和 60.31%。

这一计量结果，与第 2.2.2 节资源收益初步统计观察中图 2 – 10、图 2 – 11、图2 – 12、和图 2 – 13 反映的现实情况相一致。

**3. 模型总结**

通过内生增长模型和资源税率及资源品价格的传导效应计量分析，可以考察资源收益的影响因素变化对地区经济变量和经济增长的影响，得出主要结论如下：

第一，资源型地区对资源开发的过度依赖会抑制经济增长，而制造业、物质资本投入、人力资本和科技投入均能够促进长期经济增长。

第二，资源税率和资源品价格会对资源开发投入水平和其他经济变量产生影响。提高资源税率能够降低对资源产业的投入并促进制造业发展、人力资本投入和科技投入。资源品价格持续上涨会产生相反的影响。

第三，资源税率会对经济增长产生间接影响。提高资源税率不仅能够通过限制资源产业过度繁荣促进长期经济增长，还能够通过制造业、人力资本和科技投入对经济增长产生正面影响，适当提高资源税率能够促进长期中的经济增长。而较低的资源税率虽然能促进资源产业扩张和物质资本投资增加，但会损害长期中的经济增长。

第四，通过传导机制分析，从总体看，资源品价格对长期经济增长有负影响。资源品价格较高，能够促进物质资本形成，但会通过资源产业、制造业、人力资本和科技投入抑制长期中的经济增长。

由于资源产业的特殊性，在产业扩张时会吸引大量生产要素流入，但因巨大的沉没成本，生产要素却难以从资源产业流出。因此，应通过提高资源税率和稳定资源产品价格促进长期经济增长，还要建立良好的资源产业退出机制，保障资源型地区要素流动和要素优化配置。

## 4.3　资源部门要素配置机制

生产要素的流动和配置是影响产业成长的必要条件。一般情况下，充足的生产要素有助于产业生产规模的扩大和技术水平的进步，获得更多超额利润，占领更多的市场，从而促进产业繁荣和竞争力提升。反之，如果要素缺乏，将导致生产能力降低，生产规模缩小，进而造成技术进步缓慢、引起产业萎缩，竞争能力下降。生产要素配置是一个地区产业体系变化和区域经济发展的重要影响因素。

### 4.3.1 资源部门要素配置

资源部门的发展带来资源收益增加，这种较高的经济利润，使资源部门的各种生产要素所有者，即资源的所有者、资本的所有者和劳动力均可以获得较高的报酬。高收益对区域内生产要素流动、企业和个人的消费和投资行为，以及地方政府的政策均会产生影响，进而对整个区域的生产要素流动与配置产生巨大影响，这些影响主要表现在三个方面：要素流动效应、消费支出和投资效应和政府政策的惯性影响。资源部门对资源型地区要素流动的影响机制如图 4 – 2 所示。

**1. 要素流动效应**

在资源型地区，由于资源发现或资源价格意外上涨促成了资源部门的发展和繁荣。资源部门的繁荣提高了生产要素的边际产出，资源部门获得的较高收益，意味着资源部门的生产要素收入增加，资本回报率和劳动力工资上涨，引起资本和劳动力等生产要素流向资源部门。

资源部门资本回报率增加，尤其是资源开采获得的高额利润，会强化社会资本进入资源开采行业，出现对资源的过度开采。根据不可再生资源的跨期生产决策分析，现期较高的资本回报率，会促使企业加大自然资源的开采力度，造成资源的过度开采。目前我国很多资源型地区在矿产资源开采过程中，资源回收率不高，资源综合利用程度低，矿产资源大量浪费和共生、伴生资源浪费，导致地区生态环境恶化，矿山提前进入枯竭期，大大弱化了资源型地区经济的可持续发展能力。

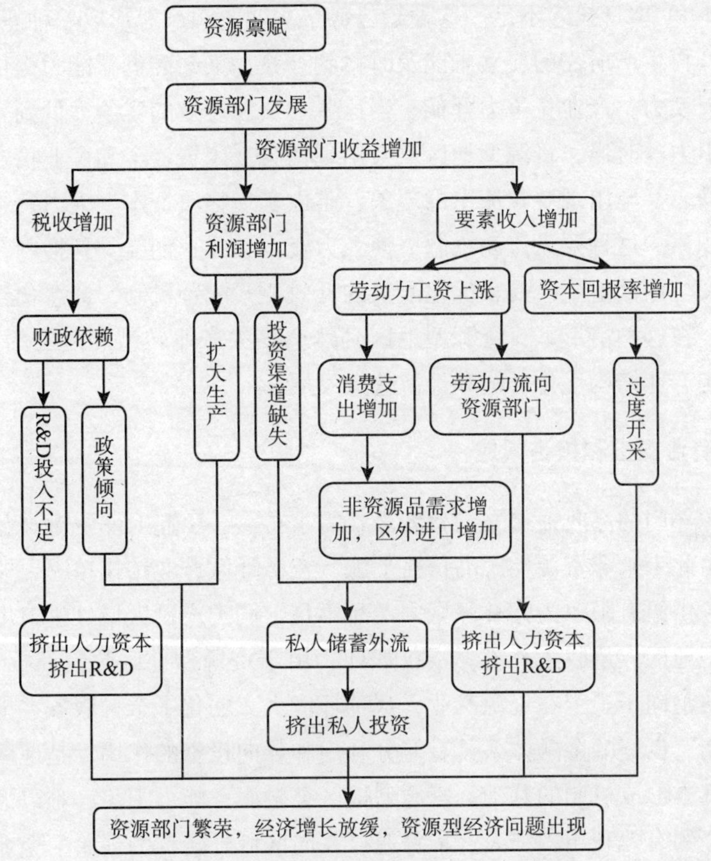


**图 4－2　资源部门的要素流动影响机制**

资源部门较高的资本回报率和较高的劳动力工资水平，会吸引资本和劳动力流向资源产业。资源产业链条短，处于经济结构的低端，对技术水平和劳动力素质要求比较低，从而降低了对技术创新和人力资本投资的要求，形成资源开发投入挤出人力资本和 R&D 投入的局面。因缺乏必要的物质资本、人力资本和技术积累，经济增长势必受到阻碍。

资源产业的过度发展，大大挤占了其他产业发展所需的生产要素和成长环境。资源产业作为资本密集型产业，资产专用性强、沉淀成本高，吸引要素的能力较强。但由于资源开发产业的关联度较低，对上下游相关产业的拉动作用较弱。大量优质的要素在资源产业内的不断自我强化，其他非资源产业缺乏良好的培育和发展机会，往往缺乏对生产要素的吸引力，物质资本、人力资本和R&D投入不足。这种趋势势必在非资源产业形成一种恶性循环：扩大生产再生产所需的要素未能及时得到补充，又缺乏创新能力提供持续的产业发展动力，产业竞争力降低。当这些非资源产业的竞争力低到完全缺乏要素吸引力的时候，资源型地区就会出现社会上闲置资金和产业投资不足并存的局面，甚至出现要素流出的现象，难以实现物质资本、人力资本和技术的递进积累。这种要素流动机制，使人力资本、技术创新受到抑制，是自然资源开发排斥其他生产要素优化配置的低效要素配置机制，会恶化经济发展的基础。在这种情形下，资源型地区必然会丧失产业转型和发展的新机会，进而影响产业结构优化升级和经济持续发展。

### 2. 消费支出和投资效应

资源部门的高收益带来消费者消费需求扩大，引起对非资源产品的需求增加，由此带来非资源类产品价格上涨。资源地区产业结构单一，非资源产品与服务供给有限，为弥补区域内产品不足，同类产品区域外进口增加，导致资源型地区大量收入外流。不仅如此，由于资源型地区政策和投资惯性，要素流向趋向于锁定在资源产业，这种环境大大弱化了金融服务在地区经济中的作用。良好的金融体系具有充分利用和导向投资的作用，是地区经济构建良好资本形成机制的基础。资源型地区金融服务能力不足，难以形成对本地区资金的有效利用，私人资本普遍存在向区域外转移的现象，企业获得的利润和职工收益会通过股票市场、房地产市场等渠道转移到其他地区或行业。资源型地区出现了资源开发高额收益、资金外流与本地区其他产业资本形成不足并存的现象。

资本积累是一个地区长期经济增长的基本因素，私人储蓄以区域外消费支出和对外投资的形式流向其他地区，大大削弱了资源型地区长期中经济增长的能力。资源型地区优质生产要素向能够发挥其作用的制造业和服务业集聚的其他地区转移，区内外的生产要素向资源型地区资源性产业转移，这种不对称的生产要素流动造成的转移效应进一步加剧了物质资本和人力资本的挤出效应，导致资源型地区经济发展能力恶化。

### 3. 地方政府政策的惯性影响

资源产业是资源型地区的主导产业，在整体产业结构中占有较高的比重。资源产业要求的技术水平相对较低，产业投资周期短，但却具有明显的产出效益，对地区经济增长的迅速拉动作用在短期中就能够显现。虽然在现有的税制结构中，地方政府获得的资源相关税费比重不高，地方财政收入获益并非很大，但资源产业对 GDP 的拉动作用驱使地方政府更倾向于依赖资源开发。这种短视行为使地方政府缺乏推进产业升级和经济转型的动力，资源产业的投资比重居高不下，忽视了对技术创新和人力资本的投入。

### 4.3.2　资源型地区要素配置的外部影响因素

根据要素流动理论，在市场经济条件下，如果市场中不存在障碍，自由流动的生产要素会寻求更高的边际生产率，实现要素的优化配置，最终各产业的要素边际生产率基本相同。也就是说，资源配置的效率和效果取决于要素的可流动性和流动强度，这些因素最终会影响一个地区的经济发展水平。

资源型地区的相关问题与区域内的要素流动机制直接相关。由于生产投入的固定成本高但可变成本低，产值又相对较高，因此资源产业具有较高的边际生产率，在产业发展初期生产要素的吸引力较高，造就了资源部门的繁荣。根据要素流动理论，在其他条件不变时，随着生产要素的流入，由于边际报酬递减，某一行业生产要素的边际产出会不断下降，生产要素应该逐步流入其他产业。由于要素在不同产业间的优化配置，各产业间要素边际生产率的差异会逐渐缩小。资源部门的生产过程需要较高的投入成本，且受到资源储量的限制和开采难度的影响，一般认为其是属于规模报酬递减的部门。随着生产要素的不断流入，资源部门生产要素的边际产出会下降，带来要素收入下降，资本、劳动力等生产要素逐步流入其他产业。

但是，资源型地区并没有明显发生这种要素流动（否则资源型地区不会落入资源优势陷阱，资源诅咒现象会自动避免），主要原因在于以下四个方面：

第一，资源型地区的相关制度安排，如资源税费制度、矿产资源产权交易制度等，影响了收益分配，维持了资源产业部门的非正常高额收益，误导了生产要素流动。

第二，资源型地区收益分配的制度安排，导致资源收益流向趋向于分利者而非创利者，对未能清晰界定的资源租金的追求会导致寻租和腐败行为，不仅会带来资源的滥用而且会弱化制度质量。在缺乏充分制度保障的情况下，经济增长必然受到阻碍。

第三，资源型地区，尤其是资源产业的市场化水平低，阻碍要素的合理流动，在经济演进过程中，无法自发形成合理的产业结构和产业组织，产业体系失衡导致当地工业化向高层次演进失败，经济增长缺失持久动力机制。

第四，资源地区的投资渠道不畅通、投资环境不完善，不能有效地引导资金流向其他产业。

资源禀赋虽然带来了高额的资源财富，但这些资源收益如果没有有效的规范和使用框架的话，这些收益将被浪费掉。资源财富要么被过度投向资源产业，要么流向区域外，或被过度消费。资源型地区之所以出现一系列问题，关键因素不在于资源本身，而是在于资源开发相关的制度安排不完善导致资源使用和资源财富管理不当，从而引发资源型经济问题。资源型经济面临的问题，是通过制度规范、环境建设和管理约束，引导资源收益和生产要素的合理流动和使用。

## 4.4 衰退路径的资本形成机制

资本形成是储蓄转化为投资的过程，从广义上看，一个地区的经济发展就是在持续不断的资本形成中向前推进的。对资源型地区而言，资本形成就是将资源收益和资源财富转化为物质资本的过程。根据对资源部门要素配置机制的分析，资源型地区的要素流动特征是：要素从制造业、研发部门流入到资源部门，导致制造业部门资本形成不足，技术研发部门资本投入不足。资源型地区的要素流动机制决定了资源型地区面临的是衰退路径的资本形成机制。

第一，由于收益信号扭曲，资源产业繁荣会吸引大量要素进入，形成产业刚性、要素流向锁定。由于资源产业沉淀成本比重高，物质资本形成在资源产业内部，向外辐射能力差，对引致投资的拉动作用弱，当资金投入资源产业后，难以再拉动相关产业投资，抑制了进一步的资本形成。这种资本形成过程对资源收益和资源财富的吸纳作用强，但向外辐射、带动后续相关投资的作用弱。

第二，对资源型地区要素流动机制的分析发现，资源开发会在一定程度上促进物质资本形成，这部分物质资本形成对经济增长也有一定的促进作用。但是，在这样的要素流动方向和资本形成模式下，资本主要形成在初级部门，缺乏对具有正外部性的制造业的投资和技术研发部门的投资。制造业的外溢效应能够带来技术进步和人力资本积累，技术和创新能力是实现经济持续增长的动力，由于资源型地区在资本形成过程中挤出了人力资本和创新，这种资本形成不具有可持续型。

第三，资源产业发展过程中吸收了大量生产要素，造成制造业等其他产业成本上升，地区贸易条件恶化，不利于要素流入。一个地区的发展历程，就是随着不同发展阶段的要求，不断地吸收短缺要素、塑造新的竞争力的过程。贸易条件恶化，会限制某些短缺要素导入，资源型地区可能会因关键要素缺乏难以形成新产业，对资源产业的依赖性增强，产业结构单一化、刚性化，形成一种恶性的产业发展循环，产业结构无法优化升级，地区经济缺失长期发展的动力。

根据要素收益递减规律，在其他条件不变的情况下，连续投入一种投入物带来的边际产出会越来越低。从长期看，资源产业繁荣吸纳的资本形成，投资的边际回报率会越来越低，而这个过程中又挤出了其他对经济增长具有重要作用的要素，所以资源型地区长期中经济增长的速度必然会放慢。

资源型地区的路径选择特征，决定其会自发的选择一条依赖自然资源的发展模式，这种模式下的要素配置机制又必然会导致资源型地区资本形成的单向性，资源收益和资源财富难以通过持续的投资机制实现转化和增值，沿着这种路径发展下去，资源型地区最终必然会面临发展动力缺失而陷入衰退的境地。

## 4.5 小　结

本章从资源型地区发展路径选择、生产要素流动和配置角度分析了资源型地区经济运行的运行机制。在缺乏相应的制度保障的前提下，资源型地区选择一条依赖自然资源的发展路径存在内在必然性。

通过经济内生增长模型描述了资源型经济运行的特点：资源型地区经济是否会发生“资源诅咒”现象，与该地区的生产要素配置状况相关。在资源部门要素配置效率较低的情况下，区域经济对自然资源的依赖程度越高，投入资源部门的劳动力数量越多，而从事研发活动的劳动力数量越少，R&D部门产出水平的产出水平越低，相应的区域经济增长水平越低。通过实证计量也证实了这一点。

资源税率和资源产品价格也会影响资源型地区的生产要素流动。资源税率越低，越能够吸引更多的劳动力流向资源部门，降低了从事研发活动的劳动力数量，同时会对技术创新产生挤出效应。资源产品价格上涨也有类似的影响：资源产品价格越高，会吸引越多的劳动力投入资源开发部门，R&D部门的劳动力投入减少，挤出技术创新，进而削弱长期中经济增长的动力，减缓经济增长。这些影响同样通过实证计量得到了验证。

资源型地区的要素流动机制决定了资源型地区面临的是衰退路径的资本形成机制，是一种不可持续发展路径。

# 第5章

# 资源型经济转型与可递进的资本形成机制

## 5.1 资源型经济转型的内涵

对于资源型地区转型，很多研究做过明确界定。但需要强调的是，所谓的资源型经济转型，并不意味着资源型地区完全摒弃对资源的开发和利用。转型本身包括两层含义：一是从原状态变化到新的状态，二是从原状态变化到新状态的过程。资源型经济转型的具体目标存在着不确定性，假设将资源型地区的现状记为A，转型的具体目标记为B，则转型可以有不同的实现方式：第一，是B对A的完全替代，转型就是建立一种全新的产业内容和模式，第二，是B对A的部分替代，优势产业继续传承，A和B之间存在交集，第三，虽然是B替代A，但因约束条件改变，资源型地区仍然依赖自然资源，但却可以实现可持续发展（刘学敏，2011）。无论是实现三种表现形式中的哪一种，资源型经济转型的路径均在于自然资源对地区经济发展约束程度的调整。从这个角度分析，资源型经济转型可以界定为两种转型路径，一是突破资源约束的经济转型路径，二是在资源约束下的经济转型路径。

### 5.1.1 突破资源约束的资源型经济转型

根据第4章资源型经济发展路径选择的分析（见图4-1），在资源储量一定的条件下，资源型经济必然会因自然资源总量约束而支付过高的社会总成本（即在B点实现生产，而非$E_3$点），面临社会总体效率损失。那么，如果资源型地区能够突破本地的资源储量限制，从区域外引入资源进行转化、利用，使资源型地区可利用的资源总量从$R_0$增加至$R_1$，则可以避免B的无效率生产状态，在$E_4$点实现最优生产状态，产出水平不断提高（如图5－1所示）。随着区域外自然资源的持续输入，突破了自身资源储量限制的资源型地区通过资源有效利用实现了持续的经济发展。这种资源型经济转型模式，是针对资源产业基础条件比较好，能够通过深化资源产业链、发展配套产业实现资源产业集群化发展的资源型地区。例如，新疆克拉玛依利用哈萨克斯坦乃至中亚地区的石油天然气资源，通过不断建设石油化工产业链、天然气化工产业链、油田轻烯深加工产业链，突破自身资源限制，逐步向资源型经济良性运行路径发展。突破资源约束的资源型地区转型后的经济表现形式是延伸的资源产业链或高效的资源产业集群带动地区相关产业的发展，实现要素的优化配置，在地区产业结构中，资源产业仍占有重要地位，或资源产业与其他产业并存的状态。

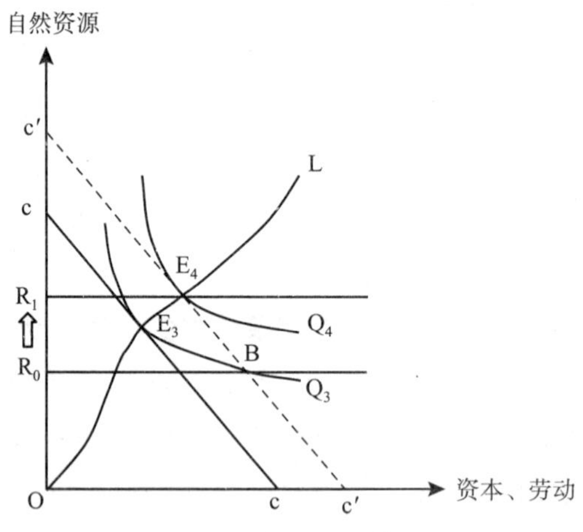


**图5－1　突破资源约束的资源型经济发展路径**

这种突破本地资源储量限制的经济转型发展路径必须有一个重要前提，就是要有不断增长的良好物质资本和人力资本相匹配。如果资源型地区能够引入区域外资源，但仍然过度依赖对资源的低水平利用的话，其生产选择依然会落入无效率的经济增长状态，即第 4 章图 4 – 1 中的 A 点。可见，通过引入区域外资源并不意味着资源型地区就能够走上可持续的经济发展路径，支撑其良性运行的关键因素还在于实现对物质资本和人力资本的优化利用。

## 5.1.2　资源约束下的资源型经济转型

如果资源型地区资源产业基础一般，不能引入区域外资源，则其必然要受到本地自然资源储量的约束，经济发展路径必须作出调整。如图 5 – 2 所示，在资源约束的情况下，按照原有的发展路径（$L_1$）以及资源和资本、劳动投入模式（社会总成本线 c′c′），资源型地区在经济增长进程中，要面临 B 点的无效率状态。如果能够改变资源和资本、劳动投入模式，使社会总成本约束线变为 dd，通过利用更多的资本和劳动来替代自然资源，B 点的生产便可以避免效率损失，成为社会最优生产选择点，资源型地区的经济发展路径，突破原来的 $L_1$ 生产扩展线，转向依托资本和劳动的经济发展路径 $L_2$。

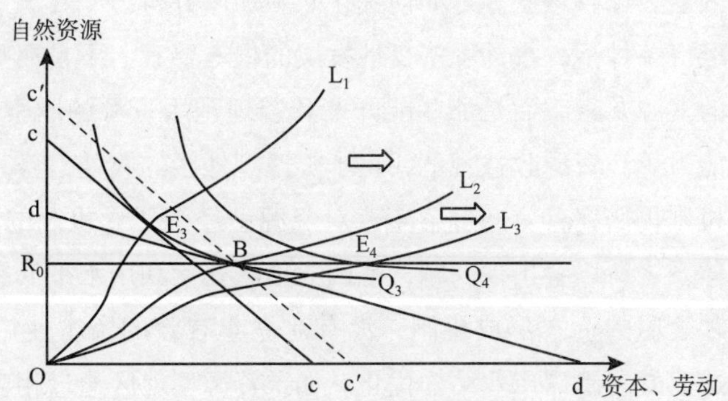


**图 5 – 2　资源约束下资源型经济转型路径**

这种资源约束下的资源型经济转型路径是在不断调整的，在路径 $L_2$ 下，如果按照 dd 的资源和资本、劳动的配比模式进行生产（即一条与 dd 斜率相同、外移的社会总成本线），则又会面临类似 B 点的无效率状态，这就需要进一步用资本和劳动来替代资源（即一条斜率小于 dd 的社会总成本线，

在 $E_4$点与 $Q_4$总产出线相切，实现最优生产选择），经济发展路径向 $L_3$转变①。我国大多数资源型地区面临的转型路径属于这一类，随着转型的推进，资源产业逐步退出，代之以新的主导产业、支柱产业带动地区经济的可持续发展。

资源约束下的资源型经济转型是一种动态调整的过程，不断用资本和劳动来替代对自然资源的依赖，逐步实现自然资源退出在地区经济中的主导地位，最终实现依托物质资本和人力资本的良性经济运行状态。可见，这类资源型地区实现经济转型的关键同样是对物质资本的优化利用和人力资本的储备升级。

对于资源型地区而言，无论是何种经济转型路径，转型成功都需要有良好的物质资本、人力资本等生产要素的支撑，因此实现资源型地区经济转型发展必须要解决影响要素优化配置的外部环境，调整对生产要素的利用方式、提高利用效率，改变原有过度依赖资源的发展模式。也即是说，资源型经济转型的关键，是根据资源型地区的具体情况对其发展路径作出的过程性调整，而不仅仅在于具体目标的点对点的转变，最终实现资源型地区资源配置过程的优化，建立一种长效的经济、社会建设机制。因此，对转型过程中涉及的环境因素，以及这些因素如何优化必须加以分析。

在市场经济条件下，推动经济良性发展的根本要素，不是那些作为生产投入的具体的资源要素，而是那些能开发和合理利用资源的因素，如技术、制度和创新能力等。资源收益规范纠正了资源型地区的收益信号，但其内部的要素流动机制仍需完善。通过第 4 章对资源型经济传导机制的分析认为，资源型经济体系之所以会出现问题，是因为地区要素利用水平低影响资源配置，形成一种衰退的资本形成机制，没有建立起有效的资本使用和配置框架，抑制制造业发展阻碍产业结构优化。如果资源型地区通过相应的制度安排和政策导向，建立合理的资本配置方式引导资本流动，通过引入资源型地区经济发展的欠缺因素，弱化以资源开发做动力的原有要素依赖模式，强化依靠制造业、技术、人力资本等要素的经济发展路径（见图 5 – 3），将资源

① 实际上，由于不可再生自然资源的可耗竭性，随着开发不断深入 $R_0$ 并非不变而是递减，则实现经济转型过程中资本和劳动对资源的替代作用更应加强。

带来的丰厚的资源财富转变为工业化合理发展的资本，建立可持续的资本形成能力和可递进的资本形成机制，那么经济发展会突破“资源诅咒”路径，实现资源型地区的良性运行。

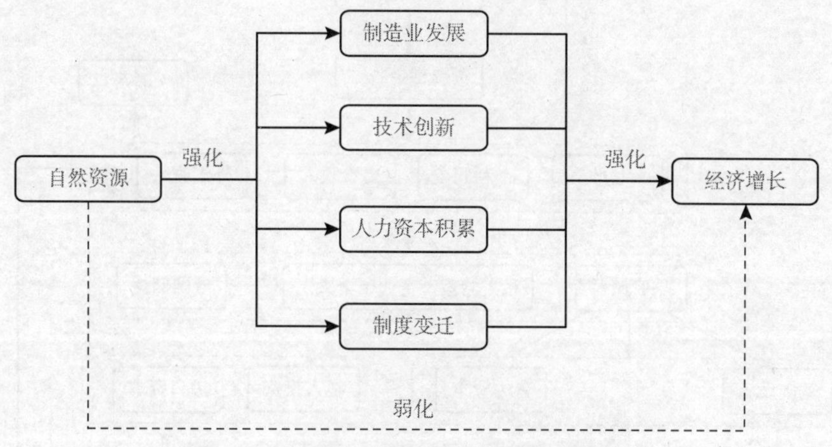


图 5－3　资源型地区经济转型中的要素变化

## 5.2　规避衰退的可递进资本形成机制

### 5.2.1　资本形成

资源型经济问题的根本症结，不在于资源本身也不在于资源产业，而在于资源产业的发展对其他产业发展和地区产业结构产生了负面影响，导致地区经济发展环境恶化。资源型地区由于当地经济环境中缺乏投资渠道和投资机会，大量资金流出，弱化当地的资本形成能力。一个地区的总收入扣除消费后的部分形成了储蓄资金，资本形成过程也就是储蓄向投资的转化过程。要实现资源型地区经济转型，在规范资源收益、纠正要素流动信号后，应致力于改变经济环境，打通要素流动通道，构建储蓄向投资转化的途径，依靠市场力量实现要素优化配置，塑造新的地区竞争力。

资源型地区的储蓄资金主要由政府储蓄和私人储蓄（包括企业和个人）

两部分构成，资本形成就是这两部分储蓄资金转化为合理投资的过程（见图5-4）。

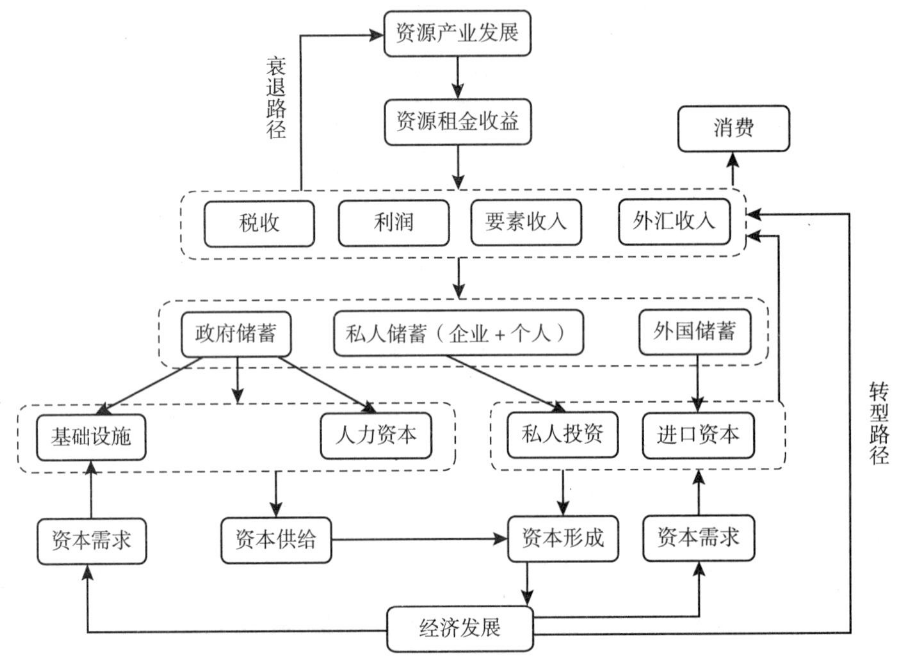


**图5-4　资源型经济资本形成**

私人储蓄中，企业储蓄来源于企业的利润，个人储蓄来源于要素收入。在市场经济条件下，企业和个人的投资行为必然要在边际收益率信号的指引下，追求利润最大化。

政府储蓄主要投向两个方面：一是基础设施等公共产品，如交通、电力、环境等，二是具有正的外部性的产品，如教育、卫生、医疗等，这类投资对人力资本的积累起到促进作用。

在资本形成过程中，提高资本形成能力取决于企业行为和政府行为约束两个方面。在市场经济条件下，产业资本形成资金主要是来自于私人部门，政府的职能是提供政策和应对市场失灵，因此对资本形成机制的分析，主要是针对私人储蓄的转化过程。

### 5.2.2　可递进的资本形成机制

可递进的资本形成机制，是指一个地区能够形成一种持续的投资机制和收益再转化机制，将经济发展积累的收益、财富，以及人力资本和技术能力，按照一定的组合方式不断地循环再投入到地区经济发展中，促进资本形成，并且在这些要素投入的过程中，要素配置能够根据经济发展阶段的要求自发作出调整。对于资源型经济，资本形成机制的可递进性主要是相对衰退路径下资本形成锁定特征而言，可递进机制，意味着收益和财富不会沿着既定的路径不断自我强化，而是能够在资本形成方向、要素配置方式上不断优化调整，是一个动态的调整过程。

一个地区资本形成机制的可递进性，体现在以下方面：

**1. 投资结构与投资方向合理**

资源型经济衰退路径的资本形成机制在于，在不完善的资源收益分配机制下，丰裕的自然资源使资源开采和初级加工部门获得高额的利润，资源产业的边际利润率显著高于其他产业，这会吸引生产要素持续进入资源部门，形成对投资资金的吸纳。这一过程也就是资源型地区产业结构单一化、刚性化的原因。由于资源产业技术要求低、处于产业链上游，对地区经济缺少正的外部性影响，过多的生产要素集中于初级部门，对后续物质资本、人力资本形成和技术进步的拉动作用很小，会损害整体经济效率和投资收益率，导致地区投资水平下降。这种资源产业不断吸纳投资、自我强化的资本形成过程显然无法持续推进地区资本形成和资本积累。

可递进的资本形成机制要求资本形成过程中有合理投资结构和投资方向，即投资要突破资源产业自循环的吸纳机制，资金能够投向具有良好发展前景的产业部门，并随着产业结构优化调整的要求，不断自我校正。投资结构合理，是要求在通过投资促进物质资本形成时，必须能够同时实现对人力资本积累水平的提高和对技术创新的促进。

投资结构与投资方向优化的前提，是经济中的收益信号能够真正反映不同产业的边际生产率差异，对资源型地区而言，首要的就是要通过规范资源收益，校正要素流动信号，从根本上打破资源产业对资金的不合理导向。

在优化投资结构和投资方向的过程中，政府的作用在于提供必要的政策环境和良好的服务职能，为资金流动和资本形成清除不必要的障碍。

**2. 投资主体多元化**

资本形成过程中，投资主体的特征是决定投资方向、投资结构，乃至投资最终效益的根本因素。国家、地方政府、国有企业、民营企业、民间资本都可以成为投资主体，但不同的投资主体在地方经济发展中投资的侧重应有所差别。国家和地方政府应注重对基础设施、教育、医疗、生态环境改善等方面的投资，为地区经济发展提供良好的环境和平台。在市场经济条件下，国家和地方政府不应再成为产业发展的投资主体，只能在必要时通过补贴等形式为产业或企业发展提供部分支持。在我国的资源型地区，国有企业在资源产业中占有较高的比重，其投资主要仍偏重于资源相关产业，这正是资源型地区要素流向锁定，形成衰退的资本形成机制的主要原因。

民营企业和民间资本是最符合市场经济要求的构成形式，非资源类的民营企业发展和民间资本投资，能够大大促进非资源产业的资本形成，为地区经济发展注入活力。这类企业能够随时把握市场脉搏，了解市场需求，能够根据市场信号很好地选择投资机会，由于注重资金利用效率和持续收益能力，资本形成的质量必然会相对较高。地区经济中这类投资主体投资所占的份额越大，可递进的资本形成能力也就越强。

**3. 有利的投资形成途径**

资本形成过程必然是通过要素的流动和配置实现的。良好的投资形成途径，能确保将储蓄资金导向最有利的投资，是资本形成的必要保障。

我国资源型地区普遍存在投资渠道不畅的问题，原因在于：一是我国的很多资源型地区受传统计划经济的影响，地区市场化程度不高，地区金融机构未能起到良好的资金导向作用；二是资源产业发展过程中，固化的投资模式对金融机构的作用要求不高。因此，资源型地区的金融环境发展滞后、金融体系功能不健全，储蓄资金缺少有利的渠道向投资转化，抑制了资本形成。

良好的金融环境和投资渠道，通过市场机制对投资项目进行筛选，能够保证投资收益，能够促进地区产业结构优化和调整，是持续资本形成的基础。

#### 4. 可递进的要素配置机制

资源型地区的要素配置机制，具有挤出私人投资、挤出人力资本和创新的要素流动特征，这种要素配置机制显然无法支撑持续的资本形成和经济发展。通过对资源型经济转型内涵分析可以看出，无论资源型地区采取何种转型路径，从根本上说，都要不断深化对人力资本和技术的利用，逐步淡化自然资源在地区经济优势中的作用，转向以人力资本和技术创新为动力基础的发展模式。

资本形成机制的可递进性，要求资源型地区的要素配置机制能够随着资源型地区经济转型的要求，不断培育出与产业演进相适合的各类专业技术人才，并能够实现对外来技术的运用和自身的技术研发，进一步推动产业升级和经济发展。这种产业发展与要素结构、要素质量相互促进的发展模式，可以通过人力资本和创新能力建设递进机制实现，在地区产业体系和人力资本培育平台与创新能力建设平台之间，实现良性互动，持续通过人力资本和技术的优势推动经济发展。

#### 5. 合理的产业体系

资本形成的过程就是企业不断投资、发展壮大的过程，也是企业所在产业不断调整的过程。一个地区可递进的资本形成机制，体现在该地区能够持续实现产业结构升级和产业体系优化，达到对资本利用水平的不断深化和优化。

合理的产业结构意味着地区产业发展具有高技术、高加工和高附加值的特点，这类产业符合市场需求，具有良好的发展前景，能够带来较高的产业增加值，为持续的资本形成提供了基础。产业结构多元化使生产要素在多产业间形成协调和关联，某一个或几个产业的扩大调整，能够不断引致出新的投资需求，促进资本形成。

合理的产业组织能够实现产业内部及产业间的竞争性和效率性。竞争是检验投资效率和企业发展能力的最有效标准，在竞争中成长的企业和产业具有更强的发展能力，更符合市场要求，具有持续发展壮大的能力。产业间的合作能够促进投资，加强物质资本和人力资本的积累，推动技术进步，持续推进资本形成。

**6. 参与区域分工**

任何一个地区都不是孤立的存在，参与区域分工能够利用自身的比较优势，通过与外界的交流合作促进本地区的要素流动和要素优化配置，不断优化本地的资本形成。

可递进的资本形成机制是资源型地区规避衰退路径的必然选择，在这样一个框架下，资源型地区能够不断地通过财富—投资—资本形成—财富积累—再投资……这样一条路径持续扩张，并在扩张过程中实现优势要素由自然资源向物质资本、人力资本和研发创新能力的递进转换。

## 5.3 可递进资本形成机制的实现途径

### 5.3.1 投资优化机制

一个地区的经济发展，在很大程度上取决于以某种主导优势为基础的产业经济效率，因而其历程，又表现为某一主导或优势产业的生命周期。根据波特的竞争发展阶段理论，地区经济发展包括四个阶段：生产要素推动阶段、投资推动阶段、创新推动阶段、财富推动阶段（波特，1990）。他认为在这个系统中，前三个阶段是竞争优势发展的主要力量，通常会带来经济上的繁荣。第四个阶段则是经济上的转折点，有可能因此而走下坡路。

要素推动阶段。这一阶段中，产业的竞争优势得益于自然资源、某些植物等基本生产要素，或者是拥有丰富廉价的劳动力带来的有利生产条件。从技术方面看，这一阶段，产业的技术层次较低，技术主要来源于其他地区而不是自己发明的。

投资推动阶段。这一阶段中，企业积极的投资意愿和投资能力成为产业发展和地区经济发展的基础。企业能够对引进的国内外先进技术进行吸收和改造，具有一定的技术应用能力。

创新推动阶段。这一阶段中，驱动产业和地区竞争力提高的主要动力来自于技术创新能力。区域内企业能够积极利用专业化的生产要素和技术能力，结合有利的市场需求条件和本地区相关产业的发展，进行不断创新。通过区域内的关联产业链条和信息网络，创新的知识、技术和创新能力不断向其他产业扩散，在重要的产业群中，辅助行业不断发展，形成具有竞争力的新的相关产业，带动地区整体创新水平的提高。

财富推动阶段。这一阶段的驱动力是已经获得的财富，是前期发展阶段中形成的技术能力和创新能力所积累的财富。

产业发展阶段与区域经济发展有着密切的关系。生产要素如果不能持续升级和转化，它对经济优势的价值就会越来越低。资源型产业和资源型地区在发展历程中，得益于资源禀赋，要素推动占主导地位，但由于资源产业繁荣在短期内带来的巨额财富，驱使产业发展跳过投资推动阶段和创新推动阶段，延续利用资源产业的收入、单纯维持要素推动阶段较低的产业层次和技术水平的生产方式，直接进入财富推动阶段。这种已经获得的财富缺乏投资推动阶段形成的技术能力和创新推动阶段形成的企业创新能力的支撑，缺乏相应的渠道进一步转化为有效的投资和后续的创新能力向新产业扩散，从而导致资源产业竞争力衰落，地区经济发展增长乏力。

对一个国家或地区而言，能创造出生产要素的机制，远比拥有生产要素的程度重要（波特，1990）。在区域经济发展的过程中，营造一个有利于要素流动，有利于要素创新、聚集的环境，对区域经济优势的持续升级是至关重要的。资源型地区要优化要素配置、重建经济优势，必然要补上投资驱动和创新驱动这两个环节，为资本形成过程注入资金、技术和人力资本。

### 5.3.2　人力资本与创新能力建设递进机制

由于资源型部门的要素吸纳效应，资源型地区经济发展存在自我锁定的趋势，要打破这种惯性，必须要引入新的变量。现阶段，一个地区的经济发展和产业体系优化升级离不开人力资本积累和技术进步的支持。人力资本和创新能力建设的递进机制在于，通过人力资本培育、搭建创新平台，提供创新环境为资源产业和非资源产业提供人力资本和创新条件（见图5－5）。

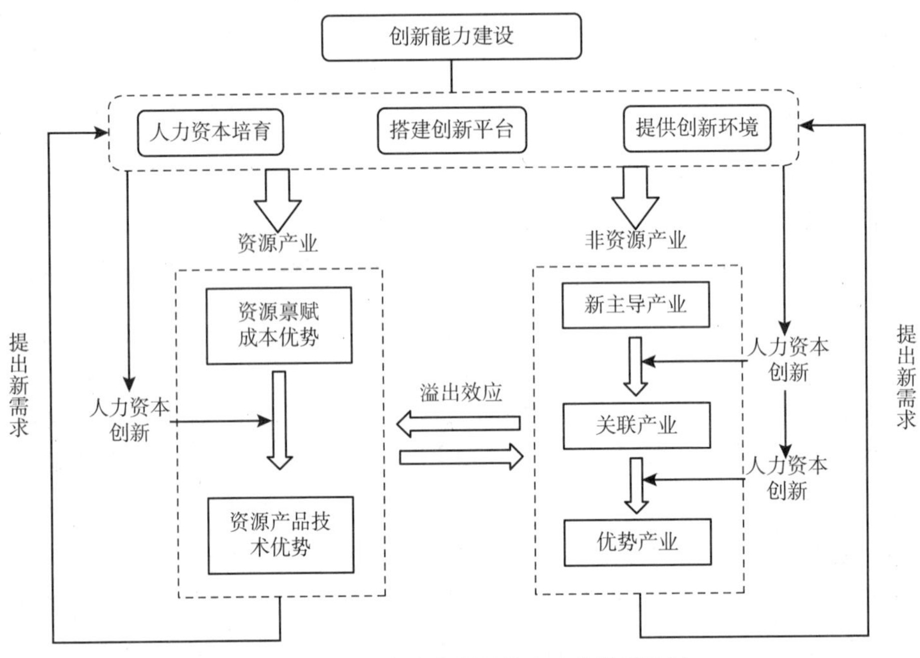


**图5－5　人力资本和创新能力建设递进机制**

在资源产业内部，通过提高人力资本水平和技术进步推动由资源成本优势向资源产品的技术优势转化。资源产业本身属于劳动密集型、技术含量相对较低的行业，通过在勘探技术、采掘技术、加工转化技术等方面的技术创新，提高资源行业的技术含量和技术水平，扩展资源产业发展的综合空间。

在资源型地区转型过程中，非资源部门的发展是非常重要的环节，人力资本水平提升和创新环境改善可以不断塑造相关产业的竞争优势，提高地区产业竞争力。非资源部门中的制造业具有“干中学”的特征，外溢的知识和技术能够对资源产业产生正影响。在资源产业和非资源产业深化发展的过程中，会不断对人力资本培育和技术进步、创新环境提出新的需求，通过这种“人力资本和创新—促进生产—对人力资本和创新提出新需求”的递进循环模式，可以建立创新活动与资源优势的共生机制，引导资源型经济逐步走向创新推动的发展通道，提高资本形成过程中的创新能力。

### 5.3.3　优化产业体系

在经济发展进程中，一个地区的产业结构、产业布局和产业组织也是不断变化的。这种变化可能会促进经济发展，也可能会阻碍经济发展。当产业体系不适应经济发展的要求时，就需要进行调整，通过市场机制的作用或政策干预，推动产业结构趋于合理化。产业体系的优化升级是根据本地区环境、资源、科技水平等特点，通过对产业结构、产业组织和产业布局的调整使区域内各产业的地位、关系向更高级、更协调的方向转变，达到与已有条件相适应，从而满足社会不断增长的需求的过程，主要体现在产业的高附加值化、高技术化和高集约化。

由于发展过程中的历史原因和对资源优势的路径依赖，资源型地区产业结构单一，资源产业一支独大，这种产业结构显然不能满足地区经济社会可持续发展的需要，必然面临产业体系的优化升级。这种产业体系优化升级的过程，也是实现资源型地区资本流动、要素优化配置的过程。资源型地区产业体系优化体现在三个方面：

第一，产业结构优化。产业结构优化是指产业结构的合理化、高级化和多元化：产业结构合理化，即产业结构与资源结构、技术水平和需求相适应，涉及产业间比例关系协调、产业布局合理、产业关联度提高等方面，表现为资源的优化配置。产业结构高级化，即产业结构根据经济发展的历史和逻辑序列从低级水平向高级水平的发展。逐步由劳动密集型产业在整个产业结构占主体地位，转变为资金密集型产业和技术密集型产业占主体地位。在资源型经济内部，产业结构高级化意味着一方面要提升资源产业的技术水平，提高资源产品附加值，另一方面要求新产业要具有高技术化、高加工度化和高附加值的特点。产业结构多元化，即地区主导产业趋向多元化，通过多产业之间的相互协调和关联支撑地区经济协调发展，增强抵御市场风险的能力。对于资源型经济，产业结构多元化体现在从单一依赖资源的产业体系向资源产业与非资源产业共同主导的产业体系转化的过程。

第二，产业组织优化。产业结构调整必然伴随着产业组织的演进过程。

马歇尔在《经济学原理》中，将组织列为能够强化知识作用的新的生产要素，组织的作用体现在，企业内部、同一产业内的各种企业之间和不同产业间，以及政府组织等。目前分析产业组织一般着重于两层含义：产业内企业间的市场关系和产业内企业间的组织形态。企业之间的市场关系是指同类企业间的垄断、竞争关系，表现为产业内企业间垄断与竞争不同程度结合的四类市场结构，反映了产业内不同企业的市场支配力差异、市场地位差异和市场效果差异。企业之间的组织形态是指同类企业相互联结的组织形态，如企业集团、企业系列等。这些不同的产业组织形态既根源于企业间技术关联的专业化协作程度，又取决于产业内企业间垄断与竞争的不同结合形态。

第三，产业布局优化。产业布局是指一国或一地区的产业生产力在一定范围内的空间分布和组合结构，其合理与否影响到该国或地区经济优势的发挥和经济的发展速度。在静态上，产业布局优化是形成产业的各部门、各要素、各链环在空间上的分布态势和地域上的合理组合；在动态上，产业布局优化则表现为各种资源、各生产要素甚至各产业和各企业为选择最佳区位而形成的在空间地域上的流动、转移或重新组合的配置与再配置过程。

在优化合理的产业体系内，各产业、各企业之间相互联系、相互促进，不断形成新的资本需求和资本供给，推动地区内资本形成。

### 5.3.4 参与区域分工

区域分工是指不同地区为了获得高效的资源配置，从事专业化生产，通过区际贸易实现专业化利益的区域经济空间组织方式。不同地区可能会存在要素的需求和收益率的差异，必然导致资本、劳动力、技术等跨区域流动，一般来说，要素流动会使要素的收益率提高，在更大的范围内实现要素合理配置。

资源产业与其他产业关联度小，自组织能力强，资源型地区以资源产业为主导产业、支柱产业很容易陷入与外界联系薄弱的状态。资源型地区技术水平相对较低，人力资本积累不足，积极参与区域分工，能够通过区际要素流动获得本地缺乏的技术、人力资本等要素，为资源型地区发展新产业提供了可能。

区域分工分为垂直分工和水平分工两种形式。垂直分工是利用产业链上下游的衔接关系，参与区域分工的地区分别在产业链的不同生产阶段进行生产。对于资源型地区而言，如果当地资源产业基础较好，具备一定的技术能力，且周边地区的产业构成也包含资源产业相关环节，则可以采取这种形式参与区域分工。水平分工是相关地区发展不同主导产业，或者生产具有差异的同类产品所形成的分工。参与区域分工能够在不同地区间取长补短，实现资源优势互补，为资源型地区带来本地缺乏的要素。

参与区域分工能够为资源型地区带来专业化的好处，增加人力资本积累，促进技术水平提高和管理经验积累。不仅如此，区域分工使不同地区在商品和劳务之间形成更深的依赖，区域间经济联系增强，形成相互影响、相互促进的经济关系，促进资金、技术、人才、管理经验的交流，为递进的资本形成提供不断的源泉和动力。

## 5.4 小　结

本章对资源型经济转型的含义进行了界定。资源型经济转型是对其发展路径做出的调整：无论是突破本地区资源储量约束、延续深化资源产业及相关产业，还是在资源约束下逐步转向依靠资本、劳动等其他生产要素，实现经济良性运行的关键都在于物质资本和人力资本与经济发展进程相匹配。资源型经济之所以会出现问题，并不在于自然资源本身，而是因为缺失那些能够真正推动生产要素合理开发和高效利用的因素，没有建立起有效的资本使用和配置框架。

推进资源型经济转型的关键在于构建能够规避衰退的可递进资本形成机制。可递进资本形成机制是指一个地区能够形成一种持续的投资机制和收益再转化机制。资本形成能力的可递进性体现在投资方向与投资结构合理、投资主体多元化、可递进的要素配置机制和产业体系合理等多方面。可递进资本形成机制的实现途径包括投资优化机制、人力资本与创新能力建设递进机制、优化产业体系和参与区域分工。

# 第 6 章

# 资源型经济转型对策

## 6.1 资源收益分配规范措施

### 6.1.1 完善矿产资源产权制度

产权理论说明，权利没有清楚界定，是产生非专有收入的条件，也是租值消散的根源。对资源产业而言，要消除租金流失，必须清楚界定资源租金的专有权利，建立相应的制度安排。明确界定资源租金能够消除“游离”状态的租金，也就消除了对这部分租金争夺的机会，从而节省了寻租的成本。

产权制度具有激励功能、约束功能和资源配置功能。资源产权制度改革的目标在于实现国家资源政策目标与微观经济主体即资源企业的行为目标相一致，需要在资源产权界定、资源产权交易和资源收益配置制度方面作出相应改进和完善。

**1. 明确资源产权关系**

建立和完善资源产权制度，需要明晰各权利主体的责、权、利，其中最重要的是理顺国家作为资源所有权人与矿业权人的关系。国家以及各级地方政府享有矿产资源的所有权权益、管理权权益，应通过相应的法律法规保障国家的租金收益、税费收益和资产收益。矿业权人应通过市场机制获得矿业权，为矿业权支付相应的成本，在充分实现矿业权价值后，享有对矿产资源的占有、处分、收益权利。国家通过法律保护矿业权人的合法权益，矿业权人同时必须要履行各项法定义务，如纳税、矿山生态环境修复与治理等。

**2. 规范矿业权交易市场**

资源的生产价值由于是与效率相关的价值，因此可以在市场机制的作用下通过市场交易实现。资源的天然价值（产权价值）需要通过完善的资源产权市场在交易中实现。矿业权市场是我国产权市场的一个重要组成部分。按矿业权所有者的不同，矿业权市场分为一级（出让）市场和二级（转让）市场。矿业权一级（出让）市场是由政府所掌控的“模拟市场”，是矿业权的初始分配。由于矿产资源可开采储量的不确定，以及矿业企业技术水平和管理水平等方面的差异，初次分配难以达到分配的最佳效率，矿业权需要在二级市场进行再次交易。二级市场是发生在矿业经营者之间的交易行为，是矿业权在经营者之间平行转移。矿业权正是在不同经营主体的交易中充分实现其资源价值的。要完善资源收益分配机制，必须建设规范的矿业权交易市场。

首先，建设矿业权交易中心。矿业权交易中心能够提供矿业权交易平台，向社会及时提供矿业交易信息，以公开、公平、公正为原则实现矿业权交易。在市场机制主导下的矿业权交易中，可以采用竞标程序设立多个代理人，通过竞争在矿业权人之间调配矿产资源的勘探权、开采权等，实现矿业权人之间的良性竞争，以此达到防止资源与权力高度集中而产生的因设租和寻租导致的腐败问题。

对原有以行政审批方式无偿取得的矿产资源产权，在其进入矿业权交易市场前，应进行价款评估、确认，由矿业权人向国家补交相关费用，为矿业权交易提供资产依据。价款得到依法评估、确认的各类矿业权，在保证国家收益的前提下，进入矿业权市场进行交易。矿业权人可以依法出售、出租、抵押、作价出资或股权转让矿业权，通过矿业权流转，实现矿业权的合理流动和优化配置。在矿业权交易中应遵循严格的规章和程序，通过自愿登记、资产评估、公开竞价、公证等程序规范矿业权交易，强化监管，严格市场交易规则和退出机制。

其次，设立矿业权交易服务机构。矿业权市场还应包括配套的中介服务机构，通过培育和发展中介服务业务，提供矿业权价值评估、交易代理、信息服务和法律咨询等服务，通过颁布全国统一的矿产资源价值评估准则，正确评价各类资源和各类矿区的资源价值，防止矿产资源所有权转让过程中价值流失，为健全的矿业交易市场提供良好的支持。

最后，培育矿业权资本市场。通过矿业权资本市场广泛吸纳社会资金，为矿业权资产流转提供资本支持。具体可以通过建立矿业权证券化融资体系，以矿业权物权证券化或债券证券化等模式实现。

#### 3. 确定合理的经济主体收益分配比例

完善的矿产资源产权制度，必然要求实现不同的经济主体都能够在资源开发利用中获得与之作用、贡献、地位相对应的收益。为达到激励地方政府加强对矿产资源的管理的目的，应调整中央和地方政府之间的收益分配比例，适当加大地方政府的收益份额。同时，更要兼顾矿区居民利益，将更多的资源收益用于改善当地居民的生产和生活条件，激励当地居民积极治理和保护生态环境。

### 6.1.2 完善资源税收制度

我国的资源税费制度改革，可以着眼于以下几个方面：

#### 1. 完善资源税费制度

我国现行的矿产资源税和矿产资源补偿费制度未能明确实现国家对矿产资源的所有权收益。一方面资源税和矿产资源补偿费存在重复设置的部分，另一方面未能充分体现国家对资源的所有者权益。目前国外很多国家通过权利金制度实现对矿产资源的所有权，由矿产资源开采人通过缴纳权利金实现对国家（资源所有权人）支付补偿。我国可以借鉴权利金制度的征收方式，对获得采矿权时所支付的费用，采取从量计征的方式，依据矿山的资源储量在获得采矿权时支付（相当于采矿权一级市场交易）；开采矿产资源时向资源所有权人（国家）缴纳资源税时，采取从价计征的方式，依据市场价格和销售额按照一定比例缴纳。

我国自 2011 年 11 月开始推行修改后的资源税暂行条例后，石油、天然气的税额从从量计征改为从价计征，其他五项税目仍然是从量计征，见表 6－1。从量计征的资源税额标准无法随着资源产品价格变化及时作出调整，不利于发挥税收对社会分配的调节作用，而从价计征的资源税能够发挥税收对资源级差收入的调节作用，保障资源所有者权利，抑制资源浪费。因此，我国资源税改革的长期目标仍然在于完善从价计征方式，设置合理的资源税率，完善矿产资源有偿使用制度。

**表 6－1　　我国现行资源税的税目税额幅度**

| 税目 | | 税率 |
|---|---|---|
| 一、原油 | | 销售额的 5% ~10% |
| 二、天然气 | | 销售额的 5% ~10% |
| 三、煤炭 | 焦煤 | 每吨 8 ~20 元 |
| | 其他煤炭 | 每吨 0.3 ~5 元 |
| 四、其他非金属矿原矿 | 普通非金属矿原矿 | 每吨或者每立方米 0.5 ~20 元 |
| | 贵重非金属矿原矿 | 每千克或者每克拉 0.5 ~20 元 |
| 五、黑色金属矿原矿 | | 每吨 2 ~30 元 |
| 六、有色金属矿原矿 | 稀土矿 | 每吨 0.4 ~60 元 |
| | 其他有色金属矿原矿 | 每吨 0.4 ~30 元 |
| 七、盐 | 固体盐 | 每吨 10 ~60 元 |
| | 液体盐 | 每吨 2 ~10 元 |

### 2. 将“矿业权价款”改为“矿业权出让金”

在矿产资源交易市场，通过招、拍、挂等市场方式，实现探矿权价值和采矿权价值。

### 3. 建立矿产资源耗竭补贴制度

矿产资源具有可耗竭性，当代消耗掉的矿产资源也是在侵占后代人的利益。为了实现对消耗资源的补偿，很多国家建立了资源耗竭补贴制度，在每个纳税年度，从净利润中扣除一部分给矿区的经营者，用于鼓励矿区经营者寻找新的矿体，以弥补正在消耗的矿体的资源储量减少，补偿后代人对矿产资源使用的权利。我国尚未建立起矿产资源耗竭补贴制度，很多资源型地区面临资源濒临枯竭的困境，却因缺乏资金而无力寻找新的接替资源。同时应该实施矿产资源耗竭性补贴制度，按照企业销售收入的一定比例提取补贴，计入资源产品的成本中，作为企业用于寻找和勘探接替资源的专项基金，也可以作为矿区企业调整结构的转产投入，以保障资源型地区当地居民的利益。

### 6.1.3 设立资源产业稳定基金

针对资源型地区极易受资源价格大幅波动影响的问题，可以通过设立资源产业稳定基金，建立资源收益的跨期调节机制，平抑资源品价格波动对资源部门的影响，实现资源收益的跨期调节。稳定基金的作用在于在资源产品价格受到市场需求的影响大幅上涨、资源部门利润远高于平均利润率的情况下，向资源企业征收稳定基金；在资源价格低、资源部门衰退影响地区经济的情况下启动稳定基金，补贴资源部门，以保证资源型地区经济平稳发展。稳定基金的这种资源收益跨期调节机制，类似于财政政策的相机抉择机制，将资源收益削峰填谷，可以缓和资源产业大幅波动对地区经济的影响。

资源产业稳定基金的作用是在明确资源产权收益与资源开发收益的划分比例的前提下，建立资源红利与资源产品价格的联动机制。收取稳定基金是以资源产品的长期价格运行趋势以及国际资源产品市场的价格波动为基础，确定资源产品价格的合理波动范围，以资源产品价格高、低两条界限确定资源价格波动的阈值：当资源产品价格在阈值范围内，即不低于低限价格，且不高于高限价格时，视为资源产品价格在正常范围内波动，按照资源税费的征收比例正常征收。当资源产品价格上涨高于高价格界限时，即资源产业平均利润明显超过工业行业平均利润一定倍数时，启动稳定基金的基金吸纳机制，将资源超额收益转化为资源产业和资源型地区发展的稳定基金。

从相对较长时间看，稳定基金不仅能够通过平抑资源产品价格波动进而稳定地区经济，还可以实现对资源收益分配使用的代际调节机制。在资源部门繁荣时，将超额收益的一部分按比例计提，充实稳定基金，用于补充一部分沉没成本，同时补偿因资源耗竭而引起的后代人对资源利用机会的减少，作为资源型地区产业转型之用，为新产业的发展积累的资金，既保证了分配的公平性，避免了资源开发将可能带来的社会经济冲击，也有利于资源型地区产业发展的衔接和经济平稳发展。

稳定基金的作用是合理运用资源开发的收益，对资源型地区进行补偿，并建立一种长效的社会建设机制。由于稳定基金用于跨时期、代际资源收益分配，所以应属于资源所有权人的收益分配范畴，通过资源所有权人即国家的相关法规予以规范调节。

稳定基金的使用投向由两部分组成：一部分为应激性使用，另一部分为常规性使用。如图6－1所示：

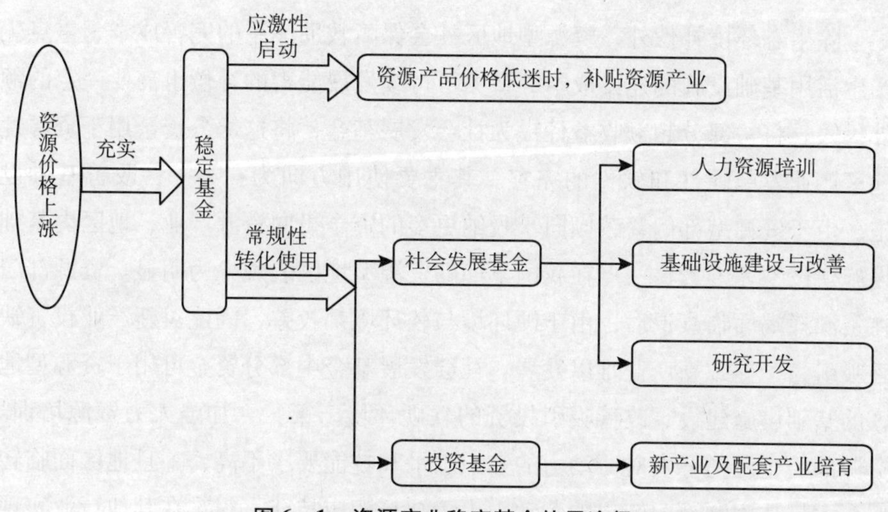


图6－1 资源产业稳定基金使用途径

应激性使用的稳定基金是在资源产品价格低落，低于价格波动阈值时，启动稳定基金，对资源开发企业予以一定额度的补贴，稳定资源企业的开发和生产，保证资源产品的战略性使用，保障资源型地区经济的稳定性。

常规性使用的稳定基金，是通过收入资本化机制，将资源高额收益转化为新产业及配套产业的培育基金和资源型地区的社会发展基金，用于改善资源型地区的基础设施建设、人力资源培训和基本研发投入。具体实施措施如下：

### 1. 投资基金

随着政府职能转变，政府不能再通过创办企业的形式直接参与资源型地区的产业转型和新产业构建。因此，必须摒弃政府直接投入大量财政资金参与建设的方法。投资基金作为诱导性、启动性资金，为新产业和配套产业的发展提供了初始推动和孵化职能。扶持产业转型项目的财政资金主要用于为新产业的初期建设投入启动资金，起到鼓励、示范的作用，是产业培育期的扶持性政策投入。主要使用方向可以有：扶持产业转型的财政贷款贴息、国债贴息；企业技术创新或改造中适当补贴等。

### 2. 社会发展基金

除生态环境补偿外，资源型地区社会保障救助体系的完善成本、重点生产生活用基础设施的建设成本等事关可持续发展能力的补偿也需要一定的额外投入。将一部分超额收益计提为社会发展基金，将这部分资金用于资源性地区产业发展硬件和软件的完善。其主要使用方向为：第一，改善基础设施。由于资源型部门繁荣倾向于吸纳更多的资金投向资源产业，地区内基础设施建设不完善，这一点在我国早期的资源型地区表现尤为明显。资源部门在资源耗竭面临衰退后，由于硬环境与软环境都较差，因此对新产业投资缺乏吸引力，导致新产业难以发展。社会发展基金中部分资金可用于资源型地区的基础设施建设，改善吸引投资的软硬环境。第二，加强人力资源培训。资源部门生产与开发对劳动力的知识水平和技能要求不高，一旦地区面临转型，大量从资源部门转出的劳动力由于缺乏相应技能，很难在其他行业实现就业。因此，需要资源型地区对当地的劳动力加大知识和技能的培训投入。这部分投入主要应用于扶持、补贴技能型培训机构，为资源产业之外的制造业或第三产业的发展输送人才。第三，研发投入。资源型产业的低技术要求已对研发行为产生挤出效应，可以从稳定基金中提出部分资金作为当地科研经费的补充。

稳定基金按照一定的比例划入应激性启动基金和常规性使用基金。其中，应激性基金在运作方面可以委托基金管理公司或专门设立基金管理公司管理，引入资本运营等市场化经营理念，确保实现基金的保值、增值，在使用时可以由财政部门代为执行，目的在于保证地区经济的稳定发展，补贴额度以能保证资源企业的正常利润为限。常规性使用的基金部分，应作为中央或地方财政专项支配和使用。当然，稳定基金的常规性使用仅仅是实现资源型地区补偿基金的一部分资金来源，不足部分需要财政资金按比例配套实施。

稳定基金在使用过程中必然会形成委托－代理关系，所以除了要建立完善的使用渠道外，还需要建立相应的监督审查机制，使资金使用规范化、透明化。

### 6.1.4 构建资源产业退出机制

只有实现资源产业的良好退出机制，完善沉淀成本补偿措施，才能保证在资源价格下降时生产要素向其他产业合理流动，实现要素优化配置，促进长期经济增长。在资源企业成长、成熟期，按照资源企业销售收入的固定比例计提补偿成本，用于由于资源耗竭进入衰退期时退出资源行业或转产使用。计提时可以考虑与资源类价格挂钩采取累进比例，在价格低迷时降低资源企业负担，在价格大幅上涨时抑制资源产业过度扩张以免形成更大的沉淀成本。这部分计提的沉淀成本，一部分由企业支配，用于企业自身的生产调整，一部分由国家财政部门收缴，在资源型地区需要经济转型时，由国家或地方财政预算资金配套，投入社会设施或非资源型产业或资源后续加工产业。

### 6.1.5 实施生态环境价值补偿

从其他国家的经验看，生态补偿机制能够有效发挥作用的关键，在于必须有完善和协调的政策体系作为制度保障。我国已颁布了一系列促进资源开发生态补偿的法律法规，这些政策对积累生态环境保护资金、抑制资源开采相关的生态环境破坏行为起到了积极作用。但现行的生态补偿措施更多的关注于开发后的生态修复和环境治理，对开发过程中的生态环境保护激励作用尚有欠缺，难以激励开采企业珍惜自然资源、保护环境。而且对生态环境保护和修复的价值评估不完善，生态补偿措施欠缺明确的量化标准，对生态环境的价值补偿不到位。对此，需要在资源型地区生态补偿机制的政策措施方面作出改进：

（1）明晰矿产资源产权。以法律的形式明确矿业权主体及其责任、权利和义务，才能有效贯彻矿产资源开发过程中“谁利用谁补偿、谁损害谁付费”的原则，确保生态环境的外部性成本能够内化到使用者身上。对于矿业权人除了享有资源开采利用的权力外，还要明确其对资源规范化开采和环境保护治理的责任和义务，通过政策法规约束其行为，保证资源开发过程中的即时修复和补偿，以及开发后的恢复和治理。由于生态环境治理的特殊性，对单一企业难以实施的部分，可以采取“谁损害，谁付费，交由政府统一治理”的模式，保证矿区生态环境能够得到有效保护。

（2）制定矿区生态环境保护和修复法规。通过专项法规明确资源开发企业对生态环境修复治理的补偿标准、补偿范围和补偿方式。科学预测资源开发过程中可能出现的生态环境损害问题和后果，提前制定和实施强制性防范措施，建立起矿区环境保护和修复的法律法规和技术标准体系，保障矿产资源生态补偿机制在公平公开的层面上运行。

（3）建立生态环境恢复和治理保证金制度。只有明确界定企业对矿区生态环境修复治理的责任和义务，才能有效保障在建和新建矿区的生态环境不受到过度损害，并能够得到及时有效的修复和治理。为达到这一目的，国家可以向资源企业收取资源开采生态补偿保证金，在实施过程中，生态补偿保证金作为资源产品成本的一部分进行核算。保证金的作用，是实现新建和正在开采矿区的生态环境修复成本由企业承担，将资源开采过程中的外部成本内部化，防止企业不履行生态修复补偿的义务，以保证生态环境能够得到及时、有效的保护和修复。例如，在美国，申请人在获得开采许可但开采许可证正式颁发前，须先交纳恢复治理（复垦）保证金，其数额按照批准许可证所依据的修复治理要求由管理机关决定。保证金的作用在于，当采矿权人不按照规定履行对矿区的修复治理义务时，用来支付修复治理的费用，如果采矿权人能够完成对生态环境的治理和修复，则保证金在恢复治理工作验收合格后予以返还。

（4）将新矿山开采许可证与生态环境补偿与修复挂钩，在资源企业申请资源开采许可时，须同时提交对所开采矿山的生态环境保护和恢复治理规划，并按照规划严格实施。对于不遵守相关规定的企业，不予发放、中止或撤回开采许可证，对于生态环境治理恢复工作完成好的企业，可以享有优先审批权力。

（5）对于已经进入开采中后期或早已枯竭废弃的矿山，对无法分清责任的生态环境问题，通过建立“废弃矿山生态环境恢复治理基金”，筹集资金解决生态环境的恢复和治理。“废弃矿山生态环境恢复治理基金”的资金主要来源于政府转移支付，但从现有情况看，由于我国很多老牌的资源型地区在早期的资源开采过程中，各级财政对生态环境补偿严重不足，至今仍是亟待解决的难题。财政转移支付虽然是生态补偿资金最直接的来源，但是作为一个长期的、系统的工程，单纯依靠政府投入是远远不够的，需要多方面筹集资金用于生态补偿建设。生态环境是典型的公共产品，具有正外部性，因此无法由私人企业承担修复建设。对此，可以考虑效仿福利彩票的形式，发行“生态环境建设彩票”筹集“废弃矿山生态环境恢复治理基金”，由国家相关部门实施统一划拨，建立对资源型地区的纵向补偿机制。在这部分生态补偿资金使用过程中，由地方政府负责，委托相关专业机构实施治理。各级财政部门应当建立健全各项规章制度，对生态修复补偿资金使用进行严格管理。此外，补偿资金的使用和管理还要接受审计、税务和舆论的监督，加强监督检查和验收。

### 6.1.6　健全安全成本补偿措施

资源开发过程中企业成本核算失真，导致资源部门收益过多的向要素收入转化，这是造成资源部门过度繁荣的重要原因之一。茅于轼等（2008）研究表明，2000～2006 年我国煤矿的安全成本仅维持在煤炭价格的 3.5%，而同期美国、德国等国家的煤炭安全成本投入占煤炭平均价格的 17.5%～21%。在资源收益分配中，对资源型地区的社会成本补偿是直接关系到地区可持续发展的最重要因素。对此，可以通过健全成本核算制度，明确资源型企业的成本构成，构建资源企业完全成本，建立安全生产投入长效机制。在企业的成本核算中，将安全生产成本和资源产业沉淀成本（即资源耗竭后的退出成本）列入进去，在资源收益分配中予以补偿。

安全生产保障需要在国家政府部门的监管下，由企业完成实施，因此，需要国家与企业共同努力，建立保障安全生产的长效投入机制。具体措施有：

第一，国家应制定激励资源企业加大安全投入的政策法规，通过制度安排约束企业行为，如加大企业生产安全费用的提取比例，并严格监督检查，规范安全费用的使用，促使企业加大安全成本投入，做好事前预防工作。

第二，严格制定资源安全生产保障措施，规范资源企业的行为，如建立规范的工伤保险体系，建立健全资源企业安全生产风险抵押金制度等，提高伤亡人员的赔偿标准。使事故发生后的赔偿成本远高于企业事前预防成本，通过安全成本内部化，鞭策企业自主加强安全保障建设。

第三，加强监管。安全成本由企业投入安全设施，政府监督执行，按照一定标准来执行。对违规行为加大违规生产惩处力度，监管和督促资源企业保证安全成本投入，加强安全保障建设。

## 6.2 可递进资本形成机制的支撑体系建设

### 6.2.1 引导合理投资

#### 1. 建设投资渠道

资源型地区形成问题经济的主要原因之一在于市场化水平低，而市场化水平低的一个主要表现就是地区内投资渠道狭窄，导致大量资源收益要么再度投资到资源部门，要么流出到区域外，造成资源型地区一方面存在大量剩余资金，另一方面制造业等非资源型产业投资不足，产业结构单一，地区经济缺乏持续动力。

要解决资源型地区非资源产业等短板问题，需要建设良好、通畅的投资渠道，积极引导储蓄资金向投资转化。可以通过政策优惠，如税收减免、退税等形式，积极鼓励资金投资于制造业、高新技术产业等投资方向，向高加工度、高附加值产业转移和递进，促进地区产业体系的多元化。

中小企业和高科技企业是地区经济持续增长的主要动力来源，也是投资的重要流向。可以采取相应措施鼓励对这类企业的投资，如建设企业孵化器，为小企业创造良好的成长环境，为初创状态的小企业提供全面的发展支持；鼓励风险投资，为以高新技术为基础、生产经营技术密集型产品的创业企业提供资金，促进资金向更多的中小企业投入。

**2. 优化投资结构**

投资结构是影响投资效率的重要因素，也是影响资源型地区未来产业体系的直接因素。在积极吸收本地储蓄资金和外来投资时，地方政府应积极引导资金投向，避免大量资金再进入资源产业。根据要素流动效应，随着生产要素的流入，由于边际报酬递减，一行业生产要素的边际产出会不断下降，生产要素逐步流入其他产业。但在资源型地区，一方面是由于资源产业投资收益较高，另一方面由于市场化水平低、投资渠道狭窄，大量资金容易受投资惯性影响继续投资于资源部门。而具有技术溢出效应的制造业等其他非资源产业投资收益相对较低，如果不加以引导的话，盲目的投资导向会使资源型地区的投资结构进一步恶化，势必会制约其他产业的健康发展。

通过相关政策引导企业资金和个人储蓄投资于接续产业或替代产业，促进产业多元化和产业结构升级。在市场经济条件下，政府不能直接投资于产业建设或直接移植新的产业进入本地区，因此政府储蓄主要用于实施公共产品的投资，如交通、通讯、环境等基础设施，或教育、卫生、医疗等方面，为企业和个人投资创造良好的投资环境，促进资本积累和资本形成。

**3. 鼓励技术性投资**

投资可以增加物质资本积累，带来产出的增加。但不同的投资方式和投资主体带来的资本形成能力的可递进程度却不尽相同。资源型产业的前后向关联度较弱，投资增加可以促进资源产业的外延式扩张、产业规模扩大、产值增加。但资源产品对技术的要求较低，在吸收投资的过程中未能引致出新的技术要求，这类投资增加难以对地区经济形成有效的投资驱动。

如果对资源产业的投资侧重于技术投资、人力资本投资，在这种扩大再生产的过程中可以提高资源开采和利用效率，同时不断对资源产品生产和加工提出新的技术改进要求，延长资源产业链，同时派生出资源产品的贸易、服务需求，较单纯的外延式投资扩张对地区经济优势的再造有更强、更持续的促进作用。

储蓄资金投资于非资源产业尤其是制造业，进行技术创新投资和人力资本投资，则企业能够在生产过程中对投入的技术进行改造升级，不断吸收更先进的技术，并进行新的创造和发明。由于制造业对知识的外溢作用，创新能力逐步向更多的产业扩散，带动其他产业投资升级。这类投资促进产业内涵式扩张，能够形成一个有利于资本形成和积累的良性循环，实现可递进的资本形成能力。

可见，要实现资源型地区的持续优势，应提高资源企业的技术门槛。引导资金更多投资于技术和创新领域，积极鼓励企业进行技术性投资，为企业营造良好的投资环境，通过研发补贴等形式，积极鼓励企业技术研发，出台有利于促进企业技术性投资的政策。

### 6.2.2 提供创新能力建设政策与平台

资源型地区需要通过加大研发投入、搭建区域创新平台和提供良好政策等方面的努力，促进科技创新和产业体系优化。

#### 1. 加大教育和研发投入

人力资本和技术创新对提高生产率、促进产业结构升级和产业协调发展都具有促进作用。从生产过程看，如果人力资本与生产性投资相匹配，可以获得收益倍增的效果。资源产业生产原本对劳动力的知识和技术水平要求都比较低，在产业深化发展和产业体系优化升级过程中，必然需求高水平劳动力。对此，资源型地区应将资源开发过程中获得的高收益，更多地投入到教育领域，提高教育投资比例，改善教育投资结构。配合资源产业链延伸和制造业发展，教育投资应加大职业技术教育的投入比重，注重人才的实践操作能力和专业技能水平，建立职业技术学校与企业相联合的人才共同培养机制，建立学校向企业的人才输送模式，通过校企合作促进人才培养。同时，设立新技术发展基金，用于技术创新和成果转化，积极扶持带有共性的技术引进、吸收项目，引导、激励企业加大研究性投入，鼓励企业研发。

此外，还须健全人才吸引机制，出台优惠政策为科技人才创造良好的工作、生活环境，通过搭建技术创新平台，积极吸引外部人才，为高科技产业和支柱产业的发展服务；制定人才智力投资、技术入股等市场化运作的政策；制定鼓励优秀大学生就业的政策；等等。

### 2. 建设区域创新平台

创新能力培养需要良好的环境和平台。除加大人力资本投资外，还需要有公共组织和信息平台，将企业与研究机构联系起来，将技术研究和实际生产相结合，促使研究成果转化为现实的生产力。技术外溢和信息流动是推动创新升级的直接力量，要打破资源型地区投资方向的惯性，需要建设信息化平台，汇集项目、技术、创新、人才等方面的信息，加强技术信息交流和互动。信息化平台的内容主要包括：各类政策、项目、产品、技术、人才等基础数据库；提供技术合作项目和新产品设计开发的在线交易服务；开发在线培训和远程培训服务系统；为企业和个人提供教育培训服务等。地方政府应积极与其他地区的创新机构合作，加强与其他区域之间的沟通和联系，为企业寻求更多的机会，鼓励企业加入创新网络平台，共享创新资源。

### 3. 创新扶持政策

创新能力建设离不开政府的政策支持。企业创新的动力来源于企业对利润的追求，只有企业从技术创新中获得的收益能够得到有效保护，才会更好地激励企业不断增加研发投入，因此，要进一步完善知识产权保护制度，最大限度地保护企业的创新成果。在金融、税收方面，地方政府应该引导金融机构健全风险投资机制，拓宽企业融资渠道，使企业能有足够的资金进行技术创新，并为企业制定一定的税收优惠政策或补贴政策，例如对企业技术创新投入的所得税税前抵扣或对研发投入实行部分补贴，高新技术企业减免所得税等。

### 6.2.3 推动要素流动与产业演进

实现产业体系优化升级，资源型地区需要在要素配置、产业关联演进和产业组织方面作出努力。

**1. 要素递进**

产业体系优化升级实质上是对区域内生产要素的配置不断优化的过程，实现结构优化必须首先完善要素的配置效率，即依据特定区域的状况和预期实现目标，导入短缺要素、完善优势要素的质量、改变优势要素的系统结构，优化要素配置。在此基础上，以潜在要素为基础，初构相关产业，并通过完善投资环境和政策导向实现产业的发展壮大，塑造产业的竞争优势。

在优势要素的组合中，总存在着主导优势要素，优势要素的优化配置往往是以这一主导要素为中心的。这一主导要素可能是自然资源优势、资金优势、创新优势或是其他潜在优势。对资源型地区而言，由于转型目标的不确定性，不同的资源型地区在产业结构优化升级过程中要素递进的途径可能是不同的：对于因资源储量减少而处于成熟或衰退期的地区，需要新的产业支撑地区经济发展，在产业结构调整中，重点是新产业初构和培育，培育需求收入弹性较大、传导效应强、承载水平高的产业，在要素导入方面，资金流入和创新优势是必须弥补的要素配置短板，此外，还需要提供有利的金融环境、产业政策、人员培训、基础设施建设和技术支持等。对于突破本地区资源储量约束，通过引进外部自然资源塑造资源产业优势的地区而言，仍以资源产业作为地区的主导产业，此时不应再以资源禀赋作为主导的优势要素，而是需要引入技术和创新，延伸资源产业链条，通过发展关联和辅助产业，塑造产业集群，逐步向高加工度、高附加值演进，推进产业结构多元化和高级化。

在资源型地区产业结构升级、要素递进的过程中，由于市场力量并不必然地强化新兴产业和资源产业内涵性升级，从而经济因素之外的政府引导力量将起到重要作用。

### 2. 产业关联递进

产业关联度是指不同产业间通过产品供需和技术联系而形成的互为存在前提、相互关联的内在联系。在产品供需方面，产业关联度表现为任何一种产品或任何一个产业的生产，都会以其他产品或产业的生产作为其投入要素，也成为其他产品生产或其他产业的投入要素（最终消费品生产除外），即在生产链条上产生关联；在技术联系方面，产业关联度表现在一个产业的生产与发展能够推动其他相互关联的产业的技术进步，其自身发展也需要其他产业为其提供相应的技术或生产手段，通过产业间的相互促进推动不同产业的技术水平不断向高层次发展。

资源产品属于生产投入品，资源型产业属于中间投入型基础产业，位于产业链的前端，因此初级加工的资源产品，无论在产品供需引发的产业关联度上，还是在产业技术影响的产业关联度上，对区域内其他产业的影响都很小，导致资源产业繁荣对地区经济的带动效果较小。在推进资源型地区产业结构优化升级的过程中，对于尚未进入资源枯竭阶段的城市，可以通过延伸资源产业链，带动下游产业发展，利用产业链条将资源产业在管理、技术方面的优势向外扩散，并逐步引致出相关配套产业的发展需求。在本地区资源逐渐进入枯竭期后，具有竞争力的资源产业和配套产业可以承接外部输入资源加工利用，持续该地区资源产业的发展。

多元化的产业结构是资源型地区打破地区经济格局僵化的必然要求，在培育新的产业时，应选择产业关联度强、成长性好的产业，加以重点扶持，通过这类产业带动相关产业的发展和技术进步。随着经济的发展，非资源产业的支柱性产业也会随着市场结构的变化，经历成长期和成熟期，在良好的市场环境下，产业关联度的递进会带动新的产业逐步壮大，实现产业的有序更迭，推进产业结构升级。

### 3. 产业组织演进

一般认为，较合理的产业组织方式是以少数大企业为主导、众多中小企业为补充，既能保证大企业带来的规模经济和范围经济，又能通过小企业的竞争保证一定的效率优势。这种市场组织结构，可以维持企业之间的有序竞争和合作，推进企业技术进步，降低交易费用，保障市场资源配置的能力，提升企业活力和产业竞争能力，推动资源优化配置和产业层次递进。

资源型地区在产业体系优化升级过程中，可以通过延伸资源产业链，逐渐向外辐射，建成以大型资源企业为核心，其他生产辅助性产品的中小企业为外围的资源产业集群，既实现了规模经济，又能够避免大型资源企业规模过于庞大带来的垄断性效率损失，同时降低交易成本，使企业之间具有一定的竞争性，促进企业创新和产品升级。对于区域内的非资源产业的发展，政府要制定相关产业政策，消除市场限制，扶持可竞争市场中的潜在竞争，消除企业进入或退出市场的政策性障碍，放松对民营中小企业进出产业的政策管制，通过推进建设合理的产业组织方式，形成若干有竞争优势的企业网络，推进资源优化配置和产业层次递进。

## 6.3 在新型城镇化建设中推进资源型地区转型

### 6.3.1 新型城镇化的内涵及要求

新型城镇化是我国现阶段转变经济增长方式的要求，也是保障经济长期稳定发展的动力。随着产业结构、空间布局的调整，消费水平不断提高，城市的界限和生活方式会不断向乡村延伸，城镇化是经济、文明发展的必然路径。传统的城镇化一般是指在经济发展过程中，人口不断由从农村向城镇集中，非农产业和城镇空间不断扩张，人口结构由农业人口占较大比重向非农业人口占较大比重转化的过程。经过多年的建设和发展，我国的城镇化已经进入转型发展的新阶段，与传统意义上的城镇化相比，新型城镇化具有更高的要求和更深的内涵。区别于传统城镇化的外延式扩张，新型城镇化是更注重发展质量的内涵式扩张，是以产业功能提升为核心，通过经济增长、社会进步和环境保护三位一体的协调发展，实现整体城市性提升。

新型城镇化的要求体现在以下方面：

第一，产业结构优化，城乡统筹发展。

新型城镇化要求实现经济发展、产业互动、环境友好、资源节约和城乡统筹。经由新型城镇化的承接，实现成熟的城市产业及经济要素向周边城镇、乡村延伸、辐射、融合，实现城镇产业结构优化、产业布局合理，城镇功能完善。在保护农业及生态环境的约束下实现农村产业化，缩小城乡差距，协调城乡和谐发展。

第二，城镇间产业体系网络化，区域协调发展。

新型城镇化要求区域经济发展与产业布局紧密衔接，城市群、大中小城市与小城镇协调发展。从空间结构演变上，逐步从单个城市为主导、向城市群为主导，再向区域同城化演进。新型城镇化是生产要素、人力资本、技术资源的空间集聚过程，在集聚过程中，实现对共享资源的挖掘和利用。在城乡人口、劳动力的自由流动和双向流动中实现要素的集聚和扩散，促进城市群合理的产业分工体系和产业布局。

第三，城市性水平提升，公共服务体系与城镇化水平相一致。

新型城镇化的发展既表现为人口城镇化率的增长，又表现为区域"城市性"程度的提升，后者才是新型城市化的内涵。"城市性"体现在，不仅城乡人口分布、产业结构和布局合理，还要求城市功能符合社会、经济发展规律，产业结构与城镇化水平相适应，城镇化水平与工业化程度、信息化程度相适应，具有城市特性的完备的公共服务体系为城乡经济发展提供制度和硬件保障。

第四，生态承载力提高，经济建设与生态文明同步推进。

城镇化过程中，城市的发展和乡村生产生活方式的转变必然会带来一定程度的生态环境成本。从承载力的角度，城市发展会影响到生态环境的约束边界，生态环境承载力的限制会影响城镇化进程。城镇化的规模、速度与生态环境承载力的演化进程必须相一致，确保在生态环境的阈值内推进城镇化，才能使社会经济发展和生态环境建设两个复杂系统相互促进，达到各自功能和整体功能最优。这就要求在推进城镇化过程中，必须依据生态承载力的要求，整体规划经济发展路径，协调资源、人口、环境，使经济、社会、生态在发展速度、功能上实现协调共进。一方面要在推进城镇化时设立硬性的生态环境约束，在生态环境承载的阈值内从事生产、生活，另一方面要不断提高生态环境水平，通过生态环境建设不断拓展生态承载阈值，以生态文明建设为城乡发展提供环境支撑，实现经济、社会和生态环境的协调发展。

新型城镇化的直接动力来源于城乡协调发展的需求推动，这就要求打破城乡经济发展的二元化壁垒，通过深化改革和完善公共服务体系，增加就业机会和受教育机会，为劳动力自由流动创造条件，推进产业布局调整和区域协调发展带动乡村经济发展，使城乡收益率逐步接近，以不断改善的生态环境保证城乡居民的生活质量。

### 6.3.2 新型城镇化视角下的资源型经济转型

资源型城市的问题还需要通过自身发展来解决。资源型城市转型路径和新型城镇化进程是两个相互作用的复杂系统，资源型城市转型注重产业体系和经济增长方式的转变，新型城镇化建设为资源型城市转型提供了基础和支撑。以新型城镇化推动资源城市良性发展需要对这两个系统的各自特征和运行机制加以分析，在这两个系统间建立联系和互动（见图6－2）。

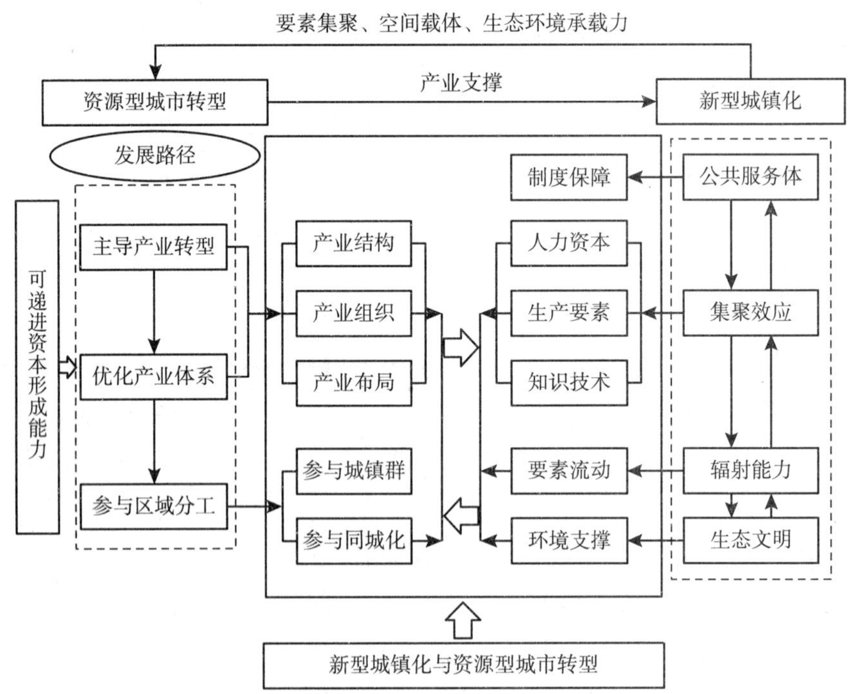


**图6－2 新型城镇化与资源型城市转型的相互关系和作用**

**1. 资源型城市需要通过新型城镇化为经济结构转型提供要素集聚、空间载体和生态环境承载力**

新型城镇化道路要求资源型城市转型实现与新型工业化、信息化和现代化农业相互促进的城镇发展体系。新型城镇化建设包括四个方面：完善公共服务体系、实现要素集聚效应、加强经济辐射能力和建设生态文明。新型城镇化能够提供要素集聚、人力资本、知识积累、创新能力和良好的环境支持。生产要素向城镇不断集聚能够驱动城镇内产业结构演化和创新，而依托城镇化的空间扩张，又能够实现生产要素向市镇、乡村扩散，推动产业布局的调整。

首先，资源型城市转型需要完善的公共服务体系为经济、社会发展提供制度保障。城市基础设施具有规模经济和范围经济的特征，完善的城市基础设施、覆盖乡村的基础设施网络，能够为产业结构和产业布局调整提供空间载体。

其次，新型城镇化可以实现生产要素、人力资本、技术的空间集聚，能够为产业结构调整和经济发展提供根本动力要素。城镇能够通过发达的人际关系和社会化网络创造人力资本集聚的社会环境，是汇集生产要素、人力资本和创新要素的空间，能够形成良好的外溢效应。资源型城市需要借助新型城镇化过程中的集聚效应、规模经济和专业化分工合作体系推动经济结构调整升级。

再次，新型城镇化过程中的要素集聚效应和空间承载能力，具有外部经济特征，为经济发展提供了人才、技术和企业的集聚和互动。推进新型城镇化，就是构建区域经济与产业空间布局紧密衔接的城市空间生态，形成城市产业承载力不断增强的区域经济一体化格局。通过强化生产要素在空间集聚过程带来的溢出效应，深化利用共享资源，在要素集聚和扩散过程中推动产业结构和产业布局的调整，为促进产业体系协调发展提供外部环境。

最后，新型城镇化的一个显著特色是建设生态文明。资源型城市生态环境恶化，生态修复和重建是资源型城市良性发展的一个内容，生态文明建设不仅要求实现对生态环境的保护和修复，突破资源型城市生态环境问题对经济、社会发展的限制，提高生态环境的承载力，更要以一种人与环境的和谐共生的方式实现经济建设和社会发展，在资源型城市经济发展、社会进步和生态环境之间实现一种良性互动。

### 2. 新型城镇化需要资源型城市经济结构转型提供产业支撑

新型城镇化是人口流动、要素流动、结构转型、城市特性提升并存的发展进程。随着城镇化进程的推进，人口转移的拉动作用会逐步减弱，产业结构转型和区域空间结构调整会成为推动城镇化进程的重要力量。城市产业合理发展是城市社会、经济发展的核心内容。新型城镇化不再是单一的人口向城镇集中，也不是通过城市建设被动的城镇化过程，而是通过城市经济发展的辐射作用，将城市的生产、生活的方式向乡村扩散。城市、市镇、乡村的层次性决定了在城镇化过程对不同产业层次均有需求。这种经济的辐射和扩散是通过产业结构调整和产业组织演化不断将经济活动向城镇、乡村延伸实现的。

资源型城市转型是城市产业结构、空间布局、经济发展路径作出调整的过程，产业发展的本质是对生产要素利用结构的调整和对要素利用程度的广化和深化，资源型城市转型是根据新型工业化的要求，升级产业竞争力、通过优化产业结构、产业布局和产业组织塑造城市可递进的资本形成能力的过程，逐步实现由要素驱动和投资驱动转向创新驱动和财富驱动。资源型城市转型是在产业体系调整基础上对生产要素的重新配置和生产布局的调整，在城市、市镇、乡村不同层级之间实现要素的集聚和扩散，借由产业体系的调整可以实现产业和城镇化的互动发展。

### 3. 以城镇化带动产业结构升级

资源型城市的经济发展是由我国优先发展重工业的发展战略决定的，是一种非均衡的经济发展模式。在这种模式下，重工业部门作为经济发展的中心和动力，产业结构重型化、产业链条短、产品附加值低，服务业以满足基本生产和生活的依附性服务业为主。在这种产业特征下，相关要素集聚形成的城镇化表现出低水平人口集聚、人力资本不足、要素集聚能力弱等要素特征，虽然人口城镇化率较高，但却是一种外生推动的、低质量的城镇化。

在原有的发展路径下，资源型城市转型面临着产业结构重型化、产品价值低端化和服务业依附性强的产业特征，不仅产业转型难度大，而且由于其产业辐射度差，难以形成对高水平劳动力吸引和投资资金进入。低水平人口集聚、非资源产业投资不足、要素积聚能力弱，使资源型城市现有的城镇化表现为低质量的城镇化。这种低质量的城镇化难以实现要素的有效聚集，无法为地区经济发展提供优质的要素供给。如图 6－3 所示：

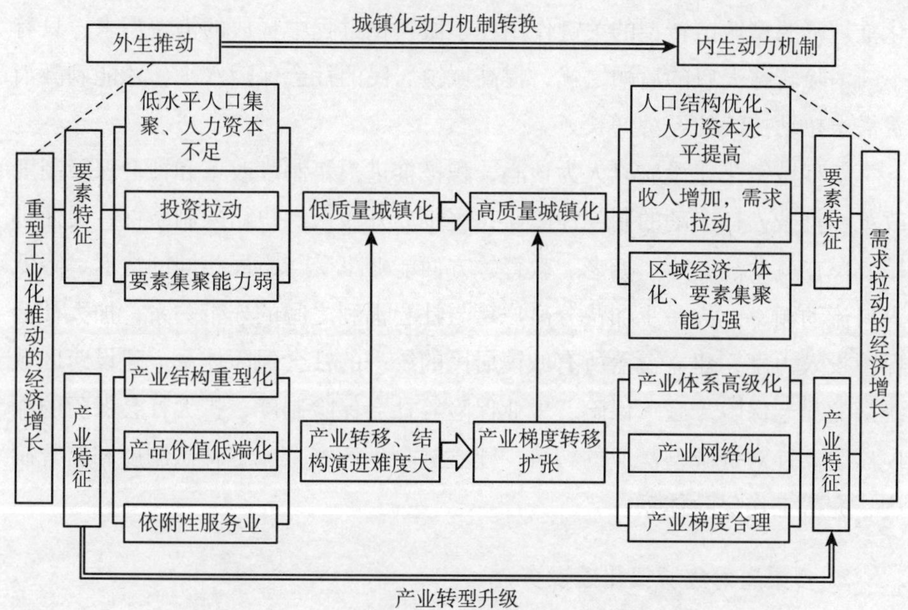


**图 6－3　产业转型升级与城镇化动力机制转换**

通过提升城镇化质量，完善的城市基础设施和社会保障政策成为吸引劳动力流入和保证劳动力转移长效性的基础，在城市原有产业结构、技术结构、劳动结构升级、将传统工业市场让渡给村镇工业的同时，强化城镇的要素集聚能力，以高质量的城镇化为产业优化升级提供要素集聚和空间平台，吸引劳动力资源流入，实现人口结构优化和人力资本水平提高，借助收入水平提高引致的消费需求，将资源型地区经济增长的动力由外生推动转换为消费需求拉动的内生动力机制。

## 6.3.3　以新型城镇化建设推进资源型城市转型的保障措施

**1. 实施制度改革及创新**

我国现有的户籍制度和社会保障制度制约着城镇化的发展，虽然资源型城市人口城镇化率相对较高，但随着经济的发展，转型过程中的产业结构调整和产业扩张，仍然会吸引农村转移人口在城市常住。在现有的户籍制度和社会保障制度下，农村转移人口难以真正享受到市民化福利。借助新型城镇化推进资源型城市转型的关键作用在于城镇化过程中释放的消费需求，只有不断消除转移人口的后顾之忧，提高城镇居民的社会保障水平，才能刺激消费需求拉动持续的经济增长。

新型城镇化建设应以人为核心，积极推进户籍制度改革和社会保障制度改革，打破人口流动的制度性障碍，逐步放开城市的户籍限制条件，促使进城农民在就业、医疗、养老、教育等方面能够享受与市民相同的待遇，降低人口流动频率。进一步加快分离户籍与社会福利之间的连带关系，加大社会保障投入力度，建立覆盖所有城镇居民的统一的社会保障体系。建设跨区域统筹的养老保险、医疗保险、失业保险等社会保险制度，扩大社会保障的深度广度。针对资源型产业的特点，建立健全生产安全成本补偿制度和监督制度，完善工伤保险体系。

**2. 多渠道筹集城镇化建设资金**

由于我国现行税制和早期发展过程中的历史性原因，资源型城市自身财政积累差，尤其是衰退期资源型城市，社会保障负担重，财政欠债多，生态环境重建成本高，财政资金缺口大，城镇建设资金来源是资源型城市推进转型和新型城镇化建设面临的一个难题。为保障资源型城市城镇化建设，需要进一步深化资源税改革，调整国家和地方的资源税收比例，保障资源型城市的财政收入，为经济转型和推进新型城镇化积累资金。同时，拓宽投融资渠道，创造良好的政策环境，打破行业壁垒和政策限制，支持和引导民间资金参与城镇化建设。采取公用民营、民办公助、股份合作制、股份制等多种形式，促进形成以民间资本为主的城镇化建设投资模式。通过创新城镇化建设投资产品，大力发展股票、政府债券等投融资渠道，为城镇化建设提供多途径的资金支持。

**3. 完善公共服务体系**

在新型城镇化阶段，资源型城市不仅是资源产品的生产中心和商品市场的交易中心，更是生产要素的集散中心，这就需要加强城市基础设施建设，一方面完善交通、通信网络，构建物流、信息平台，为要素流动提供基础型保障，另一方面也要构建适合高端要素集聚的软环境，在政策制定、管理方式等方面提供高效、透明的服务，降低企业的交易成本和风险。

**4. 加强职业教育培训，引导劳动力流动**

经济建设和社会发展的基本因素是“人”。新型城镇化能够实现对乡村转移劳动力的吸纳作用，但真正发挥人力资本对经济的推动作用，必须有良好的人力资源培训体系做保障。资源型城市应进一步开放劳动力市场，针对产业转型发展方向，加强职业技能教育和就业保障服务，培养转移人口与转型相适应的专业技能和实践能力。建立就业信息发布平台和就业指导服务机构，最大限度的深化对集聚劳动力的优化配置。

**5. 建立区域发展协调机制**

建立区域市政管理体制和城市集群的协调机制，通过统一规划基础设施网络和共同市场，协调区域相邻城市的产业规划、信息和交通网络建设，为城市间和城乡间的物流、信息共享和人口流动提供条件，实现城市群资源共享和设施共建。通过搭建技术创新平台，加强区域间人才和技术信息的交流与互动。建设跨区域的科技信息网络，实现项目、技术、创新、产品、人才等方面信息的充分发布和互动。

## 6.4 资源型经济转型的金融支持

### 6.4.1 资源型地区金融环境存在的问题

资源型地区完善要素配置、实现可递进的资本形成机制，离不开金融体系发挥有效的资源配置功能。但一个地区发展的动力，也可能成为制约当地金融发展的瓶颈，在达到一定阶段后，金融状态又会反过来制约地区经济发展。资源型经济发展的特殊性，在一定程度上扭曲了资源配置，同时也阻碍了资金融通，地区金融也形成了一定的惯性特点。资源型地区的金融功能缺失主要体现在投资环境欠佳、金融导向非市场化、银行信贷投向锁定和金融风险管理功能较弱。

第一，投资环境欠佳。

资源型地区由于地理位置欠佳，因资源开发导致生产条件和当地生态环境相对恶化，硬件环境对投资的吸引力较差。而且，资金在流动过程中会自发的选择进入具有良好融资环境的地区，但因资源型地区经济发展相对滞后，地区金融环境欠缺吸引资金、引导资金流动的机制，不仅抑制了外部资金投入，甚至迫使本地投资者向外转移资金或到外地寻找投资机会，导致地区投资资金流出。另外，由于资源所有权在经济上没有充分实现，资源租金收益滋生的寻租行为，也导致资金流入机制不畅。大量地区经济发展的事实表明，金融环境因素对地区资本形成生产要素配置具有重大影响。我国的很多资源型地区市场化程度较低，难以成为吸引外部资金的载体。

第二，金融导向非市场化。

一般而言，在资本收益率的指引下，一个有效的金融体系会将储蓄资金导向最有效率的投资，这种竞争性将储蓄资金分配于具有良好发展势头的行业，通过资金的高效流动实现投资优化，社会平均收益率也会随之提高。长期以来，资源型地区在国家产业布局和产业规划中，肩负着保障国家能源安全和能源供应的任务，因此形成了政府管理和行政主导为主的金融模式，大量资金在行政指令或政策要求下进入资源部门。资金导向具有明显的非市场化特征，金融体系在资金流向和资金使用结构中未能起到应有的引导作用。改革开放后虽然融资格局发生了巨大变化，但通过银行等金融中介机构的间接融资模式仍为企业融资的主要渠道。商业银行的信贷活动受到政府产业发展偏好和信贷惯性的影响，信贷资金仍集中投放于资源型产业和大型资源企业，严重阻碍新兴产业和中小企业的发展。这种长期形成的政策导向而非市场导向的资金投入模式弱化了金融体系的资本引导功能，不仅使信贷资金配置效率降低，甚至形成僵化的资金流向机制，为资源部门过度繁荣推波助澜。

第三，银行信贷投向锁定。

资源型地区的资源优势和沉淀成本造成地区产业结构刚性，这种要素吸纳效应对地区银行信贷结构又形成了锁定效应。由于银行信贷发放必然追求贷款回收的安全性和收益的稳定性，加上产业政策倾向和地方政府保护，导致在资源产业繁荣时投入大量信贷资金进入资源产业。由于资源产业存在大量的沉淀成本，这些资金和生产要素一旦进入资源产业，便难以在短期内退出。资源产业不断吸纳信贷资金，致使其他产业难以获得资金支持，降低了资本的使用效率。对于新兴产业，由于风险和收益的不确定性，商业银行在信贷发放时必然面临很多顾虑，审批严格，且贷款资金发放量小。即使新兴产业符合地区经济发展的需要，商业银行也不愿意主动或无力对新兴产业给予必要的资金支持。根据边际收益递减规律，在技术水平不变的条件下，将资金连续投入到资源产业，当达到一定程度时，新增资金投入带来的边际产出必然会递减。因此，银行信贷发放对资源产业的惯性不仅不利于自身效益提高，也有悖于地区产业体系升级。

第四，风险管理功能薄弱。

良好的金融风险管理在优化资本投资、促进资本积累方面具有促进作用，能够激励技术创新，形成有利于产业体系调整的金融环境。但我国资源型地区的市场化程度较低，其中一个主要表现就是地区金融环境发展相对滞后。滞后的金融环境难以在资金供给和资金需求之间建立有效的对接途径，资金投向渠道狭窄，这在客观上刺激了大量民间资金只能投资于资源相关部门。以间接融资为主的模式使资本市场的信息揭示功能严重不足，致使通过金融手段引导投资优化配置的能力较弱。此外，资源型地区的民间融资因相关法律、法规不健全，也难以得到有效保护，民间融资受阻，这些都在一定程度上阻碍了资源型地区资金的合理使用，阻止经济结构由低层次向高层次逐步优化。

### 6.4.2　完善金融机构运行机制

大部分资源型地区市场化水平低，与其金融体系不健全、运作效率低是分不开的。金融结构理论认为，金融化程度可以通过 FIR 指标体系（包括货币化比率、资本形成比率、外部融资比率等七个比率）进行量化，并指出金融化程度越高，对经济的促进作用越大。金融深化理论也主张放宽对金融体系和市场的管制，允许并鼓励多种实现形式的存在和发展，通过新思维和新组织模式，对金融要素进行重新整合与配置（马丽，2011）。因此需要完善资源型地区的金融运行机制，实现地区金融机构能够对区域内企业发展和产业体系优化提供资金和服务支持。

完善资源型地区金融运行机制要兼顾直接融资和间接融资。长期债券和发行股票是企业直接融资的主要渠道。根据现行企业债券条例规定“企业债券利率最高不超过中国人民银行公布的金融机构对企业的同期贷款利率”，企业发债融资的成本要低于贷款融资成本，因此，债券融资可以作为资源型地区转型过程中的企业筹资方式加以积极利用。在间接融资方面，要借助地区金融机构的整体合力，通过专业化分工、竞争合作，分享不同产业领域、不同层面的机会，为产业体系调整提供金融支持。

完善金融机构的资金支持，离不开金融中介服务。积极鼓励在资源型地区设立合格的信用评级公司、项目咨询公司、会计师事务所等金融中介公司，完善信用资质评级、资产评估、财务顾问、法律咨询等相关服务，支持资源型地区的金融水平深化。

由于资源高额收益带来资源型地区大量潜在的待投资资金，若能对这部分民间资金加以充分利用，则能更好地为资源型地区产业发展筹集所需资金。因此，应健全规范民间融资的法律、法规，积极制定适合民间融资的政策，为民间融资提供合法、有利的活动平台，通过制度供给和政策引导，调动民间投资，使资源收益持续转化为合理的资本形成能力。

此外，政府要充分发挥其政策服务职能，提供信息平台和服务平台为金融机构间合作、整合金融资源提供良好环境。

### 6.4.3 实施倾斜的金融政策

资源型地区金融环境发展滞后，统一的金融调控政策可能会使资金投资方向偏离资源型地区产业转型目标。因此，可以基于资源型地区的现状，有针对性的实施差别化的金融政策，在制定和实施过程中，兼顾产业体系调整的要求，实现金融政策和产业政策相协调，能动地反映地区经济转型发展战略。

在货币政策方面，随着利率市场化改革的不断推进，中央银行可以针对不同区域采取差别化措施，利用利率浮动幅度的差异使货币政策能够有效的作用于资源型地区的金融发展。

在信贷政策方面，加强窗口指导，针对产业特点实行差别信贷政策，通过人民银行对辖区内金融机构实施信贷政策的指导和监督，督促信贷资金投向利于地区产业体系优化升级的行业和领域，适度扩大对资源型地区非资源产业的信贷规模，并在再贷款方面给予一定的支持。还可以广泛使用其他金融工具和金融服务，如授信额度、租赁、担保、信用证等，增强企业的融资能力。

在监管政策方面，通过相对宽松的政策环境，增强资源型地区内各金融市场主体的参与程度，支持资源型地区直接融资和间接融资的发展，为经济转型提供资金支持。

在财政融资方面，针对资源型地区产业体系优化过程中的重点产业、重点企业和重点项目，提供财政融资，引导后续资金进入；同时，加强与政策性银行的合作，为资源型经济转型提供资金支持。

### 6.4.4　完善风险防范机制

要规避资源型经济转型过程中的金融风险，必然要优化配置金融资源，化解潜在风险。首先，加强金融机构内部风险控制。资源型地区金融机构的信贷资金大多与资源产业直接相关，风险相对集中。针对这一特点金融机构应建立和完善风险评估制度，在完善数据库系统的基础上，做好风险的量化分析、预警和信息披露，建立起有效的风险防范机制和风险损失弥补机制。其次，完善风险投资机制。通过在金融机构和担保机构之间建立起联动机制、信息共享，防范资源型地区转型过程中的金融风险。再次，加强金融机构合作。在金融机构之间，建立信息共享机制，加强信息披露，通过不断创新风险管理技术，规范风险控制流程，共同分散风险。最后，创新保险产品，结合资源型地区经济转型的特殊性设立新的保险险种，在承保、理赔、保险精算和风险管理方面进行技术创新。

金融作为现代经济运行核心，在资源型地区新兴产业资本形成和可持续发展过程中有非常重要的作用。只有构建良好的金融环境，提供高质量的金融服务，才能有效推动储蓄向投资转化，支持资源型地区的技术进步和产业体系升级。

## 6.5 资源枯竭型地区转型的财政支持

在我国的资源型地区中，有一部分面临着极为严峻转型要求的地区——资源枯竭型城市。这些城市是在新中国成立后相当长一段时期内，根据国家工业建设的整体布局而形成的，这些资源型城市在国家经济建设和工业体系构建过程中发挥了不可忽视的作用。但是，这一时期这些城市的主要功能就是作为为国家提供初级加工资源产品的能源资源产业基地，大量的人力、物力和资本在短期内注入这类地区形成的资源产业，导致出现城市功能单一、就业集中、城市社会服务及基础设施建设先天不足的问题。到 2011 年，国家已分三批界定了 69 座资源枯竭型城市，并确定了大小兴安岭林区 9 个县级单位参照执行资源枯竭城市财政转移支付政策。2013 年，根据《全国资源型城市可持续发展规划（2013～2020 年）》，我国共有 262 个资源型城市，其中衰退型城市 67 个。

近年来，随着可开采资源储量大量减少甚至枯竭，这类曾经为国家建设作出过巨大贡献的老牌资源型城市因面临严重的经济问题、社会问题和环境问题而必须实施转型。这一要求也受到国家的高度重视，从 2002 年起，连续出台政策、规划支持这类资源枯竭型城市（地区）转型发展（见表 6－2）。这些政策的出台为资源枯竭型城市转型提供了良好的政策环境，同时也需要全面、深入地考察资源枯竭型城市面临的问题和困难，为这类地区的经济转型提供意见和建议。

表6－2 近年国家支持资源枯竭型城市（地区）转型的政策、规划

| 时间 | 支持资源枯竭地区转型规划 |
|---|---|
| 2002 | 提出要支持以资源开采为主的城市和地区发展接续产业和支持振兴东北地区等老工业基地 |
| 2004 | 审议通过《能源中长期发展规划（2004～2020年）（草案）》、《全国危机矿山接替资源找矿规划纲要（2004～2010年）》 |
| 2007 | 出台《国务院关于促进资源型城市可持续发展的若干意见》 |
| 2008 | 确定国家首批12个资源枯竭型城市 |
| 2009 | 确定第二批32个资源枯竭型城市 |
| 2010 | 制定《大小兴安岭林区生态保护与经济转型规划（2010～2020年）》 |
| 2011 | 界定第三批25个资源枯竭型城市。至此，国家已分三批界定了69座资源枯竭型城市，并确定了大小兴安岭林区9个县级单位参照执行资源枯竭城市财政转移支付政策 |
| 2013 | 《全国资源型城市可持续发展规划（2013～2020年）》，规划范围包括262个资源型城市，其中衰退型资源型城市67个 |

资源枯竭型城市（地区）与正在投入期或成长、成熟期的资源型地区不同，后者的经济转型是未雨绸缪式的，侧重于其经济发展路径的调整，重点在于通过法律、法规、政策的调整规范资源部门的行为，在有效的制度框架下，通过利用自身的资源收益优化区域内产业体系和要素配置状况，逐步校正发展路径，构建可递进的资本形成能力，避免矿竭城衰的衰退路径，最终实现地区经济、社会的长效建设机制。然而，资源枯竭型地区在其成长期，正值国家计划经济时期，大量的资源无偿向区域外提供，资源财富已经流出，在被迫面临经济转型时，本地区严重缺乏财富积累已无力支撑转型，而且大量遗留的社会问题也难以在短期内通过经济结构调整解决，这类社会问题又会反过来抑制经济结构的调整。

因此，这类地区要实现经济转型，除了要与其他的资源型地区一样，通过产业体系优化升级、完善要素配置、改善地区金融环境构建地区自身的资本形成能力外，更主要的还是需要中央和地方政府的财政支持，通过财政税收、政府转移支付等资金手段，或以这部分资金为引导，着力解决资源枯竭型城市转型过程的社会问题，并为转型中的困难提供相应的支持，通过财政支持实现资源枯竭型城市的转型发展。

### 6.5.1 资源枯竭型地区的社会问题

**1. 失业问题严重**

我国很大一部分资源枯竭型城市是依托当地的自然资源禀赋优势发展起来的，以资源开采、初级加工为主的资源产业成为地区产业结构中的重要组成部分，产业结构单一，企业多集中于资源产品的初加工行业。在计划经济体制下，这些资源产业长期实行计划分配的用工制度，企业职工数量远大于岗位的实际需求数量，存在大量冗余人员。改革开放后，资源型城市在市场化进程中面临更为复杂的就业形势，城市内新增了大量下岗失业人员。这些人员主要来源于四个方面：一是资源枯竭导致资源型企业萎缩或资产重组造成的下岗人员；二是由于与资源产业相关联的企业受到波及和其他缺乏竞争力的企业所产生的失业人员；三是国企改革裁减的隐性失业人员，即原来计划经济时期的冗员；四是由于城市缺少新的经济增长点而无法吸收新增劳动力造成的失业。据统计，我国的资源枯竭型城市涉及总人口 1.54 亿人，新中国成立初期建设的国有矿山有 2/3 已进入“老年期”，440 座矿山即将闭坑，在 69 座资源枯竭城市中，有 300 万下岗职工、1000 万职工家属的生活受到影响（汪晓文等，2012）。

这些下岗职工数量多、下岗时间集中，加上文化程度低、技能单一，再就业面临很大困难。例如，据 2010 年人口普查数据显示：吉林省松原市、白山市、辽源市失业率分别为 3%、3.9%、3.51%，在失业人口中，接受大专以上教育的占 9.78%；接受高中教育的占 36.60%；接受初中教育的占 49.50%；接受小学教育的占 3.85%，这表明，大多数失业人口都只受过低等教育，再就业难度增加（王铁坤，2011）。职工安置是资源枯竭型城市国有企业退出时所遇到的最大障碍，在全国资源枯竭型城市的下岗职工中，有一半以上只是简单的移交给了企业所在地政府，这其中绝大部分人员的再就业十分困难。而且由于社会保障体系存在缺陷，下岗职工安置成本很高，很多下岗者并没有领取到下岗生活费，或者失业救济金，也只有很少部分人员得到了政府部门组织的再就业培训。由于中高级人才供给不足，且存在严重的外流现象，而低层次劳动力供给相对过剩，人才结构性矛盾突出，人力资源开发滞后于经济社会转型，致使失业问题成为资源枯竭型城市转型面临的十分严重的社会问题。

**2. 城市功能缺失**

我国很多资源枯竭型城市初期建设时的目的，就是为了支持国民经济建设，力求在短期内提供大量的矿产资源，因此很多都是依矿而建，很多资源企业都是大型或特大型国有企业，人员多、规模大，在城市中居于主体地位。随着资源企业规模的扩大，逐渐增加配套功能和设施满足生活需要，在发展上，出现了“先企业，后城市”的现象。在管理上，企业一方面要管理自身的生产经营，另一方面还要对地方的社会事务加以管理和投入来保证企业职工的生活，企业实现生产和建设实际上成为城市功能的主要部分。在这样的模式下，建设资源型基地的目的优先于城市功能的完善，城市的各项公共服务功能基本都围绕着资源开发实施，普遍存在企业办社会、企业功能等同于城市功能的现象，造成城市功能不健全，城市基础设施水平差。从总体上看，资源枯竭型城市的社会服务功能依附于资源产业，缺乏自主运营的空间，城市功能缺乏开放性，经济体系处于半封闭状态，政府公共职能缺位现象比较普遍。城市功能单一，在就业服务、信息服务、法律服务、信用服务等方面都存在一定程度的缺失，远远不能满足城市居民生活的需要。随着资源产业的衰落，城市生产和生活等综合功能开始全面衰落。

**3. 生态环境恶化**

废气、废渣、废液等污染排放物是资源开采和初加工过程中不可避免的产出物，对自然环境和生态环境造成巨大损害。资源枯竭地区的生态环境恶化现象更为严重。资源型城市作为具有战略意义的国家资源能源基地，在新中国成立后很长一段时间内承担资源大规模、高强度的开采，使资源储量迅速减少，不但造成资源濒临枯竭，而且环境污染严重，自然生态也日益恶化。全国因采矿、尾矿、废石堆积，直接破坏和占用土地近200万公顷，破坏森林面积累积超过106万公顷，破坏草地面积26.3万公顷，而且工矿废弃地复垦率不到12%，而先进国家的复垦率达到50%（王任飞等，2006）。

$SO_2$、$CO_2$、NO 及含有放射性元素、重金属的粉尘是矿山开采过程的主要排放物，也是造成大气污染的主要源头，甚至会带来酸雨及温室效应的严重后果。例如，我国典型的资源枯竭型城市、曾有著名的露天开采煤田——西露天矿的辽宁省抚顺市，就因其露天开采，煤矸石等尾矿大量堆积，造成临近地区严重的空气污染，不仅恶化了区域的小气候，而且空气中富含的 CO、$H_2S$、$SO_2$ 等有毒或有害气体严重危害人和动物的健康。因开采模式粗放性、掠夺性严重，大量煤炭枯竭型城市出现因地下采空而形成的地面大面积塌陷，地面和坡面的开采导致山体滑坡、泥石流等多种地质灾害时有发生。据不完全统计，截至 2011 年年底，全国井工煤矿采煤沉陷损毁土地已达 100 万公顷，每年还以 7 万公顷的速度增加（胡振琪，2012）。更为严重的是，由于早期对生态环境保护观念的淡薄，过度的资源开发破坏了地下水系，耕地退化、土地沙化等问题接踵而至，使资源枯竭型地区的生态环境近乎达到无法恢复的临界状态，严重阻碍了资源枯竭型城市的经济转型进程。

### 6.5.2 资源枯竭型地区转型面临的困难

资源枯竭型城市转型面临的困难，比处在投入期或成长、成熟期资源型地区的转型要复杂得多。后一种类型的资源型地区经济转型着眼于校正经济发展路径，自身仍存在有利条件可以加以利用，可以在有效的制度框架下，通过其自身调整实现经济和社会的可持续发展。在产业结构调整、市场环境完善及相关政策方面，资源枯竭型地区需要作出同样的安排。但是，资源枯竭型城市实施转型必须要首先面对在社会保障能力、转型成本和转型资金来源上存在的困难。

#### 1. 社会保障能力弱

在计划经济时期，我国实行由国家统一安排的社会保障模式，资源型企业职工无须缴纳养老保险、失业保险，本应用于职工的保障资金虚化在企业利润中被国家无偿提取，地方政府对社会保障资金的积累几乎没有。随着市场化改革的深入，我国的社会保障制度也进行了全面深刻的变革，国家不断调整社会保障相关政策，社会保障模式从国家统一安排逐步转向偏向社会保险模式的社会保障模式，保障金由单位、职工、国家共同分担。但由于历史欠账，社会保障积累资金与社会保障实际需要支付的资金之间缺口越来越大，尤其在资源型城市表现更为明显。在资源枯竭型地区，国有企业、集体企业因经济效益不佳无力缴纳保险费，而地方政府又由于资源产业萎缩、经济发展滞后，财政收入拮据，连勉强维持生存的最低生活保障政策都难以落实到实处，更无力支付社会保障金。深化体制改革后，国家陆续关闭了一批资源企业，实施政策性破产，但一些关闭破产企业的离退休人员的养老金、职工安置费、工伤人员的医疗补贴等生活津贴都难以支付，更无法保证职工的基本医疗、养老需要。这种薄弱的社会保障能力，加上之前形成的"历史欠账"，资源枯竭型城市根本无力支撑转型中的社会保障需求，无法解决和处理因被迫退出或并购企业的失业人员，这些问题都成为转型过程中的巨大瓶颈。

**2. 转型成本高**

清晰界定成本是资源型地区转型的必要环节。成长期的资源型地区可以通过资源收益分配对资源开发过程中发生的环境生态成本、安全成本和沉淀成本加以补偿。但资源枯竭型城市的转型成本更复杂且涉及面广。资源枯竭型城市的转型成本可以分为三个部分（见表6－3）：一是衰退资源产业的退出成本，资源枯竭型国有企业主要以关闭破产、改制重组、迁移等方式退出，这部分成本中包括解决资源企业退出后遗留的资产处置成本、破产重组资金缺口弥补成本、社会职能剥离成本、职工安置成本等，以及生态环境治理、恢复成本和完善基础设施建设成本；二是劳动力再就业和社会保障成本，主要解决下岗职工的社会保障建设和设立再就业培训机构、劳动力市场、劳务中介机构方面的投入；三是接替和配套产业的形成成本，资源枯竭型地区的经济基础差，在接续产业培育上，需要更多的政府导向和政府资金引导，这部分成本主要是用于为了培育新产业而投入的建设成本。由此可见，资源枯竭型城市面临的转型成本十分高昂。

表 6-3　　资源枯竭城市经济转型的主要成本构成

<table>
<tr><td rowspan="28">资源枯竭型城市经济转型的主要成本构成</td><td rowspan="8" colspan="3">衰退资源产业的退出成本</td><td>企业启动转型、重组、破产程序的各种费用</td></tr>
<tr><td>拖欠职工的各种款项</td></tr>
<tr><td>企业办社会职能的移交补偿</td></tr>
<tr><td>职工的买断安置成本</td></tr>
<tr><td>拖欠银行与其他金融机构的本息</td></tr>
<tr><td>拖欠税务部门的税金及滞纳金</td></tr>
<tr><td>拖欠其他企业与单位的往来款及水电费</td></tr>
<tr><td>厂办大集体问题的解决成本</td></tr>
<tr><td rowspan="4" colspan="3">劳动力再就业和社会保障成本</td><td>再就业配选与劳动教育成本</td></tr>
<tr><td>劳动力市场的组织培育与中介机构的建设成本</td></tr>
<tr><td>对个人创新的支持费用</td></tr>
<tr><td>失业等三条社会保障线的建设成本</td></tr>
<tr><td rowspan="4" colspan="2">接替及配套产业的形成成本</td><td rowspan="2">显性成本</td><td>原有企业的壮大成本</td></tr>
<tr><td>新企业的建设、升级成本</td></tr>
<tr><td rowspan="2">隐性成本</td><td>企业能力发育成本</td></tr>
<tr><td>破除规模技术市场等产业壁垒的成本</td></tr>
<tr><td rowspan="6" colspan="3">衰退资源产业的退出成本</td><td>水污染治理成本</td></tr>
<tr><td>大气污染治理成本</td></tr>
<tr><td>固体废弃物治理成本</td></tr>
<tr><td>土地复垦及再开发成本</td></tr>
<tr><td>采空区沉陷的治理成本</td></tr>
<tr><td>水土流失治理成本</td></tr>
<tr><td rowspan="6">衰退资源产业的退出成本</td><td rowspan="5">硬环境</td><td>城市外部</td><td>城市间交通等基础设施的完善成本</td></tr>
<tr><td rowspan="4">城市内部</td><td>能源系统建设与完善成本</td></tr>
<tr><td>水电暖气系统建设与完善成本</td></tr>
<tr><td>交通运输系统建设与完善成本</td></tr>
<tr><td>环保系统建设与完善成本</td></tr>
<tr><td colspan="2">软环境</td><td></td></tr>
</table>

资料来源：路卓铭．我国衰退资源城市经济激进转型的长效机制与战略对策——兼论资源开发的历史补偿［J］．经济问题探索，2007，8：79－83.

### 3. 转型资金不足

资源枯竭型城市转型资金来源于中央政府、省（自治区和直辖市）政府和资源枯竭型城市政府。在中央提供财政扶持资金时，一般要求省（自治区和直辖市）政府和资源枯竭型城市政府按比例配套资金，根据不同的财政资金扶持政策或扶持项目，三级政府的出资比例为 6∶3∶1 或 5∶4∶1 或 4∶4∶2。然而随着主导的资源产业的衰退，资源枯竭型政府的财政资金非常有限，即使是 10% 或 20% 的配套资金也难以承担。

由于高额的转型成本，资源枯竭型城市转型和发展过程中需要大量的资金支持。由于资源枯竭型城市历史欠账太多，资源产业衰退，加之受到国家产业政策和投资环境的影响，转型资金不能，也不应该主要来自市场融资渠道，而必须由政府承担。但现实中国家在资源枯竭型城市转型中的扶植资金仍难以满足转型要求。

### 6.5.3　政府在资源枯竭型地区转型中的作用

在计划经济时期，根据国家的资源调配机制，资源型城市作为能源、资源提供基地源源不断地向外部低价或无偿输送资源产品，又以相对高的价格从区外购进工业制成品，这种双向的财富流失，使资源型城市和企业缺少资金积累，为国家整体建设做出了巨大贡献和牺牲。市场化改革后，资源枯竭型城市面临衰退境地，在面对转型这一难题的时候，政府必须起到应有的作用。按照“谁受益、谁支付”的原则，中央政府应该成为资源型城市转型的最终责任者，为资源型城市提供有利的政策和资金支持，作为后盾支持城市政府推进资源枯竭型城市转型。

从近年国家出台的一系列政策措施看，国家也正是在践行这一点。中央政府的作用是提供政策支持和财政转移支付资金。目前，国家已经分三批界定了全国 69 座资源枯竭型城市，并确定了大小兴安岭林区 9 个县级单位参照执行资源枯竭型城市财政转移支付政策①。中央财政为资源枯竭型城市下达的财力性转移支付资金累计已达 303 亿元，仅 2011 年一年就达到 135 亿元，为这类城市增强保障能力和推进转型提供了资金支持。

从根本上而言，中央政府和省（自治区、直辖市）政府只是外部条件，资源枯竭型城市政府作为推动转型的主要实施者，在这个过程中起着至关重

① 资料来源：国家发改委网站 http：//dbzxs. ndrc. gov. cn/zycszx/t20111115_ 444536. htm.

要的作用，在很大程度上决定着转型的进展和最终效果。在财政资金的来源上，也同样需要各级政府部门共同筹集。但资源枯竭型城市财政能力有限，按照国家规定的转型财政资金配套比例，有些城市的财政负担仍然很重。因此，中央政府还应继续加大对其转移支付的力度，根据转型推进的程度，设置在一定阶段内的一定的递增比例，或者减少地方的配套比例，从而形成长期、稳定的资金来源，保障资源枯竭型城市转型建设的平稳性和持续性。

在推进转型过程中，为确保投入的高额财政扶持资金能够发挥到应有的效果，必须建立财政扶植资金使用的监督机制。监督机制应包含对资金使用情况的监督和资金利用效率的监督。在资金使用情况方面，主要包括对资金使用情况进行审计；监督产业转型资金专款专用；检查市级和省级配套资金是否真正配套到位，等等。这方面的监督主要由中央和省级政府实施。在对资源使用效率的监督方面，主要是要确保资金使用中充分发挥市场机制的主导作用，摒弃财政扶植资金直接投入到产业项目建设的做法，间接扶持产业转型，将财政扶植资金主要投入社会保障能力建设、环境治理和基础设施改造方面，通过公开招标的形式交由合格的企业来实施，资源枯竭型城市政府审查项目实施规划并监督工程建设的进度和质量。

资源枯竭型城市转型需要中央和省、市级政府共同努力，充分发挥财政扶植资金的作用，建设经济、社会、环境转型的长效机制。

### 6.5.4 资源枯竭型地区转型中的财政扶持措施

资源枯竭型城市转型，伴随着区域内产业转型，同时更要解决城市功能、社会保障服务、生态环境等诸多问题，这就要求税收、政府转移支付等财政扶持政策在推进转型中应居于核心地位。

#### 1. 扶持产业转型项目

资源枯竭型城市与成长期的资源型城市不同，由于缺乏潜在的可利用资本，很难自发的培育出新的优势产业，这就需要政府积极利用财政资金扶持产业转型。随着政府职能的转变，政府不再是经济建设的主体，不能通过直接创办企业参与产业转型，或大量直接投入财政资金建设转型项目，这是有悖于市场经济运行规律的。因此，政府只能作为企业与城市之间的桥梁和纽带，积极吸引新的企业进入本地区。

可以通过实施财政贴息政策，扶持产业转型和产业体系升级。包括建立针对接续产业的专项贷款贴息政策，对产业基础相对较好、产业关联度较高，符合国家政策的企业提供中长期贷款中央财政贴息政策；建立推进资源枯竭型城市培育研发能力、推动技术进步的财政贴息政策，针对企业的基本建设项目、技术改造项目以及高科技产品环节的流动资金贷款给予一定的财政贴息，加快重点企业、重点产业的技术改造、挖潜工业优势，促进资源枯竭型城市的产业体系优化升级。

**2. 完善社会保障功能**

社会保障问题是资源枯竭型地区转型的一大难题，也是确保转型过程中社会稳定、持续发展的基本因素。资源枯竭型城市完善社会保障功能具有其特殊性，在于它涉及两大部分，一是如何完善保障体系解决建设转型社会保障的长效机制，二是对资源枯竭、原有资源企业退出后遗留的职工养老、职工安置等历史问题的解决。

资源枯竭型城市一般采取资源型企业退出的方式完成产业转型的初始步骤，退出方式有关闭破产、改制重组或迁移等，其中关闭破产是主要方式。这类企业关闭破产时对全民职工采取了“一次性发放经济补偿金或安置费”的办法。但是从实际情况看，这部分“买断工龄”的资金远远不够解决这些下岗工人的基本生活，这就要求社会保障体系在经济生活中发挥应有的功能，帮助这部分人员获得最基本的生活保证。

结合我国不断推进的社会保障制度改革，进一步建设完善以基本养老、医疗、失业等社会保险内容为核心的社会保障体系，对资源枯竭型城市在财政支付力度和政策力度上给予一定倾斜。具体做法有：第一，通过政府转移支付建立对资源枯竭型城市的重点补贴，扩大社会保险的覆盖范围，力求覆盖到城镇各类职工，提高地区社会保障质量；第二，加强对城市居民最低生活保障的管理力度，使最低保障金标准与最低工资标准、下岗职工基本生活保障费、失业保险金等形成合理配套的标准；第三，适当降低养老保险、医疗保险和失业保险的缴费标准，鼓励下岗失业人员续保；第四，加强对失业职工、特困职工、工伤工残人员等弱势群体的援助力度。

资源产业工人下岗、失业是转型中的一大突出问题，单纯依靠社会保障体系保证基本生活水平，并不能满足生活水平进一步提高的需要，只有解决这部分人员的再就业问题才能确保良好稳定的社会环境推进城市转型。下岗、失业人员的再就业工作也是资源枯竭型城市完善社会保障功能的一部分。对此，应根据资源枯竭型城市现状和未来产业发展的需要，积极促进制定针对不同类型失业人员再就业的各项扶持政策。首先，加强职业技能培训，根据产业结构调整的需要，对有一定能力和体力基础的人员，实施技术和技能培训，使之尽快掌握新的技能，适应新的工作岗位。由于下岗失业人员的经济承受度低，因此这类基本技能培训应由政府部门提供。其次，鼓励更多人员自主创业，对失业人员创业给予税收、低息贷款等优惠，降低这部分人员自主创业的门槛。再次，通过政策导向大力发展第三产业，第三产业是吸收劳动力的重要部门，在资源枯竭型城市扶持新的接替产业、促进产业体系优化的过程中，促进第三产业的协调发展，可以大大增加资源型城市对剩余劳动力的吸纳能力。最后，针对再就业较困难的大龄人员，政府应积极提供社区社会保障工作和公共设施维护等公益性岗位，采取就业与低保相结合的方式保障这部分人员的生活。

### 3. 实施生态环境治理

资源枯竭型城市的生态环境问题是一定历史背景下多年积累形成的，现期实施的只能是属于补救型的生态环境治理和恢复，无法按照现行“谁污染，谁治理”的污染者治理模式加以实施，这就要求资源枯竭型城市政府必然承担起治理责任。目前国家下拨的财政转移支付资金很大一部分也是应用于城市生态环境治理，因此，必须将这部分资金用到实处，真正实现资源枯竭型城市环境生态的持久性改善。资源枯竭型城市生态环境治理的主要措施有：

第一，全面推进生态恢复。资源枯竭型地区的生态恢复是其转型成功的基本保障。鉴于这类地区现有的生态环境状况，实施重点在于：通过技术手段对矿山固体废弃物实施综合利用；针对矿区塌陷地区的实际情况，开展复垦，或通过绿化建设生态恢复园区，充分利用土地资源；针对废弃矿山开展绿化工程，改善当地的生活环境。

第二，强化环境执法管理。制定完备的环境保护法律、法规，严格监管、限制污染气体和污水、废渣的排放，建立空气、水、土地质量监测系统。实施环境质量负责制，通过制定完善的法规和政策，对污染和环境破坏严重的生产项目严格控制和监察，对环境违法、违规问题处以严厉惩罚。建立健全环境影响评价和环境监测机制，从源头促进生态环境保护。

第三，大力推行循环经济。要从根源上完善资源型城市的环境建设，不仅要控制污染，还要力求生产过程中的清洁化和资源利用高效化。循环经济通过实施“减量化、再利用、资源化”，能够大大降低工业生产中的能源、资源消耗量和废弃物的产生量。地方政府应积极制定推进循环经济的优惠政策，通过制度诱导引导企业实施循环经济生产模式，扶植循环经济相关生产环节的企业发展，建设循环经济的生产体系，构建环境友好的经济发展模式。

#### 4. 改造基础设施

资源枯竭型城市在进入转型通道后，原来由资源相关企业承担的一些公共职能需要逐步向城市政府移交。由于资源枯竭型城市政府财政能力有限，中央和省级政府需要在基础设施改造中对地方政府有所扶持。

市场经济条件下，商品流通对地区经济的促进作用日益加强，交通便利成为推动地区经济增长的重要因素之一。顺畅的信息流通和资金流通，以及良好的生产生活基本条件也是吸引投资者的重要因素。资源枯竭型城市一般依矿而建，地处偏远，交通不便，信息相对闭塞，大大阻碍了经济转型过程中对投资者的吸引，城市基础设施必须改善。此外，资源枯竭型城市转型可以借助周边经济基础相对好的城市或地区，利用或争取国家政策，通过区域经济合作，加快城市自身的产业体系调整和经济转型。这些同样需要经济区域内良好的交通、信息环境。因此，城市政府应加大对道路交通、通信、供水、供电等设施的改造和建设，为转型发展提供良好的基础条件。

## 6.6 小　结

推进资源型经济转型，实现可递进的资本形成机制，需要在储蓄向投资转化的过程中为资本形成设定一定的路径导向和约束框架，主要是提供规范的收益信号引导要素流向、建设支撑体系约束投资行为、提供完善的金融支持打通要素流动通道。资源收益规范措施通过完善资源产权制度、税收制度和生态环境成本补偿、安全成本补偿实现对当期经济主体实施资源收益分配，通过资源产业稳定基金实现资源收益的跨期调节。可递进资本形成机制的支撑体系包括引导合理投资、提供创新平台和推进要素流动及产业演进。金融支持主要通过完善金融机构运行机制实施倾斜的金融政策和完善风险防范机制实现。借助不断深入的新型城镇化建设，使资源型地区的经济增长的动力机制由重型工业化拉动向需求推动转化。

对于资源储量尚丰、处于成长或成熟期的资源型地区，由于有资源收益做基础，其转型发展主要是在政策引导下通过市场机制实现。但是，我国的资源型地区中还有一类特殊群体，即资源枯竭型城市。这类城市因历史原因在资源产业繁盛时没有形成财富积累，在资源储量枯竭被迫转型时，城市本身已无力支撑转型的成本。这类资源枯竭型城市的转型，除了要像其他成长成熟期的资源型地区一样，完善地区内部的资金、人才等要素配置机制外，更主要的是需要国家的财政支持，在产业政策、生态环境、社会保障和基础设施建设方面做出调整和完善，借助财政资金扶持，尽快走上良性运行的轨道。

# 第 7 章

# 榆林市资源型经济及转型研究

## 7.1 榆林市基本情况

### 7.1.1 基本概况

榆林市位于陕西省最北部，东临黄河与山西相望，西连宁夏、甘肃，北邻内蒙古，南接延安市；黄河环绕而过，万里长城横跨东西，历史悠久、文化底蕴深厚。榆林地处毛乌素沙地南缘和黄土高原北沿，地势西高东低、北凹南斜。南北地貌特征迥异，分区明显：长城沿线以北为浩瀚无垠的大漠风沙草滩区，以南为黄土高原丘陵沟壑区，面积分别占全市总面积的 42% 和 58% 。全市辖 1 区 11 县（见图 7－1），总面积 43578 平方公里，2013 年年末，全市常住人口 337. 03 万人，城镇人口 177. 92 万人，占 52. 8%；乡村人口 159. 11 万人，占 47. 2%①。

① 资料来源：2013 年《榆林市国民经济和社会发展统计公报》。

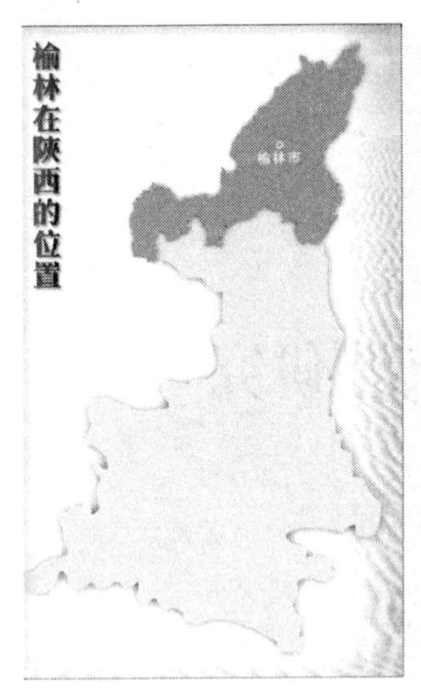

图7－1　榆林市区位图与榆林市行政区划

### 7.1.2　资源状况[①]

榆林是资源富集城市，蕴藏着驰名中外的大量矿产资源，号称中国的“科威特”。已发现8大类、48种矿产资源，储量占到全国能源矿产总量的1/3，资源潜在经济价值占全国的30%左右，超过46万亿元人民币，相当于陕西全部资源潜在价值的95%。尤其是煤、气、油、盐等矿产富集一地，分别占全省总量的86.2%、43.4%、99.9%和100%，平均每平方公里地下蕴藏着622万t煤、1.4万t石油、1亿$m^3$天然气、1.4亿t岩盐。资源组合配置好，国内外罕见。根据《各国矿产储量潜在价值》估算，榆林市每平方千米平均拥有10亿元的地下财富。

榆林市煤炭储量2800亿t，探明储量1500亿t，全市有54%的地下含煤，约占全国储量的五分之一。按2030年预计产能6亿t计算，可供开采年限近150年。在国家新确定的13个煤田中，榆林市横跨2个，其中神府煤田是世界七大煤田之一。榆林市的煤炭资源具有以下特点：（1）储量大，

---

① 本部分数据来源：榆林市政府门户网站，http：//www.yl.gov.cn/site/1/html/zjyl/list/list_18.htm。

探明储量居全国第 3 位；可开采 100 年以上；（2）品质优，大部分煤炭资源具有特低灰（7% ~9%）、特低硫（小于 1%）、特低磷（0.006% ~0.35%）和中高发热量（28.470 ~34.330mj/kg）“三低一高”的特点，属优质动力和化工用煤；（3）赋存条件好，地质构造简单，低瓦斯，埋藏浅、开采技术条件简单，适宜于建设大型、特大型的现代化安全、高效矿井；（4）煤炭资源种类齐全，以长焰煤、不粘煤、弱黏结煤为主，占总储量的大部分，贫煤、瘦煤次之，气煤、肥煤和焦煤最少。

在油气资源方面，榆林市是陕甘宁油气田的核心组成部分，预测储量 10 亿 t，探明储量 3.6 亿 t，未来 20 年可稳产在每年 1000 万 t 水平；榆林市也是鄂尔多斯气田主储区，天然气预测储量 4.18 万亿 $m^3$，探明储量 1.18 万亿 $m^3$，以 2030 年预计产能 300 亿 $m^3$ 计算，可稳产 100 年以上，是迄今我国陆地探明的最大整装气田，气田储量丰度 0.66 亿 $m^3/km^2$，甲烷含量 96%，乙烷含量 13%，有机硫极微，在燃烧中不产生灰渣；煤层气估算资源量 12595 亿 $m^3$，按 2030 年年产 20 亿 $m^3$ 计算，也可稳产百年以上。

岩盐预测储量 6 万亿 t，约占全国岩盐总量的 26%，探明储量 8854 亿 t，预计到 2030 年最大需求量不会超过 1000 万 t。且岩盐的品位高，氯化钠含量为 81.46% ~99.8%，平均在 90% 以上，其他有害成分含量甚微，为全球岩盐矿床史上罕见的精品矿床。发展盐化工产业的优势突出。此外，高岭土、铝土矿、石灰岩、石英砂等资源的储量也十分丰富。

榆林市已建成的神东煤炭生产基地是目前世界最先进的煤炭生产基地之一，已建设的天然气净化装置处于亚洲领先地位，此外还有特大型火电生产基地和国内最大的甲醇生产基地。榆林市现已成为我国重要的能源基地，在我国西煤东运、西电东送、西气东输的战略规划中占有极其重要的地位，是我国西部大开发的重点区域。

除了拥有良好的传统资源外，榆林市地理条件决定了其新能源产业的资源条件同样较好。榆林市定边、靖边等县的年平均风速在 5.0m/s 以上，年有效风速小时数超过 6500h，年平均风功率密度一般大于 180.0$w/m^2$，风能资源十分丰富，具有很大的利用潜力。榆林市地区年太阳辐射总量达到 5500 ~6000$mj/m^2$，在我国太阳能资源分布中属于三级分布区，开发、利用潜力很大。此外，榆林市土地资源充足，可用于风力和太阳能发电的土地资源优势非常突出。按照规划，到 2015 年，榆林市风电、太阳能发电等可再生能源发电装机超过 50 万 kW；到 2018 年，风电、太阳能发电、生物质能发电、水电等装机容量突破 100 万 kW①。榆林市的风能规划装机容量到 2020 年和 2030 年分别达到 550mW 和 1000mW；太阳能装机规划到 2020 年和 2030 年分别达到 110mW 和 200mW②。光照、风力和土地等清洁可再生能源发展的基础条件好、潜力大。

## 7.2 地区经济发展中存在的问题

自 20 世纪 80 年代，榆林市依托丰富的能源和矿产资源，逐步开始实施大规模的资源开发。近年来，随着榆林市能源、矿产资源开发力度不断加强，逐步形成了以资源开采和加工为主体的产业体系。在 1998 年被国家正式批准建设国家能源化工基地后，榆林市全力推进化工产业建设和陕甘宁蒙晋接壤区域中心城市建设，在经济社会发展中取得了显著成绩。但是，与其他城市横向比较可以发现，榆林市仍然是一个相对落后的地区。2009 年《中国城市综合竞争力报告》（连玉明主编，2009）中，对我国 286 座城市的竞争力进行了比较分析，榆林市仅在其中排名第 187 位，与中东部地区的同类型地级城市排名相差甚远。榆林市自然资源储量丰富，但经济却大大落后于资源匮乏的城市，探寻其根本原因，是榆林市在经济发展过程中不可避免地存在一些与资源开发相关的问题，影响了地区经济发展。

### 7.2.1 经济结构失衡

经济结构是一个地区经济发展的基础，经济增长水平的差异在于产业发展水平的差异。目前，榆林市依托资源优势形成了以能源、原材料和重型化工工业为主导产业的产业结构，从整体上看存在经济结构失衡的问题。

---

① 资料来源：《榆林市十大体系建设实施方案》。

② 资料来源：《榆林市能源化工基地总体规划》修编汇报资料。

**1. 第一、第二、第三产业发展不均衡**

从三次产业总产值看，2000～2013 年第二产业产值从 46.6 亿元增加到 1985.56 亿元，增长了 42.61 倍，而同期第一产业和第三产业产值仅增长 9.99 倍和 16.22 倍，见图 7－2。第二产业的增长速度远超过第三产业，在一定程度上表明榆林市缺乏对附加值高的服务业，工业的快速发展并未对第三产业形成良好的辐射作用和带动作用。

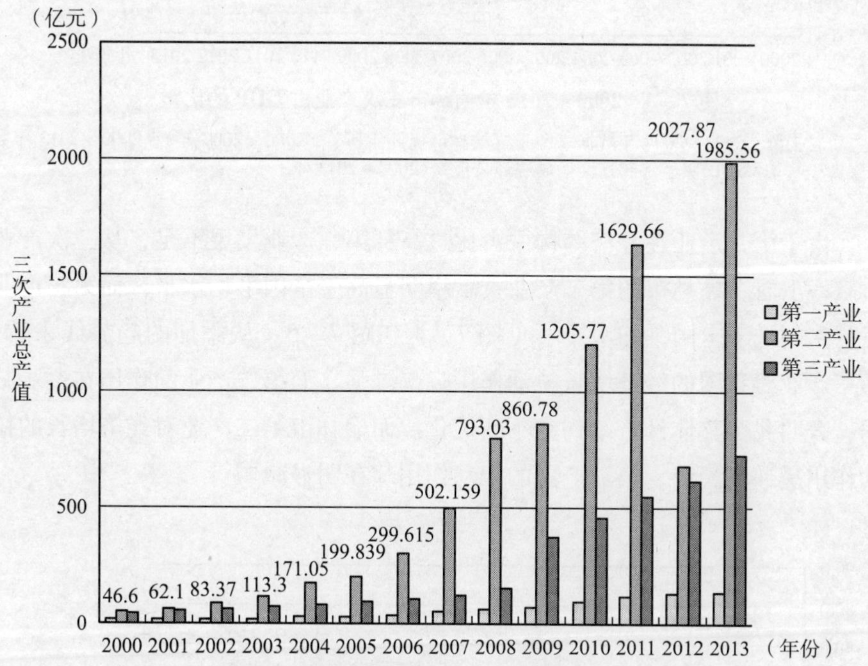


**图 7－2　2000～2013 年榆林市第一、第二、第三产业总产值**

资料来源：2000～2007 年数据来源于《榆林市统计年鉴》（2000～2007 年），2009～2011 年数据来源于《榆林市国民经济和社会发展统计公报》（2009～2011 年）。

从三次产业占 GDP 的比重看，2013 年榆林市第三产业比重只有 25.35%，发展缓慢，综合实力不强，明显缺乏活力。第二产业比重巨大，发展迅速，成为推动区域经济快速发展的主导力量。2000～2008 年，第二产业比重持续增加，2008 年达到 78%，2009 年后比重虽有所下降但仍在 70% 上下，第二产业在榆林市经济结构中占有举足轻重的地位（见图 7－3）。

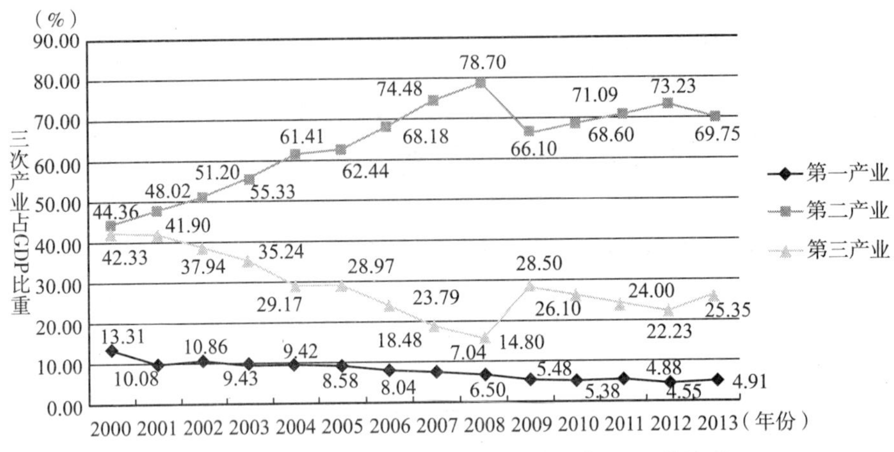


**图 7-3　2000~2013 年榆林市三次产业占 GDP 的比重**

资料来源：2000~2007 年数据来源于《榆林市统计年鉴》（2000~2007 年），2009~2013 年数据来源于《榆林市国民经济和社会发展统计公报》（2009~2013 年）。

由于第二产业在经济结构中占比过高、第三产业发展不足，从三次产业贡献率上看，榆林市的第二产业贡献率明显高于全国平均水平，而第三产业贡献率则低于全国平均水平，见图 7-4 和图 7-5。从添加的趋势线来看，第三产业对我国的经济增长拉动作用日趋增强，而第二产业的作用在逐步减弱，表明我国整体经济结构在不断优化。而榆林市第二产业对经济增长的拉动作用呈递增趋势，第三产业的拉动作用却在明显减弱。

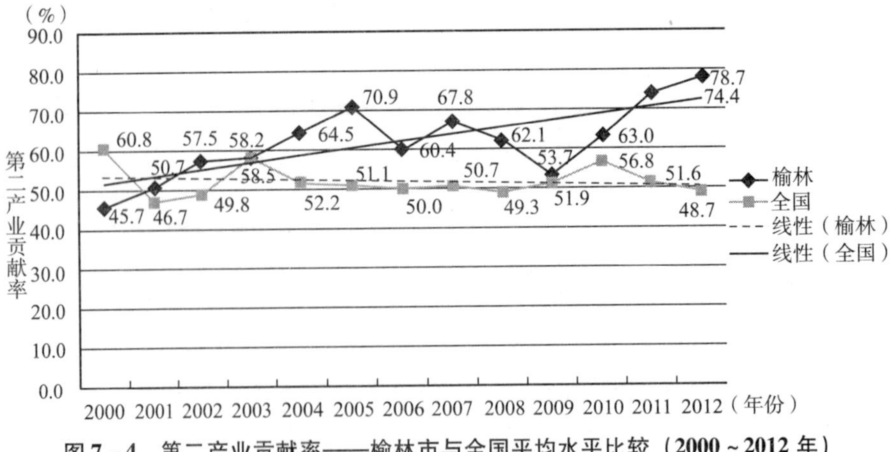


**图 7-4　第二产业贡献率——榆林市与全国平均水平比较（2000~2012 年）**

资料来源：《榆林统计年鉴》（2012 年），《中国统计年鉴》（2013 年）。

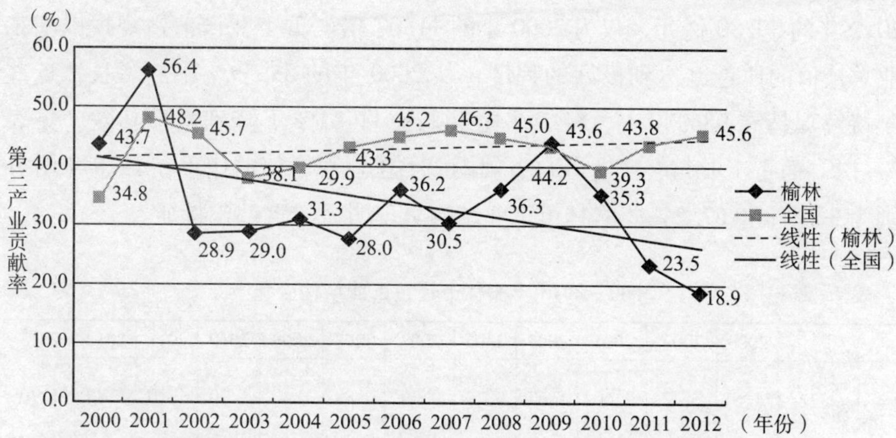


**图 7－5　第三产业贡献率——榆林市与全国平均水平比较（2000～2012 年）**

资料来源：《榆林统计年鉴》（2012 年），《中国统计年鉴》（2013 年）。

从第三产业内部看，榆林市交通运输、仓储邮政和批发零售、住宿餐饮所占比重相对较高，但是对地区资金和资本流动有促进作用的金融保险业和租赁商务服务业所占比重很低，对地区信息化建设和高新技术产业发展有基础作用的信息传输和计算机服务及软件产业所占比重同样很低。

第三产业是拉动地区经济持续增长的重要力量，也是解决就业的重要渠道。榆林市第三产业发展缓慢，特别是现代金融业、信息服务业、旅游业、通信业等现代服务业发展还比较落后，综合竞争能力弱。产业内部传统服务业居多，新兴行业较少，直接服务于生产和科技发展的行业相对滞后。这反映了榆林市第二产业的发展对第三产业带动作用有限，第三产业发展滞后反过来又会限制第二产业，难以为第二产业健康发展提供良好支持，成为制约榆林市生产要素合理流动和优化配置的主要瓶颈。

### 2. 工业内部结构单一

在工业内部，榆林市经济结构失衡问题表现更为明显：重工业发展迅速，轻工业相对萎缩，工业产业结构呈现明显的重型化、初级化、刚性化特征，工业发展过分依赖重工业。

2000 年，榆林市重工业产值为 273628 万元，到 2012 年已达 2959.37 亿元，是 2000 年的 108.15 倍；而轻工业从 2000 年的 35939 万元，增加到

2012 年的 39.80 亿元，仅为 2000 年的 11.07 倍。重工业产值占规模以上工业总产值的比重也达到极高的程度：从 2000 年的 88.39% 不断增长，近些年持续保持在 98% 以上，轻工业比重则从 11.61% 下降到微乎其微（见表 7－1）。而重工业与轻工业各自占规模以上工业总产值的比重在 1978 年时分别为 32.8% 和 67.2%。榆林市工业结构呈现明显的重型化特征。

**表 7－1　　2000～2013 年榆林市轻重工业结构变化**

| 年份 | 2000 | 2003 | 2004 | 2005 | 2006 | 2007 | 2008 | 2009 | 2010 | 2011 | 2012 | 2013 |
|---|---|---|---|---|---|---|---|---|---|---|---|---|
| 轻工业比重（%） | 11.61 | 3.42 | 2.60 | 1.62 | 0.74 | 0.60 | 0.89 | 1.40 | 1.70 | 1.10 | 1.30 | 1.70 |
| 重工业比重（%） | 88.39 | 96.58 | 97.40 | 98.38 | 99.26 | 99.40 | 99.11 | 98.60 | 98.30 | 98.90 | 98.70 | 98.30 |

资料来源：2000～2009 年数据来源于《榆林市统计年鉴》（2000～2009 年），2010～2013 年数据来源于《榆林市国民经济和社会发展统计公报》（2010～2013 年）。

从重工业内部结构看，煤炭开采洗选业、石油和天然气开采业、石油加工及炼焦业、化学原料及化学制品制造业、电力热力的生产和供应业等原材料工业发展最快，产值比重最大，这五大支柱行业工业总产值从 1995 年的 66429 万元，增加到 2013 年 2857.5 亿元，占工业总产值比重自 2007 年以来持续保持在 90% 以上（见图 7－6 和图 7－7）。

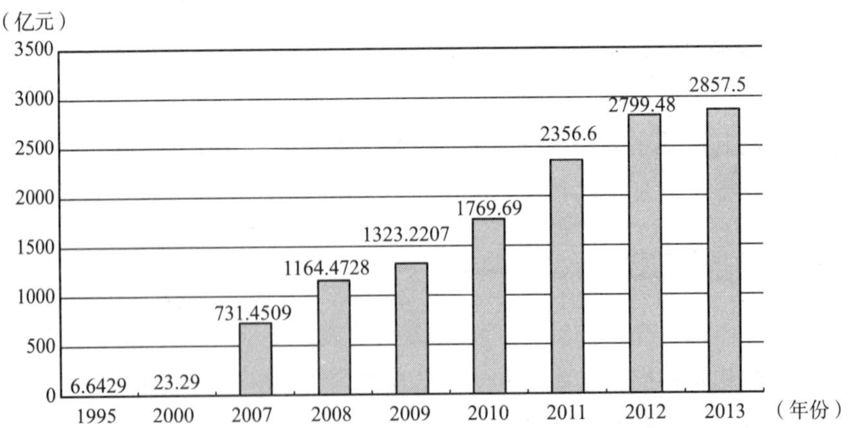


**图 7－6　1995～2013 年榆林市煤炭等五大支柱行业规模以上工业总产值**

资料来源：其中 1995 年和 2000 年数据来源于《榆林市统计年鉴》（2000 年、2001 年），2007～2013 年数据来源于《榆林市国民经济和社会发展统计公报》（2007～2013 年）。

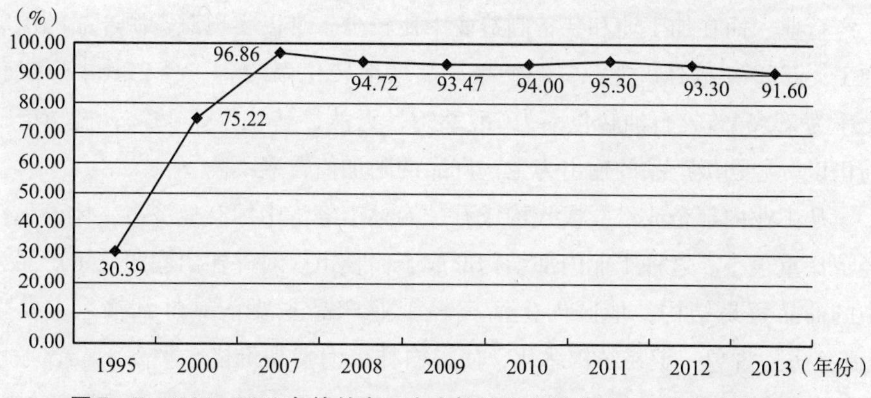


**图 7－7　1995～2013 年榆林市五大支柱行业占规模以上工业总产值比重**

资料来源：其中 1995 年和 2000 年数据来源于《榆林市统计年鉴》（2000 年、2001 年），2007～2013 年数据来源于《榆林市国民经济和社会发展统计公报》（2007～2013 年）。

榆林市重工业发展表现出明显的初级化特征。2013 年，重工业占规模以上工业总产值的 98. 30%，其中煤炭开采和洗选业占 46. 79%、石油天然气开采占 23. 00%、石油加工和炼焦业占 16. 15%、化学原料及化学制品制造业占 5. 21%（见图 7－8）。这类行业资源消耗高、环境代价大，经济效益较低，直接影响榆林市经济、社会、环境可持续发展。

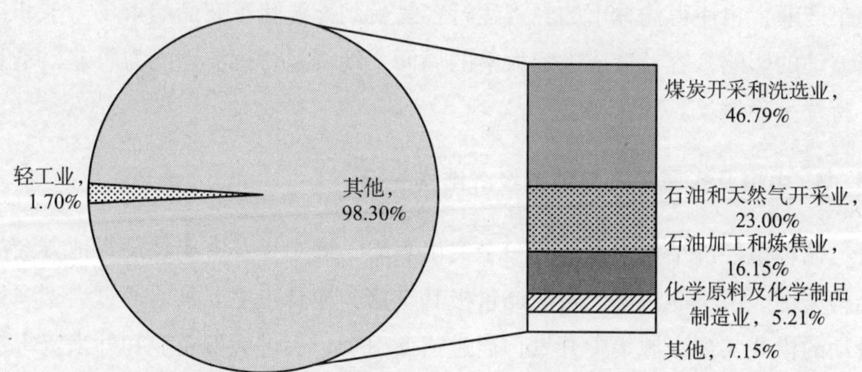


**图 7－8　2013 年榆林市规模以上轻重工业结构及规模以上工业行业产值结构**

资料来源：《2013 年榆林市国民经济和社会发展统计公报》。

从工业生产力行业布局看，全市规模以上工业企业多数分布在重工业中，而在轻工业中较少。在重工业中，大多数企业分布在资源开采和原材料生产行业，而在加工业和装备制造业中比较少，难以实现对资源产品的深度加工。2008 年榆林市能源资源初级产品就地转化率约 21.3%，其中煤炭转化率为 23.54%，石油转化率为 25.28%，天然气转化率 5.45%，榆林市目前仍以资源初级产品的输出为主，产品的附加值普遍不高。

从工业内部企业经营模式构成看，榆林市经济中国有经济占主体，私营经济比重很小。这种工业内部结构形成了榆林市以对外输出能源化工产品为主的商品贸易结构，地区内生活类轻工业产品主要依靠外部输入，发生“荷兰病”现象，贸易结构恶化，使得榆林市消费品价格水平高于全省平均水平，居民生活成本上升。

榆林市目前形成了以传统的能源化工为主导产业的经济结构。但是与能源和煤化工产业配套的产业不发达，煤化工行业的装备制造、维修、服务、物流等配套产业发展滞后。承接煤化工产业辐射的条件不完备，煤化工产品深加工产业体系不健全，未能充分延伸产业链条，难以发挥煤化产业作为主导产业对区域经济发展的带动作用。

由于资源结构的相似性，榆林市与相邻城市的主导产业日趋相似，根据晋、陕、蒙、甘、宁等周边几个相邻中等城市的产业发展规划，产业布局和产业规划趋同，城市间的产业竞争问题逐步显现出来。而且，过分倚重能源化工产业，也使得榆林市的经济运行容易受到能源化工产品的市场需求和价格波动的影响，容易造成大起大落的局面，经济运行抗波动能力较差，不利于持续平稳增长。

### 3. 中央及省属经济与地方经济结构失衡

榆林市经济结构失衡还有一个突出表现，即中央及省属经济与地方经济结构失衡。由于能源矿产资源储量极其丰富，榆林市主要采取通过大型项目带动的模式实现资源集中开发，通过招商引资，引进大型企业和外来资本进入，形成了以中央和省级企业为主的产业组织体系，这些企业成为区域经济发展的重要力量。

从工业企业看，近年来榆林市中央及省属企业工业总产值迅速增加，明显超过市属和县及县以下地方企业工业总产值，在全市工业总产值中所占比重越来越大（见图 7 - 9 和图 7 - 10）。地方企业因政策、资金等因素参与程度较低，无论是在规模方面还是在综合实力方面都明显处于弱势地位。

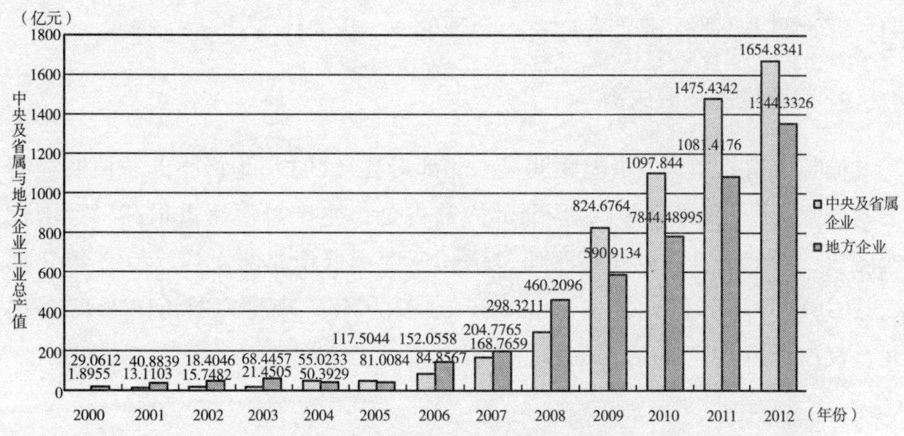


**图 7－9　2000～2012 年榆林市中央及省属企业和地方企业工业总产值**

资料来源：《榆林统计年鉴》（2012 年）。

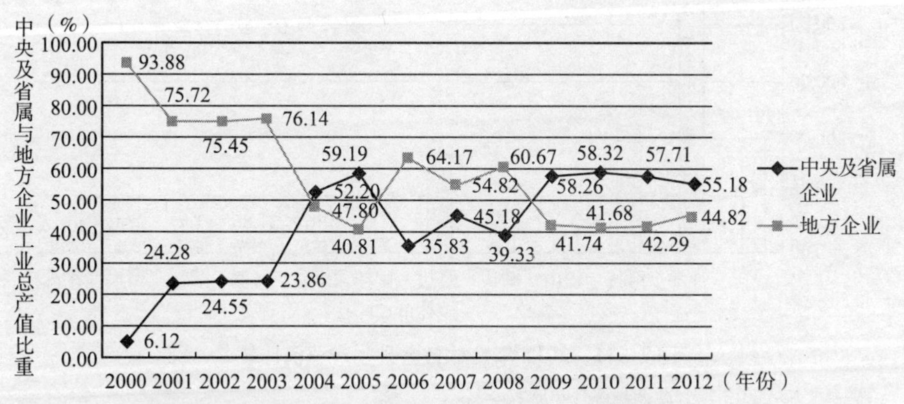


**图 7－10　2000～2012 年榆林市中央及省属企业和地方企业占规模以上工业产值比重**

资料来源：《榆林统计年鉴》（2012 年）。

中央及省属经济快速发展对地方经济存在一定的消极作用。因为能源矿产资源是不可再生资源，虽然榆林市储量丰富，但数量毕竟是有限的，中央及省属企业与地方企业之间存在资源开发、产品销售市场和技术实力等方面的竞争。在这些竞争中，地方经济处于弱势。另外，中央及省属经济与榆林区域经济的契合度不高，无论是在配套产业辐射、就业带动方面，还是技术外溢方面，对当地经济的影响都比较小，富民强区的作用相对有限，榆林市本地居民不能充分享受经济发展成果。榆林地方经济规模较小，科技实力较弱，综合实力不高，是产业体系不合理的一个重要体现。

#### 4. 南北经济发展失衡

榆林市南北经济发展差距明显。北部六县（区）① 地区生产总值明显高于南部六县②（见图 7－11）。北部六县占全市生产总值比重很高，且增长速度快，而南部六县则比重很小，增长速度远低于北部六县。2012 年北部六县 GDP2567.78 亿元，占全市 GDP 的 92.62%，南部六县 GDP204.21 亿元，仅占全市 GDP 的 7.37%（见图 7－12）。

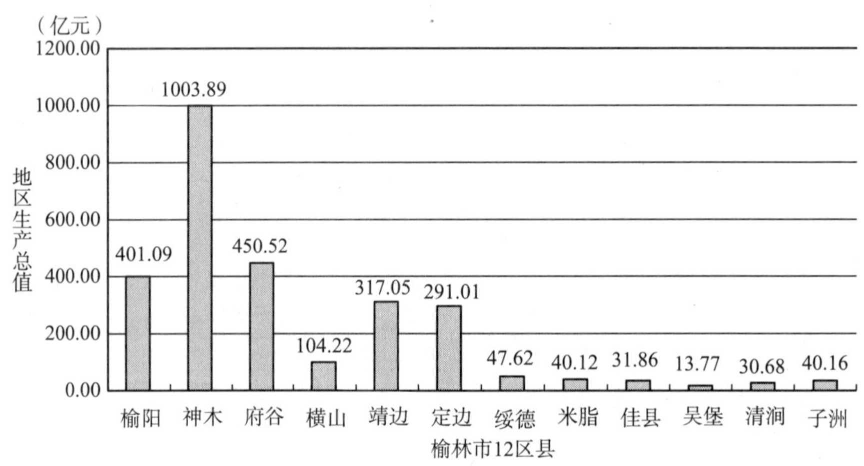


**图 7－11　2012 年榆林各区县生产总值比较**

资料来源：2013 年《陕西省统计年鉴》。

榆林市南北经济发展的差距是与资源富集程度的差异分不开的，北六县（区）拥有丰富的矿产资源，而南六县矿产资源相对匮乏（见图 7－13），随着近年能源开发的大规模推进，北六县（区）工业化进程加快，大型能源化工企业集中（见图 7－14），而南六县经济基础差，缺少工业基础。可

① 北部六县（区）包括榆阳区和府谷、神木、定边、靖边横山五县。

② 南部六县包括米脂、绥德、子洲、佳县、吴堡、清涧六县。

见，南北经济发展失衡是榆林市产业体系失衡的地域性表现。

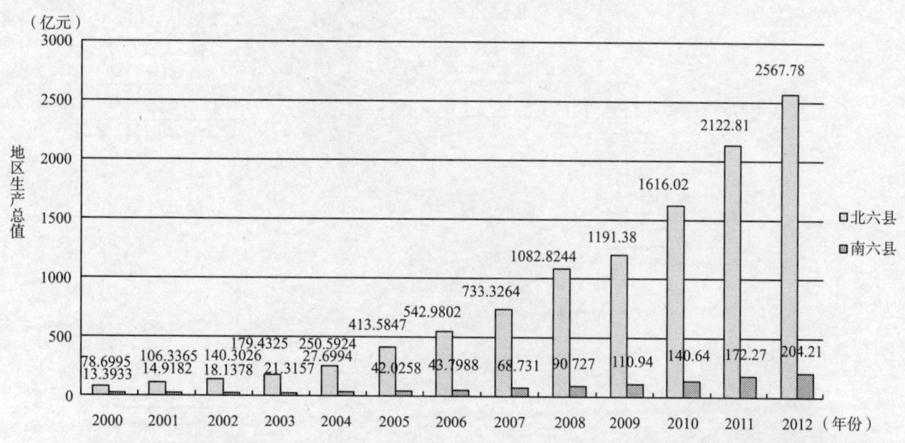


**图 7－12　2000～2012 年榆林市北部六县（区）与南部六县经济发展差距**

资料来源：根据《陕西省统计年鉴（2000～2013）》相关数据整理。

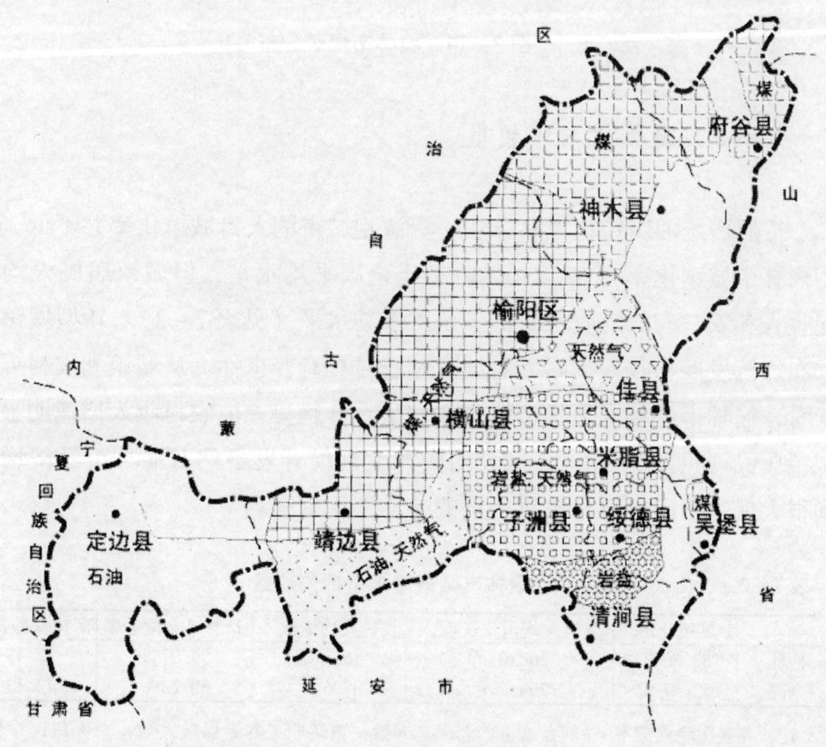


**图 7－13　榆林市矿产资源分布**

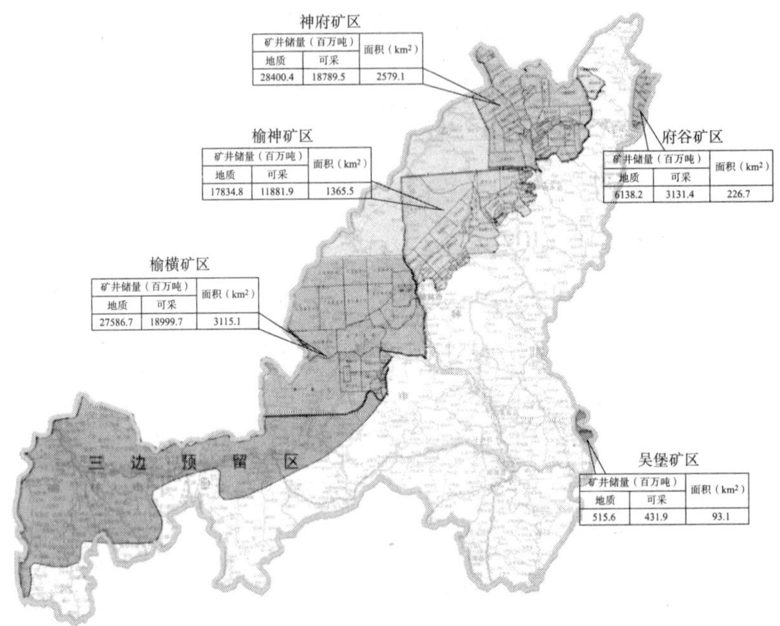


**图 7－14　榆林市煤矿分布**

### 7.2.2　城镇化水平较低

按照传统的城镇化考察方法，资源型城市的人口城镇化率并不低。2013年榆林市城镇化率为 52.8%，略高于全国平均水平，但城镇居民人均可支配收入和农村人均纯收入略低于全国平均水平（见表 7－2）。新型城镇化要求在经济发展和收入提高上对城市和农村具有普惠性。从城镇和农村人均收入看，榆林市近年来虽然整体收入均呈上升趋势，但农村收入增速明显低于城镇居民（见图 7－15）。这表明资源大规模开发虽然对榆林市经济增长起到很大促进作用，但对农村经济的拉动作用有限。

**表 7－2　　榆林市城镇化水平相关数据**

| | 城镇化率 | 城镇人均可支配收入 | 农村人均纯收入 | 养老保险覆盖率 | 医疗保险覆盖率 |
|---|---|---|---|---|---|
| 榆林 | 52.80% | 26820 元 | 8687 元 | 53.97% | 22.43% |
| 全国 | 52.57% | 26955 元 | 8896 元 | 60.23% | 42.13% |

注：养老保险覆盖率 =（城乡基本养老保险人数 + 城镇职工养老保险人数）/总人口医疗保险覆盖率 = 基本医疗保险人数/总人口。

资料来源：2013 年榆林及全国国民经济与社会发展统计公报。

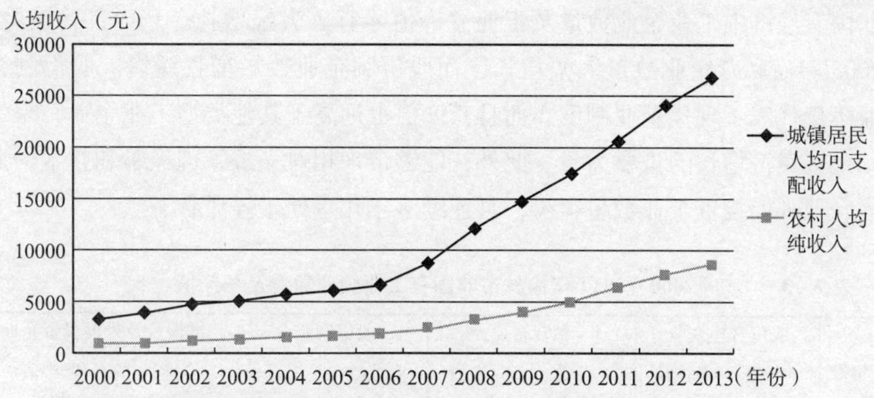


**图 7－15　榆林市 2000～2013 年城镇人均可支配收入和农村人均纯收入**

资料来源：2013 年榆林国民经济与社会发展统计公报。

虽然榆林市人口城镇化率和人均收入与全国水平相差不大，但社会保障水平却明显落后。养老保险覆盖率和医疗保险覆盖率均显著低于全国平均水平（见表 7－2）。随着新型城镇化建设参保人数不断增加，榆林市社会保障负担会进一步加重。

### 7.2.3　民营经济发展滞后

市场经济中，民营企业在市场信号的指引下组织生产经营活动，能够迅速对市场需求作出反映，是最具有活力的组成部分，也是最符合市场经济运行条件的经济形式。民营经济还能够吸收大量劳动力，是解决就业的主要渠道。拥有强大的民营经济可以促进生产要素流动和资金、资本、劳动力的优化配置。更重要的是，民营经济的发展改变了以往国有经济一统天下的局面，从而以外力促进和推动了国有企业的改革和发展。

从总体上看，榆林市民营经济发展滞后，区域经济发展缺乏活力。在工业经济所有制结构上，榆林市国有经济的比重比较大，集体经济以及其他民营经济的规模比较小，民营经济在发展区域经济中的战略地位和作用还不够明显。在个别地区，国有工业经济甚至占绝对优势。表 7－3 中列出了 2000～2012 年榆林市非国有工业企业数量和总产值，从图 7－16 和图 7－17 可以看出，2000～2004 年，榆林市非国有经济发展极其缓慢，2005 年以后非国有经济中工业企业数量及工业总产值才有了大幅增长。从内部构成看，2005 年后私营企业数量大幅增长，而股份制企业数量增长缓慢。股份制企业不仅代表了现代企业制度，而且其产值也远高于其他类型工业企业，是带动地区经济增长的重要力量。此外，能够带来相对先进管理经验和技术的港澳台及外商投资企业数量很少，且连续多年几乎处于停滞状态。

**表 7－3　　2000～2012 年榆林市非国有工业企业数量及总产值**

| 年份 | 股份合作企业 | | 私营企业 | | 股份制企业 | | 港澳台及外商投资企业 | |
|---|---|---|---|---|---|---|---|---|
| | 企业数（个） | 总产值（万元） | 企业数（个） | 总产值（万元） | 企业数（个） | 总产值（万元） | 企业数（个） | 总产值（万元） |
| 2000 | 1 | 608 | 5 | 9646 | 17 | 67972 | 3 | 9708 |
| 2001 | 3 | 7392 | 8 | 15775 | 20 | 238339 | 3 | 20325 |
| 2002 | 2 | 5082 | 10 | 18515 | 18 | 299565 | 3 | 28136 |
| 2003 | 3 | 5095 | 19 | 33732 | 23 | 48054 | 0 | 0 |
| 2004 | 3 | 4681 | 19 | 33902 | 32 | 44232 | 3 | 45083 |
| 2005 | 20 | 63888 | 116 | 177967 | 64 | 515114 | 3 | 55406 |
| 2006 | 30 | 87195 | 221 | 516668 | 34 | 594045 | 4 | 68230 |
| 2007 | 29 | 120629 | 236 | 748803 | 34 | 1380558 | 5 | 76192 |
| 2008 | 27 | 250764 | 245 | 2146766 | 36 | 2210422 | 5 | 106563 |
| 2009 | 26 | 274321 | 262 | 2414173 | 50 | 2745804 | 5 | 154055 |
| 2010 | 24 | 365833 | 287 | 3648803 | 46 | 3588028 | 4 | 180608 |
| 2011 | 14 | 192140 | 248 | 5375524 | 39 | 8410631 | 4 | 255992 |
| 2012 | 21 | 821392 | 227 | 4388673 | 36 | 4382887 | 5 | 273232 |

资料来源：《榆林统计年鉴》（2012 年）。

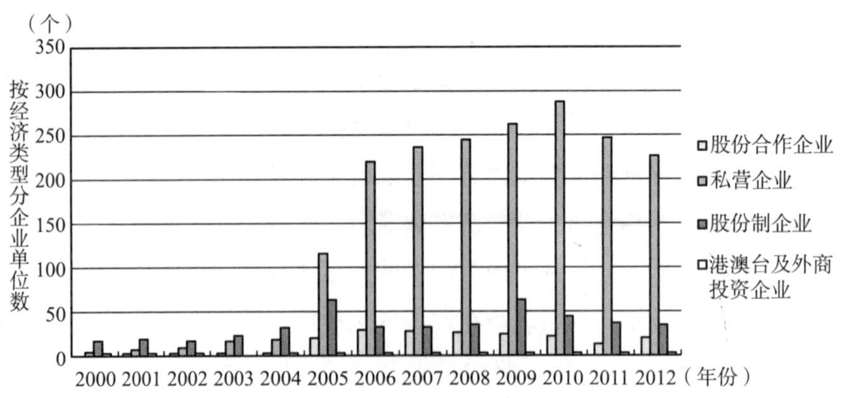


**图 7－16　2000～2012 年榆林市规模以上非国有工业企业单位数变化**

资料来源：《榆林统计年鉴》（2012 年）。

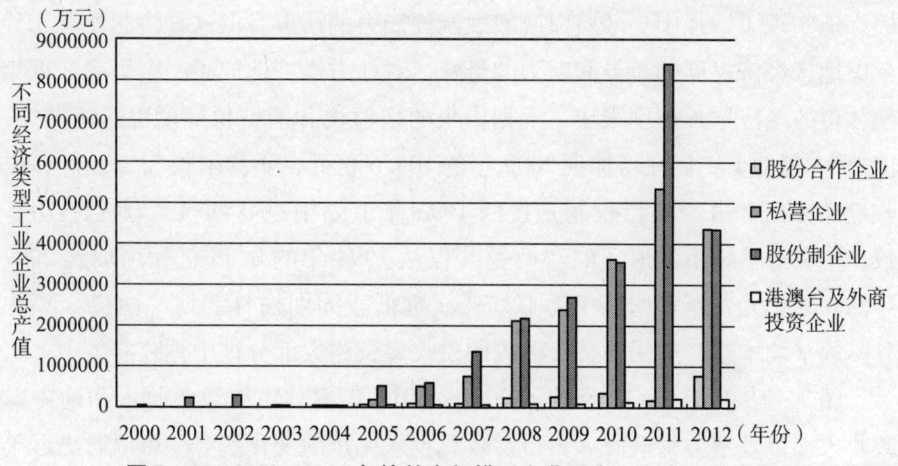


**图 7－17　2000～2012 年榆林市规模以上非国有工业企业总产值**

资料来源：《榆林统计年鉴》（2012 年）。

现代化的企业更加符合市场经济的要求，吸引外资的能力和外资企业的数量反映了一个地区的市场化水平，这类企业发展滞后，从一个侧面也反映出榆林的市场化程度较低，表明榆林市的经济环境在一定程度上制约了工业民营经济的发展，更主要的是未能培育或吸引符合经济发展需要的现代化企业，不能有效吸引外部资本进入本地工业领域，说明榆林市的商业条件和市场经济环境的发育程度较低，通过市场配置资源的能力还十分有限，虽然资源开发带来经济总量快速增长，但配套的制度体系不健全、商务条件欠缺、服务水平不高，制约着生产要素流动和优化配置，阻碍了整体经济水平的提升。

### 7.2.4　利益分配失衡

榆林是一个资源型地区，工业化现在处于起步和成长阶段，仍然以资源为依托，以基地建设为中心。近年资源开发使当地财政收入快速增长，但脱贫速度远远滞后。究其原因，与当前实行的税制和利益分配机制有着直接的关系。

我国 1994 年开始实施的分税制财政体制，将流转税的主税种增值税按中央与地方 75∶25 进行分配，并以 1993 年的实际收入作为基数进行返还，较好地实现了增强中央政府财政宏观调控能力的初衷。但这种体制没有充分考虑地区经济发展的差异和财力的悬殊，对地方经济造成了一定影响。近年榆林市的经济增长速度很快，上划中央的增值税和消费税额度也迅速增加，由1994年的1.4亿元增加到2009年的105.6亿元，年均增长31%。但在税收返还方面，由于现行税制是按照1993年上划中央“两税”确定返还基数，中央对榆林市的返还的“两税”仅从1994年的0.98亿元增加到2009年的6.6亿元，年均增速仅为12.7%，远低于同期榆林上划“两税”年均31%的平均增速，使得榆林市形成的税收增长绝大部分被中央政府集中。

图7－18和图7－19反映了2001～2013年榆林市财政总收入和地方财政收入，以及地方财政收入占市财政总收入比重的变化趋势。可以看出近年来榆林市财政总收入快速增长但地方财政收入增速较慢，且地方财政收入所占比重呈逐年下降趋势。这些数据表明，现行税收政策不完善导致榆林市资源开发过程中利益分配失衡，不利于地区经济发展。

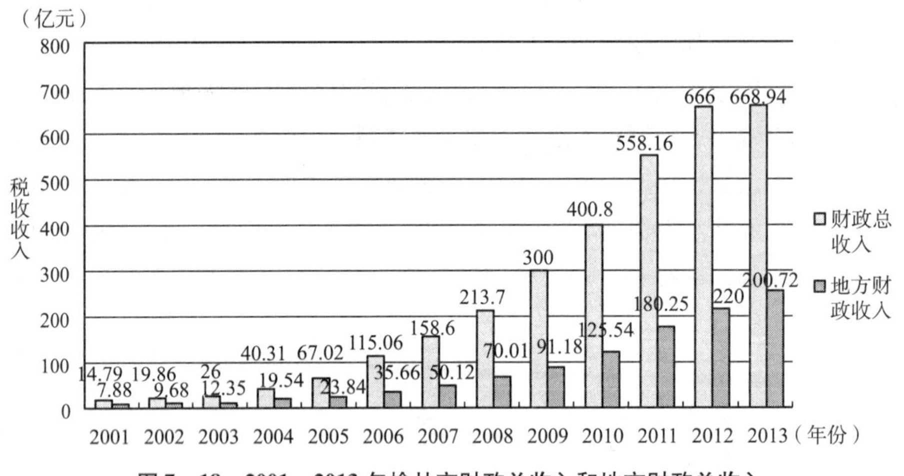


**图7－18　2001～2013年榆林市财政总收入和地方财政总收入**

资料来源：2001～2009年数据来源于《榆林市统计年鉴》（2001～2009年），2010～2013年数据来源于《榆林市国民经济和社会发展统计公报》（2010～2013年）。

从政府与企业间收益分配关系看，由于我国现行矿产资源税费标准偏低，国家所有权收益在矿产资源收益中未能充分体现，矿产资源所有权的部分收益转化为企业（尤其是央企）的利润，企业利润的增长速度远超过同期地区财政收入的增长速度。近年来，国际和国内市场上矿产资源价格都呈现大幅上涨趋势，资源型企业获得了堪称暴利的超额利润，但在现行的资源税费制度下，政府凭借所有者权益参与矿产资源收益分配得到的收益份额却十分有限。

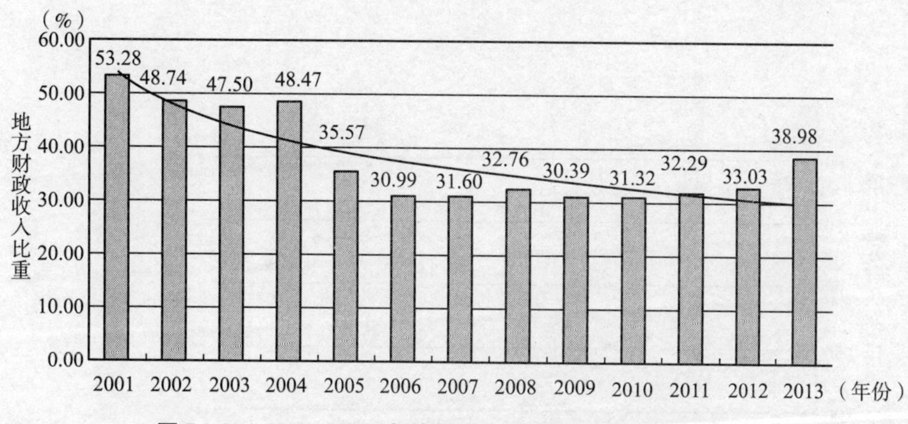


**图 7-19　2001~2013 年榆林市地方财政收入比重变化趋势**

资料来源：2001~2009 年数据来源于《榆林市统计年鉴》(2001~2009 年)，2010~2013 年数据来源于《榆林市国民经济和社会发展统计公报》(2010~2013 年)。

从企业角度看，由于大型企业的生产具有规模经济的特点，而且在安全生产等方面更有保障，国家鼓励中央和省级大型企业积极参与资源开发，榆林市资源产业中大型企业占绝对比重，且这些大型的煤炭和天然气企业均为中央及省属企业。例如，20 世纪 80 年代以来，神华集团、长庆公司等大型企业先后开始煤田和油气田勘探开发，全面启动了榆林的资源开发，但是这些企业的注册地却并非在榆林当地，而是大多在北京、上海或省会等大城市。按照我国现行的税收政策，这些企业缴纳的地方税大都交给注册所在地，这样又拿走了相对大部分的税收收益，利益分配不合理状态进一步加剧。

### 7.2.5　科技支撑作用不足

科技是支撑产业发展、推动产业体系优化的根本力量。一个地区的产业成长和经济增长质量与科技发展水平、科技投入和科技人员构成密切相关。

在推进资源产业发展的过程中，榆林市不断重视科技工作，但仍存在投入水平较低，科技人员分布不均衡等问题。

图7-20反映了2000~2012年榆林市和全国平均水平的科技支出占财政支出比重，可以看出，虽然近年来榆林市对科技投入呈现增加趋势，但仍然明显低于全国平均投入水平，科技水平很难发挥其应有的支撑作用。

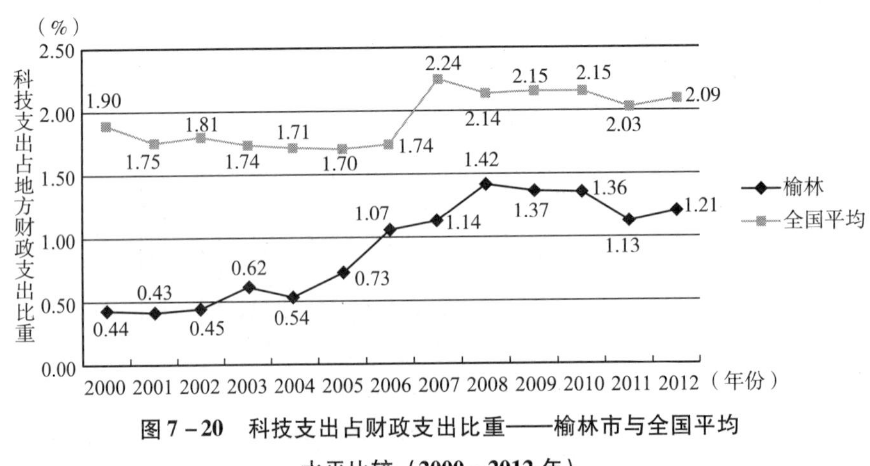


**图7-20 科技支出占财政支出比重——榆林市与全国平均水平比较（2000~2012年）**

资料来源：《榆林统计年鉴》（2000~2012年），《中国统计年鉴》（2001~2013年）。

从科技人员分布看（见图7-21），榆林市科技人员在专业领域、职能划分和所在部门都呈现出不均衡的特点：教学人员多，能够对农业和工业发展产生直接促进作用的农业科技人员和工程技术人员数量很少。而且，在工业内部，还呈现出明显的行业间科技人员分布不均衡：重化工技术人员比重高、轻工业技术人员比重过低，这种现象与榆林市产业结构刚性化、单一化有着互为因果的关系。在企业就业的科技人员远远少于在机关事业单位的就业人员（见图7-22）。企业科技人员与生产接触更为直接，对市场需求和技术进步能够快速做出反应，有利于发挥创造性，而在事业单位相对稳定、缺乏竞争的环境，容易造成科技活动与社会需求、生产需求相脱节。

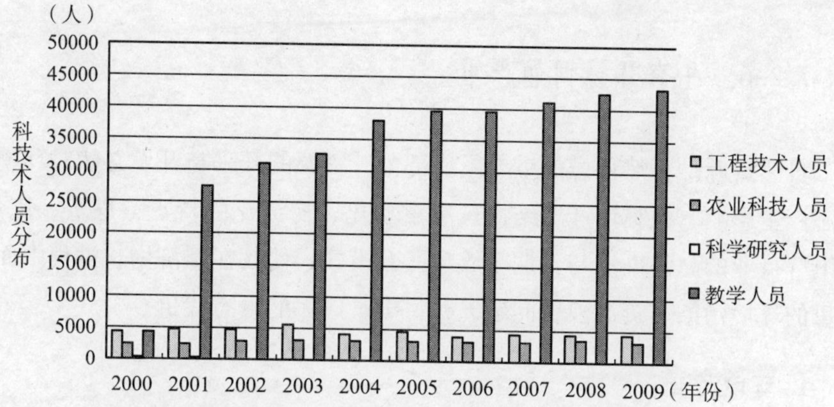


**图 7-21　2000~2009 年榆林市不同领域科技人员分布**

资料来源：《榆林统计年鉴》（2009 年）。

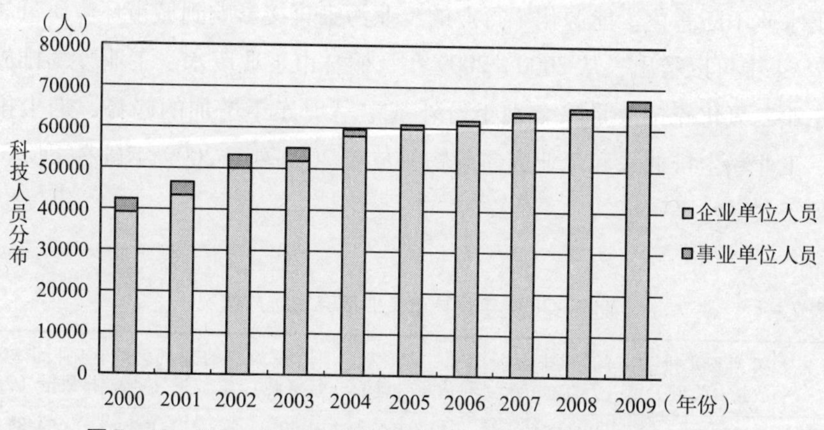


**图 7-22　2000~2009 年榆林市科技人员在企业和事业单位分布**

资料来源：《榆林统计年鉴》（2009 年）。

当前，地区经济的发展速度和发展环境对人才的吸引力远大于引进人才优惠政策的吸引力，大量优秀人才倾向于选择发达地区就业和生活。这种趋势对于欠发达地区的科技进步和经济发展而言无疑是个很大的制约。近年来，榆林市也出台了大量吸引科技人才的优惠政策，但由于综合环境竞争力不足，仍然存在科技人才流失严重的现象，大大削弱了榆林市的科技竞争力。

## 7.2.6 生态环境问题严重

自然资源是自然环境的重要组成部分，资源的开采与开发必然对环境和生态产生影响。榆林市产业结构具有重型化、初级化的特点，煤炭、炼焦、火电等行业的高污染性与长期粗放型经营模式，使其在经济增长过程中面临严重的环境污染、资源浪费问题，并付出了巨大的生态代价。

### 1. 环境污染

由于资源开采和能源化工行业在产业结构中占有很高比重，榆林市环境污染问题十分严重。煤矿、油田开采过程中因对污水处理不善，致使河流、地下水质不断恶化。能源化工行业的工业污染直接影响到城市环境质量。从表7－4中可以看出，从2000～2009年，榆林市工业废水、工业废气排放量和工业二氧化硫排放量除个别年份外基本呈现连年增加的趋势，烟尘排放量、工业粉尘排放量和工业固体废物排放量2008年、2009年虽有下降，但仍处于较高水平。

**表7－4　　2000～2009年榆林市工业废弃物排放情况**

| 年份 | 工业废水排放量（万吨） | 工业废气排放总量（万标立方米） | 工业二氧化硫排放量（吨） | 烟尘排放量（吨） | 工业粉尘排放量（吨） | 工业固体废物排放量（万吨） |
|---|---|---|---|---|---|---|
| 2000 | 741.94 | 1800554 | 19760 | 19177 | 17141.9 | 24.84 |
| 2001 | 791.55 | 2328222 | 13475 | 17163.91 | 14736.66 | 3.68 |
| 2002 | 729.12 | 2972544 | 22844.95 | 16636.69 | 11705.45 | 17.54 |
| 2003 | 716.83 | 3152438 | 26422.34 | 22916.63 | 14875.71 | 21.18 |
| 2004 | 1083.71 | 4958492 | 57506.21 | 35222.03 | 21635.55 | 20.19 |
| 2005 | 1208.19 | 7825575 | 84373.84 | 56881.85 | 40930.04 | 22.21 |
| 2006 | 1477.65 | 8536751 | 84443.96 | 46336.09 | 32393.12 | 30.27 |
| 2007 | 3697.64 | 9273622 | 110096.9 | 81581.07 | 58061.3 | 35.03 |
| 2008 | 2198.54 | 16566489 | 108821 | 25702.73 | 76186.78 | 23.62 |
| 2009 | 4533.51 | 18098266 | 109428 | 20652.14 | 28651.12 | 15.32 |

资料来源：《榆林统计年鉴》（2000～2009年）。

采矿形成的矿坑水、选矿废水以及采矿废石、煤矸石、尾矿渣等堆放不当，构成了矿区水体和土壤的污染源。燃煤、炼油和炼焦是大气的主要污染源。采矿、爆破、运输、冶炼等过程中造成的烟尘、粉尘等物理污染，以及采矿、炼焦过程中有机、有毒、有害及酸性气体物质释放造成的化学污染，还能引发温室效应、酸雨、光化学烟雾等一系列大气环境污染问题。榆林市多年的资源开发利用已造成严重的空气污染。据监测，榆林市全年空气属煤烟型中度污染，冬季取暖时期属重污染。环境污染是榆林市可持续发展中必须重视的问题。

**2. 资源浪费**

榆林市采用粗放式的经济增长方式，人为因素对资源的破坏更为严重，主要表现在资源开采过程中浪费现象严重以及开采过度。例如，榆林市目前的地方煤矿在开采中尚未普遍应用轻型综合采矿和高档普采等采煤方法，仍然以落后的爆破开采为主。这种低水平的采煤方式，在开采过程中浪费极其严重，而且存在很大的煤矿安全生产隐患。因为开采水平低、规模小、管理粗放、开采利用率不高，资源的浪费惊人，只采厚煤层、易采区，难采的边角煤则白白扔掉。以府谷县为例，煤炭资源开采率仅为 30%。在局部利益和眼前利益的诱惑下，企业不重视技术升级和设备更新，导致能源和材料消耗过大。这种增长方式会因其强烈的扩张冲动而挤占非资源产业的投资，不仅带来资源环境问题，还会进一步恶化产业发展刚性化问题。

**3. 生态代价**

榆林是我国典型的生态环境脆弱地区。地处黄土高原、毛乌素沙漠、鄂尔多斯草原的过渡地带，土壤主要为黄绵土和风沙土，抗蚀能力很低，植被矮小稀疏，降雨少而集中，水土流失严重。

由于煤炭是埋藏在地下的资源，地下煤层采出后便会形成地下采空区，原来处于平衡状态的覆岩失去支撑，稳定结构遭到破坏，采空区上方和覆岩会产生剥落、断裂、弯曲等破坏或变形，这种破坏和变形反映到地表，会形成塌陷。地下开采会破坏地下水系，地表植被失去地下水源的涵养会逐步退化。榆林地区煤炭资源的一大优势在于煤层埋藏浅，开采相对容易，但这一优势对生态环境却存在隐患。由于资源开发会破坏地表植被，加重水土流失，加之榆林地区本就属于沙漠、草原的过渡地带，资源开发过程中，矿井、油气井、道路修建、管线铺设等大面积的破坏地表形态和植被，导致区域内频频发生沙尘、山体滑坡、崩塌、泥石流等自然地质灾害，而且，由于煤炭资源开发而形成的采矿塌陷区面积与日俱增。

近年来，国际、国内市场对煤炭、石油等能源资源的需求一直处在高水平，且能源类产品的价格也大幅上涨。在这一背景下，榆林市受到能源化工产业的拉动，经济快速增长。但 GDP 总量的增长并不意味着经济发展质量和经济效益的提高，资源浪费、环境污染等问题使榆林成为全国污染和生态环境破坏最为严重的地区之一，制约榆林市经济、社会的可持续发展。

## 7.3 榆林市经济转型对策

对于资源型城市而言，要实现良性的经济运行状态必然面临转型的要求，这不仅仅是因为自然资源储量有限而要求被动地做出改变，更主要的是因为资源型地区特定的要素流动机制，会让地区经济走出一条趋于僵化的经济发展路径。榆林市也是一样。虽然能源、矿产资源富集，但毕竟是不可再生资源，不断开采最终必然会面临资源枯竭的一天。资源产业目前正处在成长期，使榆林市经济在当前能够呈现相对快速的经济增长态势，但是榆林市已经出现由于资源产业的要素吸纳机制而形成的经济结构严重失衡的问题。如果不加以校正，在资源可开采储量下降、资源产业进入成熟、衰退期后，榆林市也必然面临严重的被动转型问题。因此，现在需要抓住榆林市资源产业正处在成长期的良好时机，对经济发展路径进行调整和校正，避免付出更大的转型代价。

根据榆林市当前探明的煤炭储量，煤炭相关产业还有 10 年左右的黄金发展期，如果仍然延续目前粗放的经济增长模式，榆林市可能会最终失去经济高速发展的条件，因此必须提早对经济转型做出规划，摆脱对资源的依赖，制定科学、合理的转型思路和转型路径，才能不断提高竞争力，实现经济的良性运行和可持续发展（见表 7 -5）。

表 7 – 5　　不同情境下榆林市煤炭资源开采年限（自 2010 年）

| 煤炭产量（以 2009 年为基数） | 煤炭回采率 | | |
|---|---|---|---|
| | 现实情景 | 较好情景 | 理想情景 |
| | 30% | 60% | 80% |
| 年均增长 10% | 37 | 45 | 48 |
| 至 2030 年均增长 10%，2030 年后产量保持稳定 | 64 | 119 | 154 |
| 至 2020 年均增长 10%，2020 年后产量保持稳定 | 143 | 284 | 377 |

## 7.3.1　榆林市经济转型发展的思路

资源型经济转型是一项复杂的系统工程。榆林市的资源产业正处于高速成长期，提早进行转型规划可以更好地利用现有条件调整资本投向和产业布局，为转型发展积累物质资本和人力资本，大大降低转型的难度和成本。

榆林市推进经济转型必须充分利用当前的优势条件和机会，明确转型的思路，营造和利用适当的条件，在一个整体框架下规范经济发展的路径，推进经济转型的全面进行，构建地区竞争优势，最终实现经济、社会的可持续发展。

### 1. 转型的机遇和优势

从外部环境和条件来看，榆林市的发展面临着很多机遇。主要表现在：

第一，能源化工基地建设确保榆林在陕西省和国家的战略地位。

榆林市是陕北能源基地的重要组成部分，陕西省提出全力支持榆林市建设“国内一流、国际知名”的能源化工产业重点发展区、经济快速发展和政府高效服务的试验区、资源综合开发和生态环境良性互动的示范区、城乡统筹和强市富民的先行地区，使榆林市成为全省发展的重要一极。国家发布的煤炭产业相关政策，也提出陕北能源基地要走资源深加工发展、提高附加值的发展之路。国家级能源化工基地的建设，为确定榆林在产业链中的战略地位奠定了坚实基础。

第二，能源化工产品需求增长空间仍然较大。

目前我国的城市化进程不断向前推进，据国务院发展研究中心的预测，到 2020 年，城镇化率将达到 56% 左右，城镇总人口将达到 8 亿左右，而我国原煤占一次能源的比重超过 70%，对煤的依赖远大于世界其他国家，未来一段时间对煤炭等能源产品的需求会保持在较高水平上。我国的工业化建设也处在关键时期，在化工产品方面，国内目前乙烯、丙烯、合纤原料、精细化工产品的市场满足率较低，且仍保持着较高的增长率。工业化和城市化对能源、化工产品的较高要求，奠定了榆林市在我国未来能源化工产业发展总体格局中无可替代的战略地位。

第三，承接全球产业转移。

在经济全球化过程中，各国之间产业和技术竞争、产业和技术转移均呈现出新的特点。随着通信技术的发展，信息传输、生产链的指挥协调和物流不断优化，很多产业链的高端环节也在向发展中国家转移。特别是金融危机之后，发达国家部分高端产业或高端环节受到危机冲击，为发展中国家承接高端产业转移、参与国际产业高端分工提供了机会。一些发展中国家有的没有资源储备，有的虽然有资源储备但是缺少加工能力，有的有加工能力但是规模经济不突出、成本高，竞争力不强，榆林市资源丰富，如果能够不断提高技术水平和创新能力，完全有可能成为石油化工、天然气化工、煤化工、盐化工等行业的重要投资地。

从短期看，能源化工产业的发展能够为榆林积累大量的资金收益，这部分收益如果能够转化成物质资本，并吸引培育人力资本，必然能对榆林市经济转型奠定坚实基础。而且榆林市除了矿产资源、能源储量丰富、品质优异、能源化工产业具有产业基础外，仍存在自身的突出优势，如光照、风力和土地等清洁可再生能源发展的基础条件好、潜力大，具有新能源产业发展潜力；地理和气候条件独特，光照充足，农林牧业资源特色明显，可以发展特色农业及农产品深加工产业等。此外，技术上的后发优势、基础设施条件的日益改善，都成为榆林市经济转型的优势所在。

**2. 转型思路**

资源型地区转型的目标是要避免地区经济走上一条衰退路径：资源禀赋——资源财富、经济繁荣——资源枯竭、经济衰退，根据地区经济不同时期的特点，塑造不同阶段的发展动力，由资源要素驱动逐步向投资驱动、创新驱动推进，实现自身的资本形成能力，夯实地区竞争优势，进而实现经济的持续繁荣。榆林市经济转型要立足自身特点，在不同时期分阶段、按照不同战略重点加以推进实施。

第一，转型的短期阶段——投资驱动

从目前情况看，榆林市煤炭、石油、天然气储量非常丰富，且品质优异，这些天赋条件已经为榆林经济起步设定了初始动力。现今能源化工产业已经是榆林市的绝对主导产业和支柱产业，其地位在短期内不可动摇。因此，榆林市经济转型的短期目标，在于充分利用本地的资源优势，规范资源收益，优化要素配置机制，引导投资加大资本积累和优化利用。通过优化产业体系，建设合理的产业结构、产业组织和产业布局，将资源收益转化为可递进的资本形成能力，塑造地区经济的投资驱动力。在这一阶段的转型调整中，要逐渐淡化依靠政府大型项目主导的项目建设投资的模式，逐渐依靠企业、民间资本的自主投资构造资本形成能力，渐进的为非资源产业注入资本。

在转型的短期阶段，榆林市不可避免地仍然要借助成长期的资源产业。随着资源产业不断成长、成熟，榆林市必须考虑与周边地区的协调发展问题，避免因产业结构趋同而造成恶性竞争，损害各地区的长期利益。

第二，转型的中期阶段——创新驱动

资源型地区经济发展的一个客观限制就是资源的可开采储量，如果能够突破本地资源储量约束，利用不断深化的资源产业加工能力和技术水平，配合物质资本和人力资本，就可以避免因本地资源枯竭而走向衰退。在这个阶段，榆林市应根据所处的地域特点，与区域周边城市分工协调，积极利用外部资源，建设资源产业集群，加强配套产业的建设、带动支撑产业的发展，充分发挥资源产业集群的技术外溢效应，吸引和培养人才，提供地区的技术水平和创新能力。同时，通过资源产业集群向相关产业和支撑产业辐射，使支撑产业不断发展壮大，为非资源产业发展提供环境支持。

经过这一阶段的转型路径后，榆林市可以利用作为传统能源中心获得的技术优势，逐步向建设新能源中心过渡，此时地区经济发展的动力不再是资源和物质资本大力投入带来的拉动作用，而是依靠技术水平和区域创新能力形成的内生发展动力。

第三，转型的长期阶段——财富驱动

转型的最终目标，是将榆林市建设成为经济支撑体系完善、具有创新能力和可持续发展能力的区域中心城市。此时经济发展依靠的是经过前期建设、积累所形成的良好的市场条件、金融环境、技术能力、人力资本和交通运输条件、基础设施等经济软实力，从而摆脱资源束缚，具有自我演进、递进发展的能力，实现经济、社会的可持续发展。

### 3. 转型框架

基于榆林市的现有条件和优势，其经济转型路径的基本框架如下（见图 7－23）：

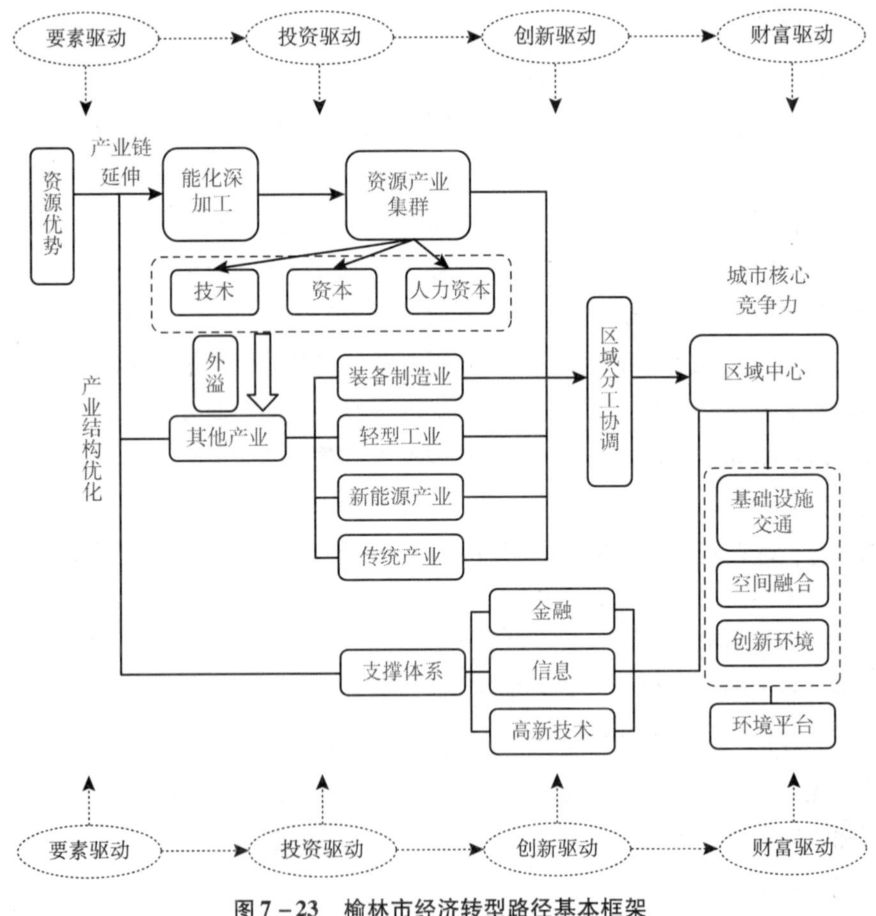


图 7－23　榆林市经济转型路径基本框架

榆林市目前的经济结构是典型的资源型经济，要实现转型必须以能源资源作依托，在现有煤炭、能源和煤化工产业的基础上，利用能源化工产业的黄金机遇期，提升技术、人才、创新等方面的综合竞争力，把优势资源、资源收益转化为可递进的资本形成能力，在相关的较宽范围内培育新的经济增长极，调整地区的经济优势和战略优势。通过优化产业体系，参与区域产业分工、建设区域中心城市，逐步递进塑造城市核心竞争力，实现榆林市的可持续发展。

### 7.3.2　优化产业体系

产业结构严重单一化、刚性化、重型化，以及产业组织、产业布局不合理，是当前榆林市面临的主要问题，也是榆林市经济发展模式必须实施转型的原因。针对现存的问题和优势条件，榆林市经济转型的首要步骤就是尽快实现产业体系优化。

**1. 促进产业结构合理化、高级化、多元化**

榆林市目前产业结构严重失衡，在整个经济中第二产业占有很大比重，第一、第三产业比重较小、发展滞后，而且第二产业内部也是重化工业占绝对比重，产品附加值低。因此，榆林市产业结构调整要实现一、二、三产业协调发展，工业化内部重型工业与轻型工业并举。具体措施有：

第一，延伸能源化工产业链，提高产品附加值。

目前我国工业化进程加快，能源化工深加工产品的市场需求很大，榆林市应以建设国家能源基地为契机，进一步依靠科技进步，贯彻榆林市提出的“煤向电转化、煤电向材料工业品转化和煤油气盐向化工产品转化”来延伸能源化工产业链条，积极发展精细化工产业，通过高附加值化工产品占领产业链高端市场。

第二，以能源化工产业促进装备制造业发展。

在我国西部大开发的总体目标中，提出要将西部建设成国家重要的能源基地、资源深加工基地、装备制造业基地和战略性新兴产业基地。榆林市应依靠科技进步，走新型工业化道路，以建设新型国家能源基地为契机，带动装备制造业的发展。与能源化工工业配套的装备制造业是建设国家能源化工基地的重要组成部分，也是参与周边区域产业协作和竞争的重要力量。

第三，调整工业内部结构，发展轻型工业。

榆林市工业内部结构需要从原来的重型化，转向重工业、轻工业协调发展。结合当前能源化工产业占主体的产业现状，榆林市应大力发展环保产业，加强对工业废弃物和城市生活垃圾的处理。以环保产业促进高新技术产业的发展，改进传统技术，研制开发与利用环保技术、节能技术、新材料技术、生物技术等新技术，建立清洁、环保、生态、可持续发展的“绿色”工业技术体系。

此外，发展循环经济也是榆林市在推进产业体系优化过程中的重要一环。循环经济模式可以通过“资源化、减量化、再利用”实现资源节约和对资源高效利用，不仅能够保护环境，还能够解决就业，为地区经济带来新的增长点。榆林市已建成多个能源化工产业园区，在此基础上可以通过提供良好的政策诱导，促进建立企业内部的循环经济生产模式，以及产业园区内企业间的循环经济网络，优化工业体系，实现环境友好的经济增长模式。

第四，积极发展新能源产业。

传统的矿石能源面临资源耗竭问题，我国目前过度依赖不可再生资源的发展方式必然要逐步作出调整，可替代的新能源产业便成为我国的战略性新兴产业。榆林市地理条件决定了其新能源产业的资源条件比较好。榆林市有良好的风能资源和光照条件，而且土地资源充足，可用于风力和太阳能发电的土地资源优势非常突出。榆林市积极发展新能源产业可以推动工业转型升级，突破未来不可再生能源储量减少带来的可持续发展瓶颈。

榆林市现已规划利用风能、太阳能发展新能源产业，今后发展的重点在于，积极利用传统能源化工产业的人才培养机制和技术创新路径，培养新能源产业高级人才，自主研发核心技术、突破技术瓶颈。同时，利用装备制造业的发展，研发、生产配套设备及零部件，形成以新能源产业延续传统能源化工产业优势、新能源产业与装备制造业互动促进的产业结构。

第五，努力建设经济转型的支撑体系，鼓励第三产业发展。

第三产业是吸收就业的重要途径，更是支撑经济转型的主要力量。完善的金融、物流、信息和文化环境是地区产业体系优化的必要支撑。榆林市应以商贸服务业和物流运输促进区域合作和第三产业的发展。加快发展以能源化工产品物流为主，购物、餐饮等为辅的传统商贸服务业，大力发展以金融、信息、文化、旅游等为主的现代服务业，将榆林市建设成重要区域商贸服务中心、金融中心、物流中心和文化中心，推进地区产业结构向高级化发展。

第六，发掘传统产业潜力，推进现代化农业。

在大力发展能源化工产业之前，纺织、轻工、服装、食品、医药等传统产业曾为榆林市奠定了工业经济的发展基础。随着建设国家级能源工业基地，能源化工产业吸收了大量资本，这类传统产业逐渐被挤出。传统产业可以充分利用榆林市的畜牧林业等可再生资源，对环境污染少，又大多是劳动密集型产业，能够创造更多的就业机会。能源化工产业越发展，对传统产业的重视就越显得重要。

榆林市要实现产业结构协调发展，需要充分重视这类传统产业，为振兴传统产业创造良好的发展环境，鼓励民营资本投资传统产业，并提供有利的政策和优质的服务扶植这类企业，以新技术改造、复兴传统产业。

榆林市农业人口多，但农业发展水平低。产业结构优化升级，同样需要对传统农业加以改造。榆林市应根据自身地理、农业资源、经济条件，积极开发农业资源优势，规划、发展现代化农业，建设东南方向特色农业经济产业带和西北方向草牧经济产业带，通过现代化农业提高县域经济实力，缩小地方发展差距。

### 2. 调整投资结构，优化产业组织

从榆林市现实情况看，产业体系优化的背后其实是投资结构的优化。为了配合国家能源基地建设的需要，榆林市目前很多投资是由国家大型项目推动、大型企业实施的，正是这种模式直接导致榆林市现有产业结构重型化。

要实现产业体系优化，改变重工业、轻工业严重失衡的现象，榆林市需要大力发展地方工业，要由国家推动、国家企业主导的重工业化快速转向由地方政府推动、非国有企业和民营经济主导的轻型工业化。非国有企业和民营经济更适合市场经济的要求，这类企业占地区产业组织结构的主体，可以增强地区经济的竞争性和效率性，可以避免大企业带来的效率损失。而且，

地方工业与榆林市区域经济特别是县域经济的黏合度高，可以吸纳更多的农村剩余劳动力，可以增强区域经济的自组织能力，特别是可以大大激发县域经济的活力。榆林市应提供良好的制度环境，积极引导资金流动，创造投资条件，调整投资主体和投资结构，调动民营资本参与本地经济建设。

**3. 调整产业空间布局，促进地区经济协调发展**

产业空间布局失衡，也是榆林市面临的一个重要问题。榆林市南北经济发展差距大，原因在于北部地区经过近年能源化工产业的带动，走上技术升级和产业扩张的道路，而南部地区仍然缺乏主导产业，经济主体仍然是自然经济，城镇经济主要是一些规模小而且分散的工业、商业、服务业，资本严重不足，缺乏真正拉动县域经济的优势产业和企业。受资金、技术人才等方面的制约，产业成长乏力，生产规模不大，市场竞争力不强。

缩小南北经济差距，可以借助榆林市产业结构优化升级实现。榆林市实现经济转型发展要大力发展轻型工业和传统工业，这为南部经济提供了契机。南部六县可以借助南北势差，利用北部县区在产业扩张过程中的产业转移行为，积极吸收配套产业的相关企业，借助北六县的经济发展势头实现增长。同时积极发展特色产业、传统产业和现代农业，扶持龙头企业带动地区经济发展。

经济发展需要良好的经济社会环境，南六县目前面临的既有资金不足的困扰，也有资金分散、利用效率低和引资难的问题。榆林市应加大对南六县的扶持，积极为南部地区建设开放、竞争、协作的经济社会环境，通过改善软、硬环境积极引导资金流入，促进资本形成。

### 7.3.3 参与区域产业分工

目前，榆林与晋、陕、蒙、甘、宁五省的相邻城市在产业发展上有一个明显的共同特征，就是选择主导产业基本是依赖自然资源开发。以与榆林接壤或相邻的 10 座城市（鄂尔多斯、包头、延安、银川、大同、朔州、太原、忻州、吕梁和庆阳）为例，由于自然资源禀赋的相似性，这些城市都选择煤炭、油气、电力、化工、建材等资源采掘及加工业作为发展经济的主导产业（见表 7－6）。榆林市与这 10 座城市的比较可以看出，总量上看，榆林市位于第三位，位于鄂尔多斯和包头之后，与周边地区相比处于较有利地位。从三次产业结构上比较，榆林市第二产业明显偏高，由于鄂尔多斯、包头有绒纺、纺织、乳业等轻型工业或现代化农业，在三次产业结构上要好于榆林市。作为省会城市的太原三次产业结构的比例业相对合理。

表 7－6　　2013 年榆林与周边 10 市地区产业状况比较

| 城市 | GDP（亿元） | 人均 GDP（元） | GDP 增速 | 三次产业比重 | 主导产业 |
|---|---|---|---|---|---|
| 榆林 | 2846.75 | 84634 | 8.80% | 4.9:69.8:25.3 | 煤炭、油气、化工、电力 |
| 包头 | 3503 | 127434 | 9.3% | 2.9:51.6:45.5 | 煤炭、钢铁、乳业、电力、化工 |
| 鄂尔多斯 | 3955.9 | 197381 | 9.60% | 2.5:59.9:37.6 | 煤炭、电力、绒纺、化工、建材 |
| 延安 | 1354.14 | 61493 | 6.50% | 7.9:72.2:19.8 | 煤炭、油气、卷烟、电力 |
| 银川 | 1273.49 | 61684 | 10.00% | 4.4:54.0:41.6 | 养殖、产品加工 |
| 大同 | 967.5 | 28744 | 8.30% | 5.7:47.1:47.2 | 煤炭、电力、化工 |
| 朔州 | 1026.4 | 59003 | 9.00% | 6.0:56.0:38.0 | 煤炭、电力 |
| 太原 | 2412.87 | 56547 | 8.10% | 1.6:43.6:54.8 | 煤化工、重型机械制造、金属冶炼 |
| 忻州 | 654.7 | 21074 | 9.00% | 9.7:50:40.3 | 煤炭、电力、化工 |
| 吕梁 | 1228.6 | 21075 | 9.50% | 5.3:70.5:24.2 | 煤炭、化工、新型材料 |
| 庆阳 | 606.07 | 21076 | 14.50% | 13.2:62.4:24.4 | 煤炭、石油农牧产品加工 |

资料来源：2013 年各市国民经济与社会统计公报。

根据榆林及周边城市的发展规划显示，这些城市的产业规划逐步趋同，榆林市与山西、陕西、内蒙古、甘肃、宁夏五省相邻城市的产业竞争问题日益显现。在这种态势下，榆林市的未来发展必须考虑到避免与周边城市产业同构而形成的恶性竞争，更要避免产业内容的低水平重复。优化产业体系是榆林市转型过程中必须要完成的任务，在调整过程中，榆林市要结合区域内其他城市的发展现状，积极参与到区域产业分工中，才能获得健康、持续的经济发展。

第一，建设能源化工产业集群。

周边城市产业规划趋同也可以为榆林市带来发展机遇，榆林市想要获得持续的发展动力，必须在区域分工中找到合适的落脚点。周边城市规划的主导产业主要集中于煤炭、煤化工、油气、化工等行业，榆林市作为国家能源化工建设基地，近年获得了较快的发展，接下来的发展方向就是要利用已有的能源化工产业基础和工业园区基础，建设能源化工产业集群。

榆林市现已建设了 8 个开发区，见表 7 – 7。主要功能集中于煤化工、石油天然气加工转化、煤电等产业，借助建设国家级能源化工基地的契机，榆林市应不断增强在各开发区内和各开发区之间的行业及其下属的企业之间在知识、技术、设备、产品等方面的相互关联，提升榆林市能源化工产业的优势。通过建设能源化工产业集群，凭借其相对高效的加工转化能力参与区域产业链的高端分工。

**表 7 – 7　　榆林市开发区建设情况**

| 开发区 | 主要功能 |
| --- | --- |
| 榆林高新技术产业园区 | 以现代工业为主的多功能、外向型的综合型园区，形成以能源化工、装备制造、新能源为主导的特色能化产业体系，成为榆林建设国家级能源化工基地的核心区和榆林区域中心城市建设的重要承载区。 |
| 神府经济开发区 | 属国家级陕北能源化工基地的核心组成部分。 |
| 榆神煤化工区 | 以煤为原料，建设大型甲醇装置、甲醇制烯烃（MTO/MTP）装置和聚烯烃装置、煤制油装置，实现煤化工向石油化工领域的转化。 |
| 榆横煤化工业园 | 由煤液化区、化工园区组成，以就地煤炭为原料，采用先进的煤液化制油工艺和合成油工艺，生产车用燃料油及石化产品。 |
| 定靖油气产能区 | 重点考虑石油、天然气产能建设。建成了亚洲最大的天然气净化厂，靖边已成为“西气东输”的中心枢纽。 |
| 绥米佳盐化工区 | 重点发展氯碱和纯碱产业，形成烧碱、纯碱、聚氯乙烯及塑料加工产业链。 |
| 吴堡煤焦化工业区 | 拟分为煤 – 电联合生产区和焦化联合生产区两部分。 |
| 府谷煤电载能工业区 | 包括清水川、黄甫川、郭家湾及庙沟门四个工业集中区。清水川工业集中区为煤电载能及铝合金项目区；黄甫川工业集中区是煤化工区，以煤电、煤化工为主导产业；郭家湾工业集中区为煤电载能；庙沟门工业集中区以煤电、煤化工为主导产业。 |

资料来源；榆林市政府门户网站，http：//www. yl. gov. cn/site/1/html/zjyl/list/list_ 18. htm。

第二，根据周边城市的主导产业发展规划，榆林市装备制造业的发展方向应以能源、化工、电力、新能源、新型材料等行业所需的配套设备和零部件的生产、加工和制造为主，为本市及周边城市的主导产业提供技术和设备支持，积极利用周边地区主导产业的发展，带动本地装备制造业的进步和升级，及时掌握市场需求，形成区域内能源、化工、电力等产业和本地装备制造业相互促进的良性局面。

第三，利用建设国家级能源化工产业基地的优势，不断提升本地能源化工产业的技术水平，向周边地区输出能源、化工、油气等产业的先进技术，逐步形成区域的技术中心，参与到区域经济系统中。

第四，利用榆林市的能源化工产业集群建设人才培养机制，通过人力资本积累，加强本地的技术实力和研发创新能力，通过向外输送人才参与地区经济合作。

榆林市在经济转型过程中积极参与区域产业分工与协调，走区域开放和区级合作之路，不仅可以避免产业结构趋同带来的对资源、市场的争夺，避免恶性竞争，实现区域内各城市的双赢乃至多赢，还可以为榆林产业升级和要素的优化组合提供内外动力，为转型的长期目标——建设区域中心城市打下坚实基础。

### 7.3.4　建设区域中心城市

“区域中心城市”是指在一个相对较大区域内具有带动力和辐射力的综合性城市，往往是区域的经济中心、商业中心，合作中心、文化中心和交通通讯中心等。榆林市东隔黄河与山西相望，西与宁夏、甘肃为邻，南接延安，北靠内蒙古的鄂尔多斯，是陕西与山西、内蒙古、甘肃、宁夏等省的连接之处。在我国规划建设的 32 个城市群中，榆林处在呼包鄂城市群、银川城市群、太原城市群和关中城市群四个正在建设城市群的环绕包围之中。从区域分工和综合地理位置角度考虑，根据榆林的经济发展速度和周边城市的经济总量等条件，榆林市长期的发展可以定位为建设“晋陕蒙甘宁（接壤区）区域中心城市”，提升其城市竞争力。凭借其独特的地理位置优势，榆林可以立足于发展成为区域城市群中重要的节点城市，结合区域内其他城市的发展现状，积极参与到区域产业分工中，利用现有的产业集聚和技术优势，参与高端产业链分工。

### 1. 榆林市建设成区域中心城市的政策条件

晋陕蒙甘宁交界处的能源经济区是向首都经济区和环渤海经济区输送能源和原材料的能源战略基地，而且可以视为首都经济区的生态屏障。在我国西部大开发的总体目标中，提出将西部建设成国家重要的能源基地、资源深加工基地、装备制造业基地和战略性新兴产业基地。这一政策必然会大大推动晋陕蒙甘宁交界处能源经济区能源化工、装备制造等产业的高速发展。榆林市正处晋陕蒙甘宁交界处的能源经济区的中心，是重点建设的国家级能源基地。此外，榆林市也是国家城镇体系发展战略“青银（青岛—济南—太原—榆林市—银川）联系大通道”上的重要节点城市。榆林市可以积极利用这些国家政策和规划，力争在参与区域经济合作的过程中占据主导地位。

### 2. 榆林市建设成区域中心城市的区位条件

从地理上看，选取与榆林市接壤或临近的10个城市进行分析，分别为：鄂尔多斯、包头、延安、银川、大同、朔州、太原、忻州、吕梁和庆阳。榆林市与这10个城市在地理位置、地缘关系、自然条件、环境气候、资源禀赋、历史文化以及社会习俗等方面均有一定的相似性。通过榆林市与其他10市的整体和对比分析，可以发现将榆林市建设成区域中心具有良好的基础条件。

第一，区域内人口数量多，市场总量规模较大。

区域性中心城市的一个重要特征是人口的高度聚集。2013年，榆林市与周边10市的常住总人口达3096.93万[①]。巨大的人口总量为榆林市成为重要的人口聚集中心创造了可能。人口相对集中意味着市场潜力巨大，为榆林市今后发展成为区域性中心城市提供广阔的市场空间。

第二，榆林及周边地区经济总量较大，且榆林市增长速度较快。

2013年榆林市与周边10市的地区生产总值之和为19829.42亿元，总量颇为可观。且这11市的经济增长速度都很快，除延安（6.5%）外均高于当年全国平均水平（7.7%）（见图7－24和图7－25）。榆林市在总量和增速上都位于前列，表现突出。这些都为榆林市建设区域性中心城市提供了

① 数据来源：根据各市《2013年国民经济与社会发展统计公报》相关数据汇总而得。

强大支撑。

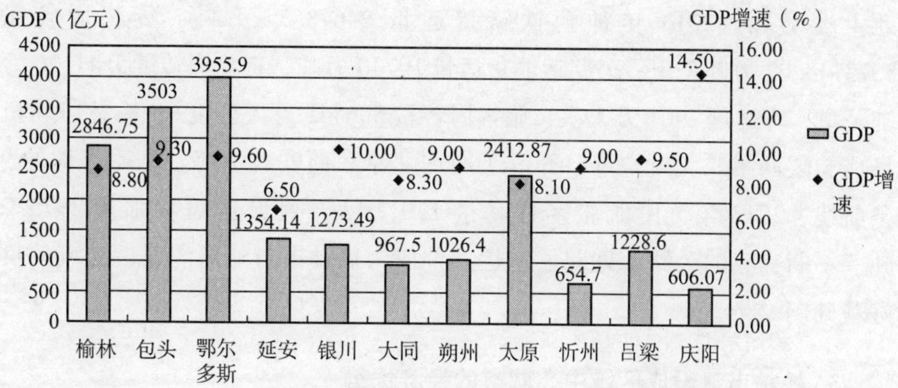


**图 7－24　2013 年榆林及周边 10 市 GDP 及 GDP 增速**

资料来源：2013 年各市国民经济与社会发展统计公报。

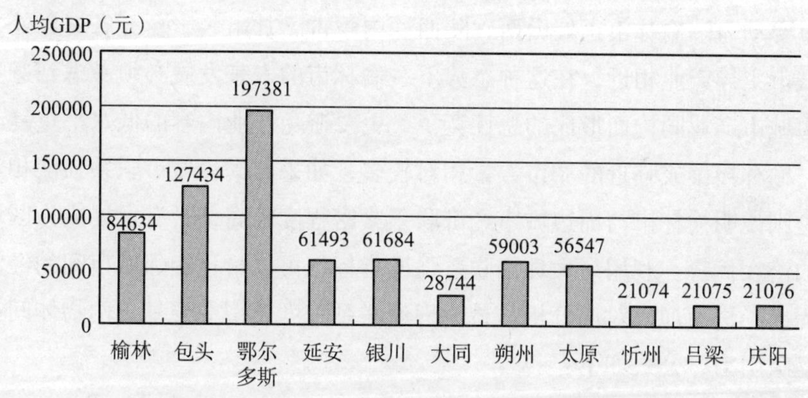


**图 7－25　2013 年榆林及周边 10 市人均 GDP**

资料来源：2013 年各市国民经济与社会发展统计公报。

第三，基础设施条件日益改善。

围绕能源化工基地建设，榆林市不断改善交通、通信等基础设施条件。2011 年全市公路总里程 28258 公里，公路密度达 64.30 公里/百平方公里①。高速公路总里程居全省首位，榆－靖高速公路、包神二级公路、榆－补公路

① 数据来源：《2011 年榆林市国民经济与社会发展统计公报》。

和长庆路等在榆林市境内交错成网；经过榆林的铁路有包头至神木、神木至朔州和神木至延安三条，铁路总里程达到776公里①，连接了陕北地区南、北主要城市。2013年神朔铁路货运量24678.35万吨，货物周转量5073143.04万吨公里；公路运输货运量10740万吨，货物周转量5541126万吨公里，客运量7901万人次，旅客周转量506441万人公里②；榆林市新机场成为陕西第二大航空港，开辟了通往北京、西安、上海、昆明等地的9条航线，2013年，民航旅客吞吐量120万人，民航运输货邮量2875.2吨。不断完善的公路、铁路、航运条件成为榆林市与外部沟通、交流的良好基础。

### 3. 榆林市建设成区域中心城市的经济优势

城市群、大中小城市与小城镇协调发展，是新型城镇化的重要特征之一。参与区域合作是资源型地区经济转型的必由之路，也是推进新型城镇化的重要动力。榆林市正处山西、陕西、内蒙古、甘肃、宁夏五省交界处，周边城市主导产业相近，在这种态势下，榆林市的未来发展必须考虑到避免与周边城市产业同构而形成的恶性竞争，更要避免产业内容的低水平重复。

榆林接壤或临近的城市数量相对较多，如果与周边城市联系强度相对较大，则说明榆林市与周边城市经济联系紧密程度较高，具有发展成为区域中心的潜在优势。利用最大理论联系强度指标，可以量化相邻城市间的经济联系程度，进而加以对比分析。最大理论联系程度模型主要基于两物体间存在相互吸引力，公式如下：

$$R_{ij} = \sqrt{P_i V_i} \times \sqrt{P_j V_j} \div D_{ij}^2$$

其中：$R_{ij}$为两城市间最大联系强度；$P_i$，$P_j$分别为$i$，$j$两城市人口数；$V_i$，$V_j$分别为$i$，$j$两城市的地区生产总值；$D_{ij}$为$i$，$j$两城市间的距离。

据此得出的城市间理论联系强度不进行绝对联系强度计算，忽略中介机会和接受程度等因素的干扰影响，是反映联系强度的相对指标。榆林周边城市间经济相互作用强度体现了各城市在交界地区中的地位和作用，而城市间

① 数据来源：榆林市政府门户网站，http：//www. yl. gov. cn/site/1/html/zjyl/list/list_ 18. htm。

② 数据来源：《2013年榆林市国民经济与社会发展统计公报》。

相互作用的复杂性和相互联系的紧密性程度又可从城市间相互作用的数据空间分析中得到反映。

表 7－8 列出了利用最大联系强度量化的榆林周边城市间理论联系强度。从联系强度总值上看，榆林市在 11 座城市中，位列第四，但比较城市之间的联系强度值可以发现，在强度总值高于榆林市的几个城市中：联系强度总值最高的太原市（122.80）是与本省城市联系值很高（主要高在距离很近的忻州（70.27）和吕梁（20.71）），而其他省份的城市联系强度则较弱，而忻州的联系强度总值高（93.40）则完全是因为与太原市距离近而呈现的与太原市之间的高联系度（70.27）；鄂尔多斯的联系强度总值（95.61）虽高于榆林市（80.86），但 10 城市指标中，只有与处在同省份的包头和大同、朔州、忻州这四个城市的联系强度高于榆林，其他城市均为与榆林市的联系强度较高。从理论联系程度总体上来看，无论是同省还是非同省，榆林市与周边 10 城市的理论联系度均较高，基本都排在前列，相对优于其他城市。

**表 7－8　　2013 年榆林市与周边 10 市经济联系强度**

| | 榆林 | 包头 | 鄂尔多斯 | 延安 | 银川 | 大同 | 朔州 | 太原 | 忻州 | 吕梁 | 庆阳 | 联系强度总值 |
|---|---|---|---|---|---|---|---|---|---|---|---|---|
| 榆林 | － | 10.43 | 33.34 | 7.19 | 3.14 | 1.24 | 1.12 | 6.51 | 1.94 | 14.88 | 1.07 | 80.86 |
| 包头 | | － | 40.69 | 1.64 | 1.94 | 2.78 | 1.24 | 2.16 | 0.86 | 2.74 | 0.49 | 64.99 |
| 鄂尔多斯 | | | － | 2.75 | 2.37 | 2.99 | 3.27 | 2.99 | 2.15 | 4.43 | 0.61 | 95.61 |
| 延安 | | | | － | 1.53 | 0.43 | 0.52 | 1.71 | 0.58 | 2.47 | 2.03 | 20.86 |
| 银川 | | | | | － | 0.32 | 0.26 | 1.05 | 0.37 | 1.28 | 1.08 | 13.33 |
| 大同 | | | | | | － | 13.46 | 7.46 | 3.62 | 5.23 | 0.15 | 37.69 |
| 朔州 | | | | | | | － | 9.47 | 9.09 | 1.81 | 0.13 | 40.38 |
| 太原 | | | | | | | | － | 70.27 | 20.71 | 0.47 | 122.80 |
| 忻州 | | | | | | | | | － | 4.36 | 0.17 | 93.40 |
| 吕梁 | | | | | | | | | | － | 0.51 | 58.42 |
| 庆阳 | | | | | | | | | | | － | 6.70 |

可见，榆林市在与周边其他城市的联系上优势更为明显，表明其完全有条件、有潜力发展成为区域中心城市、相邻城市群中的重要节点城市。

**4. 建设区域中心城市的措施**

第一，提升榆林市城市竞争力。

城市竞争力是城市在其所在区域内进行资源优化配置的能力，体现在城市能够更好地实现对物质资本、人力资本等生产要素的聚集和整合，并能够促进城市所在区域经济、社会的整体发展。城市竞争力的实现是源自于城市的经济结构、价值观念、社会事务、文化水平、制度政策等多个因素，是这些因素综合作用的结果。提升城市竞争力，一是要提升城市承载能力、提高市场化水平、健全城市管理体制、完善城市公共服务。二是要提升城市辐射能力，在产业关联、经济交流、金融服务、人才培养方面发挥对其他城市的带动作用。为此，榆林市应该重点打造能源产品研发交易中心、现代物流中心、商贸旅游集散中心、能源金融中心、职业培训和专业人才中心、农产品交易中心等，发挥区域中心城市的集聚效应、扩散效应和辐射效应。

第二，结合区域产业分工，建设城市核心竞争力。

为了能够稳固榆林市区域中心城市的地位，榆林市还需要注重城市核心竞争力的建设。城市核心竞争力①，主要是指城市所特有的、在资源利用、产业发展、城市管理等方面与其他城市相比具有较大的竞争优势，在短时间内不易被其他城市所超越的能力与素质（袁国敏，2005）。城市核心竞争力具有独特性、长远性和持续性，具有充分的经济和市场价值。结合榆林市区域产业分工，核心竞争力建设主要是在能源、精细化工产品方面的技术能力和研发创新能力，在于培育有竞争能力、学习能力和创新能力的现代化企业。

第三，搭建区域合作平台。

区域中心城市的主要作用，在于与周边城市间的沟通和合作，为此，榆林市应积极制定促进区域间合作的政策，搭建有利于区域合作的环境和平台：（1）积极争取国家政策，制定相关政策建立省际协调机制，消除地市之间的市场壁垒，构建统一市场，促进生产要素在区内流动，推动优势资源互补，优化资源配置，推进区域经济一体化。（2）加强信息化建设，建设服务于区域合作与协调的门户网站，建立城市数据中心，构建基于网络的区

① 城市核心竞争力与城市竞争力的区别在于：城市竞争力主要是指城市聚集、利用各种生产要素能力和创造财富以及促进城市所在区域发展的能力，是竞争力各方面的综合体现，强调的是与其他城市间综合的横向比较。城市核心竞争力是强调一个城市在产业、资源等某一个或某几个占优势的方面。城市核心竞争力的重心在于城市自身独特的优势要素，横向相对于竞争对手，而纵向相对于城市自身能力的发展。

域合作平台；建设全面的电子商务信息网络系统，实现商贸交易、市场信息、网络沟通与合作、资金系统化交换。（3）建设为地区经济统一市场服务的金融机构，建设区域性能源金融中心，大力促进区域资源、资本以及国内外金融资源的整合，实现产业资本与金融资本不断优化聚合。（4）设立企业事务服务机构，为民营资本和中小企业服务，积极发展第三产业，支撑区域要素流动。（5）建设综合物流基地，创建物流业政策平台，实施一些优于其他城市和地区的优惠政策。

第四，进一步改善基础设施。

加强与周边城市的交流和合作，需要良好的基础设施做保障。近年在国家西部大开发战略的影响下，榆林市及周边城市的道路、交通、通信等基础设施都有了飞跃性的改进。要建设以榆林市为中心的区域经济圈，还要进一步提升榆林市与其他城市，以及区域内各城市之间的交通、通信等基础设施。这些需要在多城市及省和国家的协调、支持下完成。通过健全城市管理体制、提高公共服务水平，在人才培养、信息提供、金融服务、物流等多领域发挥对经济要素的集聚、扩散和辐射效应，通过参与区域分工实现经济结构多元化，摆脱对资源产业的过度依赖。

## 7.4　推进榆林市经济转型的政策支持与配套措施

### 7.4.1　加快民营经济发展

民营经济在榆林市推进产业体系优化升级和资本形成过程中有重要作用，但现实中，民营经济已经成为榆林市经济转型的一块短板。民营经济发展滞后的原因与榆林市原有的发展路径直接相关：一是，榆林市初期的发展思路是以经济快速增长为核心，利用丰富而廉价的矿产资源发展大型资源开发项目，产业发展基本上以大型重化工业为主线，但能够进行大量资金投入和资源开发的企业只能是中央及省属企业，这些企业自成体系，缺乏与本地民营企业的产业配套与连接，导致能源化工产业的快速增长对民营经济未能起到辐射、带动作用；二是，经济本性决定了资本、技术、人才都必然流向利润高的行业和产业，资源部门不仅吸纳了市场“看不见的手”的力量，也吸纳了政府“看得见的手”的力量，传统产业、民营经济没有受到足够的重视，缺乏特色产业培育，无法形成民间龙头企业的支撑，民间资本缺少投入点；三是，由于政策、观念、金融环境等多方面原因，大量的游资和民间资本没有参与到民营经济的发展之中，大量民间资本外流，民营经济的发展受到资本、技术、人才、管理等多方面的制约，严重削弱了榆林市经济发展的能力。

民营经济是市场经济，只要有适宜的土壤，民营经济就会蓬勃发展，而政府的作用在于提供促进民营经济发展的良好环境。

第一，加大支持力度。

在现有的产业发展格局下，榆林市发展特色产业和民营经济还有赖于政府的政策支持。榆林市应在以下方面做出改进：在政策上作出突破，进一步消除制约民营经济发展的政策性障碍，根据政策切实鼓励、支持和引导民营经济的发展；根据本地的市场需求、要素供给、企业结构，提供政策支持和扶持进行发展引导，形成一定数量、具有现实或潜在优势的产业或项目，努力促进民营经济在高新技术、环保技术、与当地物产结合紧密的传统特色轻工业、现代化农业等产业领域的发展，以改变区域经济发展失衡的局面；在信贷、科技、人才等方面为民营经济发展提供政策支持，努力改变民营经济融资困难、科技能力不足以及人才缺乏问题；提高服务水平，加强和改进对民营企业的服务和监管。

第二，扩大投资领域。

榆林市民营经济发展滞后的一个很大原因是民营资本缺少资金投向，对此，榆林市应允许民营经济进入法律法规未禁止的行业和领域，鼓励和支持民营经济参与国有企业改革，吸引民间资本进入金融服务、公用事业、基础设施等领域；大力鼓励民间资本投资于除能源以外的产业，为民间游资寻找产业入口和出口，以改变目前产业体系严重失衡问题和产业效率问题；通过政策积极引导民营企业进入有利于榆林市参与区域产业分工、建设区域中心城市的商贸、金融、物流、高新技术等产业，以社会公开招标等多种形式吸引本地游资，激活民间资本；出台相应政策，鼓励民间资本投资实业，特别是鼓励民间资本到南部进行投资，利用南北方发展势能的落差和产业差异，促进南北地区产业发展的配套和耦合。以民营经济的发展，促进持续的投资和资本形成，带动就业增长、富民工程、地方财政增加、产业体系的调整，区域经济平衡发展。

第三，促进企业聚集。

榆林市能源化工产业有较强的技术和经济实力，建设的 8 个经济开发区主要功能也集中于煤化工、石油天然气加工转化、煤电等产业。榆林市应围绕能源化工产业园区建设，积极吸引民营配套企业入驻，引导企业聚集，充分利用现有主导产业的知识和技术外溢效应，带动民营企业发展，推动民营企业进入大企业的配套产业链条。另外，积极扶持传统产业、现代化农业中的民营龙头企业，引导行业龙头企业带动关联、配套的中小企业，制定地区产业整体发展规划，以技术、品牌、资本、市场网络等为纽带，建设产业分工协作体系，以合理的产业组织促进产业发展。

在这个过程中，榆林市应创新经济开发区建设管理机制，支持建设咨询策划、创业孵化、信息共享等公共服务平台，构筑有利于民营企业集聚发展的空间，引导符合功能定位的民营企业向园区和分工协作体系集聚。

第四，强化金融支持。

榆林市存在资本形成不足和大量游资并存的现象，这种现象的产生原因一方面是缺少好的投资项目，投资渠道受阻，另一方面是金融体系未能发挥有效的资金引导作用和支持作用。榆林市需要在金融、信用担保等方面强化对企业的支持：鼓励金融机构把民营企业作为重要服务对象，开展针对民营企业和中小微企业的金融产品和服务创新，通过建立全面的量化考核机制，为更多符合条件的中小微企业提供信贷服务；推动中小民营企业通过发行债券等形式进行融资，积极引导民间资本投向，支持民间资本参与小额贷款公司、村镇银行等金融服务机构；鼓励区级融资担保机构对中小微民营企业实行优惠担保费率，提高中小企业担保贷款基金规模，加强与金融机构合作，给予贷款贴息，缓解中小企业融资难。

第五，加大财税扶持。

在财政税收扶持方面，榆林市应通过财政税收手段将资源开发利润集中起来，设立产业转型发展基金，为传统产业发展提供经济支撑，向中小民营企业提供专项资金支持，贯彻国家促进民营经济的税收优惠政策，税务部门为符合相关条件的民营企业办理税收减免等手续；设立每年不低于一定规模的非公有制经济发展资金，支持民营企业发展，用于对企业的扶持和奖励，支持企业重组上市、规模化发展、连锁化经营、服务创新、贷款贴息等事项。

另外，吸引和利用外资的能力是一个地区市场化程度的重要反映，通过招商引资能够带来先进的技术和管理经验。榆林市利用外资水平还很低，应完善招商引资政策，通过中介招商、专业化招商等模式，积极吸引外资，努力引进高新技术企业、环保企业、具有带动作用的龙头企业，促进本地区产业体系的优化升级。

### 7.4.2 推进科技创新

无论是参与区域产业分工还是争取建设成为五省交界处的区域中心城市，榆林市都需要强大的科技创新能力和丰厚的人力资本做支撑。目前榆林市产业的科技含量还比较低，远达不到实现转型发展的需要。

榆林市科技水平不高的原因主要在于以下几个方面：一是地方政府科技投入水平较低；二是产业发展失衡抑制了技术水平提高，由于资源储量丰富，大部分资源开发产业仅靠开采和出售资源就可以获取丰厚利益，使技术改造偏重于提高采掘量和降低成本，缺乏技术进步的动力和资金支持，资源产业的繁荣挤出了技术投入；三是地方企业规模较小，力量薄弱，难以吸引人才、实施技术改造，而中央及省属大型企业虽然技术实力较强，但由于科技研发的针对性和保密性，没能推动榆林市当地企业的技术升级，也没能为当地积累大规模的人力资本；四是，科技促进机制不健全，缺乏科研成果市场转化机制，科技投入经费不足，没有建立起政府和社会多元化的投入体系；五是企业科技人员占总科技人员比重较低，科技活动与市场需求脱节，难以实现对生产的促进作用。

科技是第一生产力，也是推动榆林市产业体系优化、争取产业链高端环节分工的重要环节，积极采取措施推进科技创新是榆林市经济转型中十分紧迫的问题。

第一，加大财政的科技投入力度，建立成果转化专项基金，主要用于引导风险投资，为科技型中小企业提供信用担保，支持科技成果转化和产业化项目等。

第二，创建区域科技创新体系。大项目带动和中央及省属大型企业投资在榆林市的经济结构中占有很大比重，地方企业和中小民营企业很难获得技术信息。对此，榆林市应积极建设信息化平台，提供各类政策、项目、技术、人才等相关信息，并为企业研发项目合作、技术交流、科技产品交易提供平台，促进科技产品的研发和技术成果转化，推进技术产品生产的产业化和科技成果转化过程的市场化。设立企业孵化器，为中小型科技企业提供良好的政策环境和发展空间。

第三，建设重点实验室或工程技术中心。榆林市目前设立了 8 个经济开发区，主要功能集中于煤化工、石油天然气加工转化、煤电等产业，榆林市应围绕这类重点产业群的发展需要，推动建立大型的重点实验室或工程技术研发中心，针对重点产业的核心和关键技术进行研究开发、科研成果转化以及对引进技术加以消化吸收等，为榆林市和周边城市的相关产业提供技术服务。

第四，重视保护在科研开发中形成的自主或共有知识产权，尤其在成果转化形成产品后，要加强专有技术或专利技术等无形资产的管理和保护，维护企业的合法权益。

第五，建设多元化的社会投融资体系。单纯依靠原有的以财政拨款为主渠道的科技投融资机制，难以适应自主创新发展的需要。一方面，要允许和鼓励非银行金融机构、产业投资基金和个人参与对高新技术企业的投资。另一方面，可以通过低息贷款、税收优惠等形式支持成立风险投资公司，为创业企业发展提供投融资服务，促进科技成果转化、促进高新技术产业发展。资源高收益使榆林市存在大量的资金可以作为潜在投资资金，以风险投资公司为载体，能够吸纳并带动民间资金参与科技风险投资，加大榆林市的科技资金投入。

### 7.4.3　重视人才培养

科技创新和技术进步与人才培养是分不开的，榆林市现有高等学校 2

所，中等专业学校8所，职业中学22所，从学校数量上看，榆林市有很好教育平台，今后的人才培养必须要与转型要求相适应。

第一，重视教育，加大教育投入力度。榆林市正处在高速的工业化发展阶段，需要大量的初、中、高级人才，因此要利用现有的教育平台，加大财政支持，提高中高等职业教育的数量和质量，从整体上提高榆林市的人力资源水平，保证榆林市转型各阶段所需要的合格人才。

第二，调整中高等职业教育结构，满足转型过程中的人才需求。榆林市是一个工业化密集的城市，高等职业教育体系必须要面向快速工业化发展的需要，实现教育方向与产业结构调整相适应，避免出现人才供给与市场需求不对称的情况。加大对能源化工、装备制造、现代化农业科技、信息技术、金融保险等方面的人才培养，为榆林市产业体系升级、建设区域中心城市提供人力资本保障。

第三，建立产学研体系，加强科研人员与企业的联系。建设企业与研究机构和高等学校的互动机制，通过生产需求拉动技术进步、研发创新和人才培养，通过技术、研发和人才推动企业发展壮大。

第四，多渠道吸引、培养人才。高水平创新人才能够带来的经济产出数倍于普通劳动力，因此榆林市要加大力度、通过各种优惠政策吸引高层次人才，避免人才流失，如提高待遇、提供研发项目基金、支持科研活动、奖励科研成果、提供学习深造机会等。

### 7.4.4 加强生态环境建设

外部性是榆林市生态环境恶化的重要原因之一。由于对环境成本补偿不到位，造成了资源开发企业的私人成本和社会成本不一致。为使资源得到高效利用，有效保护和恢复生态环境，必须将资源开发过程中企业的外部成本内部化，将环境生态成本纳入企业总成本，激励资源企业加强资源的合理开采和高效利用、实现生态环境保护，构建良性的资源开发生态补偿机制，促进生态环境保护和恢复。生态环境的保护和修复是榆林市实现可持续发展的重要保障。

第一，坚持“谁开发谁保护、谁破坏谁恢复、谁使用谁付费”的制度。

榆林市环保部门要加大对地区生态环境监测力度，对资源开发过程中生态环境质量变化进行评估，监督资源企业对生产过程中造成的生态影响和恢复程度，确立生态治理的监督和验收机制，合理确定生态补偿费用的收取标准，将资源开发企业的外部成本内部化。

第二，加强对环境污染的治理。严格监管企业的废弃物排放行为，对违规排放企业加大惩处力度，杜绝外部性行为。通过财政补贴或税收优惠政策，支持、鼓励环保企业的发展，提高对废弃物的处理、回收效率。积极推进循环经济建设，发展静脉产业，提高对各类废物的再利用和资源化。

第三，鉴于生态环境的统一性和连续性，很多地域的生态恢复很难由企业完成，在多企业行为共同影响下的生态环境问题，在治理和恢复过程中必然会因相互推卸责任而出现生态环境恢复“真空地带”。对此，“谁破坏、谁恢复”原则在实施时，可通过“谁破坏、谁支付，费用交由政府统一实施生态治理”的模式实现。将企业的生态建设基金、土地复垦费等集中管理、统一使用，提高生态环境治理恢复的效率。

第四，水资源短缺是榆林市经济可持续发展面临的最大瓶颈之一。榆林市地处我国西北干旱和半干旱大陆性季风气候区，干燥少雨，属于联合国有关组织认定的重度缺水区。而人口增长、工农业生产发展，以及资源开发过程中对水资源的浪费、污染和破坏，更加剧了水资源短缺。对此，榆林应对水资源的利用进行合理翔实的规划，制定和实施科学的水价政策减少水资源浪费，推广农业节水措施，完善污水处理系统，对工业废水、城市生活污水进行处理、回收和循环利用。

第五，榆林市所在区域可以视为首都区的生态屏障，榆林市可积极争取国家政策和资金投入，开展育林种草工程，涵养水源、治理水土流失、防治荒漠化。

第六，对于一些生态修复成本相对较低，修复后能够实现一定经济利用价值的地域，采用“谁修复、谁受益”的原则，通过市场化途径，如公开招标等形式交由企业来完成生态环境恢复并加以开发利用，出台相应的政策法规保护企业在实施生态恢复后获得的长期利益。

## 7.5 小　　结

榆林市是我国典型的处在高速成长期的资源型城市，已经明显呈现出经济结构严重失衡、民营经济发展滞后、生态环境恶化等资源型经济的病态特征，如果任由其按照原有路径发展下去，资源部门繁荣期过后，难免会落入“矿竭城衰”的困境。因此，需要对榆林市经济发展路径加以校正。

目前榆林市正处于能源化工产业发展的黄金机遇期，因此其转型路径要根据现实情况分阶段作出调整：在转型的短期阶段，主要是延伸能源化工产业链，提高产品附加值，同时积极发展新能源产业、传统优势产业和现代化农业，利用南北部经济发展势差在南部县区发展配套产业，调整产业结构和产业布局，积极鼓励民营资本注入和第三产业的发展，通过优化投资结构带动产业体系优化升级；在转型的中期阶段，要积极结合周边城市的产业布局，参与区域产业分工，利用前期发展获得的资本积累和人才储备，向周边城市输出技术和人才；实施转型的最终目标是利用前期形成的优势，培育城市竞争力，建设区域中心城市，争取成为晋陕蒙甘宁五省交界处的商贸中心、金融中心、物流中心和信息中心，走上不依赖资源开发的经济、社会可持续发展路径。

榆林市转型是在市场经济框架下实现生产要素优化配置的过程，要在市场力量的主导下完成。在这个过程中，政府的主要作用是协助者而非直接参与者，通过提供良好的政策环境和适当的政策引导推进榆林市经济转型。

# 第 8 章

# 总结与展望

## 8.1 研究结论

我国正处在工业化和城市化进程中的重要阶段，对资源产品的需求日益增加，资源型地区经济的良性运行是我国经济全面进步、实现可持续发展的重要保证之一。我国现有的发展模式也倾向于依赖对资源的开发和利用，本书的分析对我国转变经济发展模式也具有一定的启示性。本研究得出的主要结论如下：

第一，资源型经济本身并不意味着问题经济，但这类地区的经济发展大多表现出一定程度的相似性：地区经济增长乏力、产业结构单一低级化、生态环境恶化。不仅如此，从资源型地区经济运行的表现上看，存在着资源部门收益高于社会平均水平或制造业水平的现象。收益信号会引导要素流动，这种现象与资源型地区要素流动特征相关，表明资源型经济运行分析的起点在于资源收益的清晰化。

第二，资源型地区要素配置出现问题原因在于资源部门收益信号扭曲。资源收益分配应实现对全部成本的弥补，即资源租金、要素收入和社会总成本。由于资源产权不清晰、社会总成本计提不足，出现了资源租金、应支付的安全成本和生态环境补偿成本向正常利润和要素收入转化，导致了资源部门收益虚高的现象，进而吸引要素流入造成资源部门过度繁荣，挤出了地区经济中创新能力和其他产业的资本形成。

第三，资源型地区在初期发展路径选择上存在必然性：在经济发展初期，由于资源禀赋，资源型地区在生产过程中趋向于用相对较多的自然资源和相对较少的资本和劳动实现生产，此时因透支了本应由后代享用的资源，造成社会总成本高于应有水平；随着人口增加和经济增长的要求，生产过程中投入的要素数量随之增加，由于不可再生资源储量有限，在经济扩张到一定程度后，资源储量必然成为约束条件，如果按照原有的路径发展下去，资源型地区同样会面临社会总成本增加，出现效率损失。也就是说，从最优生产角度分析，资源型地区的经济增长路径选择会自发的背离最优选择路径，这也说明了需要将资源型地区作为特殊对象进行分析的必要性。

第四，运用资源型经济内生增长模型，分析资源型地区的要素流动特点，解释资源型经济的资本形成机制和运行机制。在缺乏相应制度保障的情况下，资源型经济的要素流动呈现出如下特点：资源依赖度高会挤出人力资本投入和创新，从而降低长期中的技术进步水平和经济增长；影响到资源部门收益的资源税收政策和资源品价格不仅会直接影响资源型地区的要素流动，还能够通过影响其他社会经济变量间接作用于经济增长，对资源型地区的长期发展路径产生影响。要素配置特点揭示了资源型地区锁定路径的形成原因，也为其转型发展提供了依据。

第五，由于资源型地区增长模式选择的必然性，经济转型也就成为资源型地区经济发展过程中的应有之意。资源型经济转型的目标具有不确定性，转型不在于产业表现形式的调整，而是根据资源型地区的具体情况对其发展路径作出的过程性调整。

资源型经济转型路径可以界定为两种：一种是突破资源约束，引入区域外自然资源，通过不断提高物质资本、人力资本的利用水平，结合自然资源，实现要素优化配置的生产选择路径；另一种是在资源约束的情况下，逐步用物质资本和人力资本等生产要素替代资源要素，从而实现摆脱资源依赖的经济发展路径。无论何种路径，资源型经济转型的关键在于实现要素优化配置，提高对物质资本和人力资本的利用能力。

第六，资源型经济转型路径实现的关键，在于构建可递进的资本形成能力。可递进的资本形成机制是指一个地区能够形成一种持续的投资机制和收益转化机制，将收益、财富、人力资本和技术不断循环投入到地区经济发展中，形成一种动态的调整过程。资本形成能力的可递进性体现在投资方向与投资结构合理、投资主体多元化、可递进的要素配置机制和产业体系合理等多方面。地区经济体系在演进过程中，通过要素优化配置实现地区经济发展动力机制的转变：从依赖资源的要素驱动模式，转向投资驱动和创新驱动模式，逐步积累实现财富驱动的地区竞争优势。可递进的资本形成能力通过优化投资机制、人力资本培养与创新能力递进建设、产业体系优化升级等途径实现。

第七，实现资源型经济良性运行要规范资源收益，实现合理的资源收益分配机制，包括当期分配机制和跨期调节机制两部分。

当期分配机制使各资源权益主体实现合理收入或补偿。资源收益规范措施包括深化资源税收制度改革、完善矿产资源产权制度、充分实现生态环境价值补偿以及资源部门安全成本和沉淀成本的补偿。

跨期分配机制用于资源价格大幅波动时，调节资源收益在不同时期的分配和使用。资源收益的跨期调节机制可以通过设立资源产业稳定基金的形式实现：确定资源价格的安全波动范围，在资源价格高涨（高于安全阈值）时，将超额收益吸纳入稳定基金，在资源价格低落（低于安全阈值）时，应激性启动稳定基金，对资源产业加以补贴，以削峰填谷的形式平缓资源价格大幅波动对资源产业和资源型地区的影响。资源产业稳定基金除应激性启动使用外，还可以部分用于常规性使用，用于补充一部分社会发展基金和投资基金，支持资源型地区转型。

第八，资源枯竭型地区转型的最终目标与成长、成熟期的资源型地区相同，即实现要素优化配置能力和资本形成能力，但由于特殊的历史和政策背景，资源枯竭地区在成长期未能进行有效的资本积累，无力支撑转型的高额成本，故而难以依靠自身的力量实现转型发展。资源枯竭地区的经济转型的推动力需要政府的财政支持，通过扶植转型项目、完善社会保障功能、实施生态环境建设、改造基础设施等手段扶持资源枯竭型地区经济进入转型通道。

第九，榆林市是处在高速成长期的资源型城市，已经呈现出资源型经济典型的产业结构单一化、重型化、刚性化等特征。目前榆林市正可以利用当地能源化工产业的黄金机遇期，及时校正经济发展路径，实现地区经济的良性运行。榆林市实现转型路径可以分阶段实施：首先，立足于能源化工产业占绝对主导地位的现状，短期阶段在提升本地能源化工产业技术优势的同时，实现产业体系优化，突破锁定路径；其次，利用技术水平和创新能力，结合周边地区主导产业相似的特点，力争在产业链高端环节参与区域产业分工与协调；最后，借助城市竞争力建设晋陕蒙甘宁交界地区的区域中心城市，实现不依赖资源的可持续发展路径。

## 8.2 主要创新点

在理论创新方面，主要体现在两点：

一是对资源型地区转型的含义提出了新的界定，资源型经济转型的根本内涵是对资源型地区要素利用模式的过程性调整，是校正资源型经济的发展路径，而非产业形式的改变。

二是提出了可递进的资本形成机制，是指一个地区能够形成一种持续的投资机制和收益再转化机制，将经济发展积累的收益、财富，以及人力资本和技术能力，按照一定的组合方式不断的循环投入到地区经济发展中，并且在这些要素投入的过程中，要素配置能够根据经济发展阶段的要求自发作出调整。

在机制与机理研究创新方面，主要表现为五点：

一是以资源收益为着眼点，提出资源型经济转型的起点在于规范资源部门收益、校正不适当的要素流动信号。

二是利用最优生产选择模型，对资源型经济的形成和转型路径进行描述，论证资源型地区经济路径非良性选择的必然性和转型发展的必要性，并在此基础上，提出资源型经济转型的两种可能路径：突破资源约束或转而依靠物质资本和人力资本，两种路径的根本之处都在于提高对物质资本和人力资本的利用。

三是借助资源型地区内生增长模型，考察了影响资源部门收益的资源税税率和资源产品价格对地区经济增长的间接作用机制，为资源型经济转型对策提供了实证基础。

四是针对资源价格波动的特点，提出资源收益跨期调节机制，即设立资源产业稳定基金，并初步规划其使用体系。

五是将提出的可递进资本形成机制与波特的竞争优势理论相结合，提出资源型经济转型是通过构建可递进的资本形成机制，实现发展动力机制的转变，即由要素驱动逐步向投资驱动、创新驱动和财富驱动转变，并通过以榆林市为例进行实证应用分析。

## 8.3 存在问题和今后研究方向

本书的研究仍存在一些缺憾，这也为今后研究提出了新的要求和方向：

第一，资源型地区是我国的重要构成部分，资源价格波动不仅带来资源型地区的经济波动，资源型经济变化周期还会对国家经济变化周期产生影响，本文着重分析资源型地区，未对资源型地区经济与国家经济波动之间的联系进行分析，在今后的研究中可以进一步分析资源型地区与国家之间的经济联动机制，明确是否能够通过两者的相互关联，实现可持续发展。

第二，本书提出设立资源产业稳定基金，通过设定阈值明确资源产品价格波动的合理范围，在背离阈值时吸纳或启动稳定基金。对这个价格波动阈值的确定还需结合国际、国内资源产品价格的长期趋势及波动特点进行深入分析，合理确定。

第三，资源收益分配合理化的外在表现与资源合理定价有关。资源收益分配机制的完善是资源价格形成机制的基础，但资源产品价格形成还要受到政策、国际环境和国内环境等多方面的影响。在明确资源收益分配后，应进一步深入分析资源产品的定价机制，这也可以为设定资源产业稳定基金的价格阈值提供重要参考。

第四，随着经济全球化进程的推进，我国的大型资源型企业也在积极向外拓展，参与全球合作。本书提出突破本地资源储量限制、引入地区外资源是实现资源型地区经济转型的可能途径之一，但对这种资源型企业突破本地资源限制对本地经济的影响尚未分析，这也可以作为一个方面在今后加以进一步研究。

任何理论研究的难点都在于对现实问题的描述和在实践中的具体应用，资源型经济转型是一个系统化问题，具有复杂性。现有的分析和研究必然要根据不同资源型地区的具体情况加以检验和验证，在实践中逐步深化对资源型经济转型机制的认识和研究，不断为我国资源型地区良性发展提供理论支持。

# 参 考 文 献


## 英文部分

［1］ A. H. Gelb and Associates，Oil Windfalls：Blessing or Curse? New York：Oxford University Press，1988.

［2］ Andrew Rosser. The Political Economy of the Resource Curse：A Literature Survey［J］. IDS Working Paper，2006，268（4）：11 – 15.

［3］ Auty R. M. （Ed）Resource Abundance and Economic Development，Oxford：Oxford University Press，2001.

［4］ Auty R. M. Natural Resources Capital Accumulation and the Resource Curse. Ecological Economics，2007，61：627 – 634.

［5］ Boyce J. R. and J. C. Herbert Emery. Is a negative correlation between resource abundance and growth sufficient evidence that there is a "resource curse"［J］. Resource Policy，2010：1 – 13.

［6］ C. Neil，L. Etienne，T. R. Hill，K. C. Aitchison，S. Buthelezi. The Closure of Coal Mines and Local Development Responses in Coal – Rim Cluster，Northern KwaZulu – Natal，South Africa. Development Southern Africa，2003，20（3）.

［7］ C. Neil，Markku Tykkyfiinen，J. Bradbury. Coping with Closure：An International Comparison of Mine Town Experience. London and New York：Rout ledge，1992.

［8］ Christa Brunschweiler. Cursing or Blessing：Natural Resource Abundance，Institutions，and Economic Growth. Working Paper，2003.

［9］ Collier P. and Hoeffler A. Resource Rents，Government and Conflict

[J]. Journal of Conflict Resolution, 2005, 49 (4): 625 -633.

[10] Cordon W. M., Neary I. P. Booming Sector and De-Industrialization in a Small Open Economy [J]. Economic Journal, 1982, 92: 825 -848.

[11] D. Black, T. Mc Kinnish, S. Sanders. Economic Impact of the Coal Boom and Bust. The Economic Journal, 2005, 115: 449 -476.

[12] D. Y. Liu, W. J. Yang. ACGE Model of "Dutch Disease" Economics in Taiwan. The Journal of International Trade & Economic Development, 2000, 9 (1): 83 -100.

[13] Divita G. Natural Resources Dynamics Exhaustible and Renewable Resource, and the Rate of Technical Substitution [J]. Resources Policy, 2007, 31: 172 -182.

[14] E. Matsen, R. Torvik. Optimal Dutch Disease. Journal of Development Economics, 2005, 78: 494 -515.

[15] G. Grabher. The Weakness of Strong Ties, The Lock-in of Regional Development in the Ruhr Area. pp: 255 -277, in Grabher (ed.). The Embedded Firm: On the Socio-economics of Industrial Networks, London and New York: Routeldge, 1993.

[16] G. Wright, J. Czelusta. Exorcizing the Resource Curse: Minerals as a Knowledge Industry, Past and Present, Stanford University, July, 2002.

[17] G. A. Davis, J. E. Tilton. The Resource Curse [J]. Natural Resources Forum, 2005, 29: 233 -242.

[18] Grimaud A., Rouge L. Nonrenewable Resources and Growth with Vertical Innovations: Optimum, Equilibrium and Economic Policies [J]. Journal of Environment Economics and Management, 2003 (45): 433 -453.

[19] Grossman G., Helpman E. Innovation and Growth in the Global Economy [M]. Cambridge: MIT Press, 1991: 234 -238.

[20] Gylfason T. Natural Resources, Education and Economic Development [J]. European Economic Review, 2001 (4 -6).

[21] Gylfason, Zoega. Natural resources and economic growth: The role of investment [J]. The world of economy, 2006, 29 (8): 1091 -1115.

[22] Halvor Mehlum, Karl Moene, and Ragnar Torvik. Institution and the Resource Curse [J]. The Economic Journal, 2006, 116: 1 -20.

[23] Hartwick J. Intergenerational Equity and the Investing of Rents from Exhaustible Resources [J]. American Economic Review, 1977, 67 (5).

[24] Hotelling H. The Economic of Exhaustible Resources [J]. Journal of Political Economy, 1931, 39 (2).

[25] J. D. Sachs, A. M. Warner. Natural Resource Abundance and Economic Growth, NBER Working Paper, 5389, Cambridge, MA: NBER, 1995.

[26] J. D. Sachs, A. M. Warner. Sources of Slow Growth in African Economics, Journal of African Economies, 1997, 6 (3): 335 -380.

[27] J. D. Sachs, A. M. Warner. The Big Push, Natural Resource Booms and Growth, Journal of Development Economics, 1999, 59: 43 -76.

[28] J. D. Sachs, A. M. Warner. The Curse of Natural Resources. European Economic Review, 2001, 45: 827 -838.

[29] J. M. Baland, Francois. Rent-seeking and Resource Booms. Journal of Development Economics, 2000, 61: 527 -542.

[30] J. Otto, C. Andrews, F. Cawood et al. Mining Royalties: A Global Study of Their Impact on Investors, Government, and Civil Society [M]. Washington, DC: The World Bank, 2006: 1 -25.

[31] J. Stijns. Natural Resource Abundance and Economic Growth Revisited. Paper presented at the Western Economic Association International 2001 conference in San Francisco, 2001: 35 -40.

[32] J. Wahba. The Transmission of Dutch Disease and Labor Migration. The Journal of International Trade & Economic Development, 1998, 7 (3): 355 -365.

[33] Jean - Philippe C. Stijns. Natural Resource Abundance and Economic Growth Revisited [J]. Resources Policy, 2005 (30): 107 -130.

[34] K. Hamilton and J. M. Hartwick. Investing Exhaustible Resource Rents and the Path of Consumption, Canadian Journal of Economics, 2005, 38 (2): 615 -621, 2005.

[35] K. Hamilton, The Sustainability of Extractive Economies: 36 -56, in

R. M. Auty ( ed. ), Resource Abundance and Economic Development, Cxford University Press, 2001.

[36] K. Matsuyama. Agricultural Productivity, Comparative Advantage and Economic Growth. Journal of Economic Theory, 1992, 58: 317 - 334.

[37] K. Sonin. Why the Rich May Favor Poor Protection of Property Rights [J]. The Journal of Comparative Economics [J]. 2003, 31: 715 - 731.

[38] M. H. Abidin. Competitive Industrialization with Natural Resource Abundance: Malaysia. In R. M. Auty (ed. ), Resource Abundance and Economic Development, Oxford: oxford University Press, 2001: 339 - 353.

[39] M. Woolcock, L. Pritchett. and Isham. The Ssocail Foundation of Poor Economic Growth in Resource - Rich Countries, 76 - 92.

[40] Matsen E. and Torvik R. Optimal Dutch disease [J]. Journal of Development Economic, 2005, 78 (2): 494 - 515.

[41] N. Birdsall, T. Pinckney and R. Sabot. Natural Resource, Human Capital, and Growth, 57 - 75, in R. M. Auty (ed), Rssource Abundance and Economic Development, Oxford: Oxford University Press, 2001.

[42] N. Shaxson. New Approaches to Volatility: Deal with the "Resource Curse" in Sub - Ssharan African. International Affairs, 2005, 82 (2) .

[43] P. Elissaios, R. Gerlagh. The Resource Curse Hypothesis and its Transmission Channels. Journal of Comparative Economics, 2004, 32: 181 - 193.

[44] Papyrakis E. , Gerlagh R. Resource Abundance and Economic Growth in the United States [J]. European Economic Revies, 2007, 51 (4): 1011 - 1039.

[45] Papyrakis E. , Gerlagh R. The resources curse hypothesis and its transmission channels [J]. Journal of Comparative Economics, 2004, 32 (1): 181 - 193.

[46] Papyrakise E. , Gerlagh R. Resource windfalls, Investment and Long-term Income [J]. Resources Policy, 2006, 31 (2): 117 - 128.

[47] R. M. Auty, Resource - Based Industrialization: Sowing the Oil in Eight Exporting Countries. Oxford: Clarendon Press, 1990.

[48] R. M. Auty, Sustaining Development in Mineral Economies: The Re-

source Curse Thesis. London：Routledge，1993.

[49] R. Prebisch，The Economic Development of Latin America and Its Principal Problems，Lake Success，NY：United Nations，1950；H. Singer，The Distribution of Trade between Investing and Borrowing Countries. American Economic Review，1950，40：473 –485.

[50] R. Torvik. Natural Resources，Rent Seeking and Welfare. Journal of Development Economics，2002，67：455 –470.

[51] R. Torvik. Learning by Doing and the Dutch Disease. European Economic Review，2001，45：285 –306.

[52] Stiglitz J. Growth with the Exhaustible Natural Resources Efficient and Optimal Growth Paths. The Review of Economic Studies. 1974，41：123 –137.

[53] T. Gylfason，Herbertsson，G. Zoega. A Mixed Blessing：Natural Resources and Economic Growth [J]. Macroeconomic Dynamics，1999，（3）：204 –225.

[54] T. Gylfason. Natural Resource，Education and Economic Development. European Economic Review. 2001，45：527 –542.

[55] Tilton J. E. Determining the Optimal Tax on Mining [J]. Natural Resources Forum，2004，23（28）：144 –149.

[56] W. F. Maloney. Innovation and Growth in Resource Rich Countries. Central Bank of Chile Working Papers. 2002，148（2）.

[57] W. M. Corden. Booming Sector and Dutch Disease Economics：Survey and Consolidation. Oxford Economic Papers，1948，36：359，380.

[58] W. M. Corden，J. P. Neary，Booming Sector and Deindustrialization in a Small Economy. The Economic Journal，1982，92：825 –848.

### 中文部分

[1] 巴泽尔．产权的经济分析 [M]．上海：上海三联书店：上海人民出版社，1997.

[2] 曹爱红，韩伯棠，齐安甜．中国资源税改革的政策研究 [J]．中国人口·资源与环境，2011，21（6）：158 –163.

[3] 曹海霞. 我国矿产资源产权的制度变迁与发展 [J]. 产经评论, 2011, 3: 133-139.

[4] 晁坤. 矿产资源有偿使用制度与矿业权评估方法 [M]. 北京: 石油工业出版社, 2007.

[5] 陈洁, 龚光明. 我国矿产资源权益分配制度研究 [J]. 理论探讨, 2010, 5: 87-90.

[6] 陈军杰. 资源开采企业超额收益率的行业差异分析与税收制度建议 [J]. 集体经济, 2011, 31: 81-83.

[7] 陈文东. 租金理论及其对资源税的影响 [J]. 中央财经大学学报, 2007, 6: 1-5, 29.

[8] 陈仲常, 章翔, 陈锡崑. 双视角下地区能源状况与经济增长关系研究——基于省际面板数据的实证分析 [J]. 经济经纬, 2008, 3: 54-57.

[9] 程黎, 李大明. 西方资源税制及其对完善我国资源税制的借鉴 [J]. 武汉理工大学学报 (信息与管理工程版), 2008, 30 (4): 628-632.

[10] 程琳琳, 胡振琪, 宋蕾. 我国矿产资源开发的生态补偿机制与政策 [J]. 中国矿业, 2007, 16 (4): 11-13, 18.

[11] 程昔武. 资源开采企业的超额收益率及其会计上的制度含义——基于2001~2005年度采掘类上市公司的实证研究 [J]. 会计研究, 2008, 3: 58-65.

[12] 戴维·罗默. 高级宏观经济学 [M]. 北京: 商务印书馆, 2003.

[13] 邓中华. 国外矿业税费制度及其对我国的启示 [J]. 湖南经济管理干部学院学报, 2006, 17 (4): 54-55.

[14] 杜凯, 周勤, 蔡银寅. 自然资源丰裕、环境管制失效与生态"诅咒" [J]. 经济地理, 2009, 29 (2): 290-297.

[15] 冯尧, 张景华. 经济增长、自然资源与制度三者关系分析 [J]. 中国软科学, 2008, 7: 38-46.

[16] 傅允生. 资源约束与地区经济收敛: 基于资源稀缺性与资源配置力的考察 [J]. 经济学家, 2006, (5): 33-40.

[17] 干飞, 王玉芳. 完善矿产资源国家权益收益与分配管理制度 [J]. 当代经济, 2012, 7: 6-7.

[18] 高永祥. 资源诅咒与经济发展门槛——基于我国省际面板数据的经验分析 [J]. 电子科技大学学报（社科版），2011，13（1）：27-30.

[19] 耿建新，张宏亮. 资源性资产超额收益、隐形价值及其收益分配实证研究 [J]. 管理科学，2008，(21)，6：88-95.

[20] 古丽鲜，肖劲松. 中国资源型城市经济发展效率评析 [J]. 干旱区地理，2009，32（4）：624-630.

[21] 贺红艳，汤琪瑾，王湘衡. 资源开发的“财富悖论”探究——基于收益分配视角 [J]. 审计与经济研究，2010，25（1）：93-99.

[22] 胡华. 资源诅咒命题在中国各区域成立吗？——基于省际面板数据的实证研究 [J]. 云南财经大学学报，2012，3：84-91.

[23] 胡健，张凡勇，董春诗. 自然资源开发与区域经济增长——基于扩展的罗默模型对“资源诅咒”形成机理的检验 [J]. 人文杂志，2011，3：66-74.

[24] 胡援成，肖德勇. 经济发展门槛与自然资源诅咒——基于我国省际层面的面板数据实证研究 [J]. 管理世界，2007（04）.

[25] 黄毅. 经济增长与资源型经济转型 [J]. 云南民族大学学报（哲学社会科学版），2009，26（2）：102-105.

[26] 姜春海. 资源枯竭类城市产业转型的财政政策扶持机制研究[J]. 财经问题研究，2006，8：36-41.

[27] 蒋晓岚，程必定. 我国新型城镇化发展阶段性特征与发展趋势研究 [J]. 区域经济评论，2013，2：130-135.

[28] 景普秋，孙毅，张丽华. 资源型经济的区域效应与转型政策研究——以山西为例 [J]. 兰州商学院学报，2011，27（6）：40-47.

[29] 景普秋. 基于矿产开发特殊性的收益分配机制研究 [J]. 中国工业经济，2010，9：15-24.

[30] 景普秋. 资源诅咒：研究进展及前瞻 [J]. 当代财经，2010，11：127.

[31] 科斯. 财产权利与制度变迁 [M]. 上海：上海人民出版社，2000.

[32] 孔凡斌. 建立我国矿产资源生态补偿机制研究 [J]. 当代财经，2010，2：22-28.

[33] 黎元生，王文烂，胡熠．论构建矿产资源开发的生态补偿机制[J]．林业经济问题，2008，28（3）：202－205，222.

[34] 李凤，汪安佑．资源开发的经济补偿机制研究——矿产资源的税费改革[J]．中国矿业，2010，19（2）：22－25.

[35] 李国平，李恒炜．基于矿产资源租的国内外矿产资源有偿使用制度比较[J]．中国人口·资源与环境，2001，21（2）：153－159.

[36] 李国平，张云．矿产资源的价值补偿模式及国际经验[J]．资源科学，2005，27（5）：70－76.

[37] 李松青，刘异玲．矿产资源价值成因及其产权效应分析[J]．矿冶，2010，19（3）：197－111.

[38] 李天籽．自然资源丰裕度对中国地区经济增长的影响及其传导机制研究[J]．经济科学，2007，6.

[39] 李香菊，祝玉坤．我国矿产资源价格重构中的税收效应分析[J]．当代经济科学，2012，34（2）：118－123.

[40] 李香菊，祝玉坤．西部地区矿产资源产权与利益分割机制研究[J]．财贸经济，2011，8：28－34.

[41] 连玉明主编．中国城市综合竞争力报告[M]．北京：中国时代经济出版社，2009.

[42] 刘长生，简玉峰，陈华．中国不同省份自然资源禀赋差异对经济增长的影响[J]．资源科学，2009，3（6）：1051－1060.

[43] 刘芳．论资源型城市转型的金融支持模式——以辽宁省为例[J]．山东社会科学，2008，2：96－99.

[44] 刘学敏，敖华等．榆林市区域经济跨越式发展研究[M]．北京：北京师范大学出版社，2010.

[45] 刘学敏．资源枯竭类城市转型的不确定性[J]．城市问题，2011，5：9－11.

[46] 刘云刚，新时期东北区资源型城市的发展与转型——伊春市的个案研究[J]．经济地理，2005，5.

[47] 鲁金萍．广义“资源诅咒”的理论内涵与实证检验[J]．中国人口·资源与环境，2009，19（1）：133－138.

[48] 陆建明，李宏．资源约束与经济增长：一个开放条件下的新古典模型［J］. 2009，6：18－29.

[49] 路卓铭．我国衰退资源城市经济激进转型的长效机制与战略对策——兼论资源开发的历史补偿［J］. 经济问题探索，2007，8：79－83.

[50] 罗浩．自然资源与经济增长：资源瓶颈及其解决途径［J］. 经济研究，2007，6.

[51] 罗杰·珀曼，詹姆斯·麦吉利夫雷，迈克尔·科蒙．自然资源与环境经济学［M］. 北京：中国经济出版社，2002.

[52] 马丽．资源型地区经济转型中的金融支持机制探讨［J］. 金融与经济，2011，12：39－41.

[53] 迈克尔·波特．国家竞争优势［M］. 北京：华夏出版社，1990.

[54] 迈克尔·波特．竞争优势［M］. 北京：华夏出版社，2001.

[55] 茅于轼，盛洪，杨富强．煤炭的真实成本［M］. 北京：机械工业出版社，2008：32－160.

[56] 彭水军，包群．自然资源耗竭、内生技术进步与经济可持续发展［J］. 上海经济研究，2005（3）：3－13.

[57] 蒲志仲．矿产资源税费制度存在问题与改革［J］. 税务研究，2007，11.

[58] 蒲志仲．矿产资源租若干问题探讨［J］. 经济经纬，2008，1：129－131.

[59] 钱勇．资源租金、资源开发补偿与资源型城市可持续发展［J］. 财经问题研究，2006，12：34－38.

[60] 商允忠，王华清．资源型城市转型效率评价——以山西省为例［J］. 资源与产业，2012，14（1）：12－17.

[61] 邵帅，齐中英．西部地区的能源开发与经济增长——基于"资源诅咒"假说的实证分析［J］. 经济研究，2008，（04）.

[62] 邵帅，齐中英．资源税收对资源型地区经济增长的影响［J］. 中国地质大学学报（社会科学版），2009，9（3）：33－39.

[63] 邵帅，齐中英．自然资源富足对资源型地区创新行为的挤出效应［J］. 哈尔滨工程大学学报，2009，30（12）：1440－1445.

［64］邵帅，齐中英．自然资源开发、区域技术创新与经济增长——一个对“资源诅咒”的机理解释及实证检验［J］．中南财经政法大学学报，2008，4：3－9，142.

［65］邵帅，杨莉莉．自然资源开发、内生技术进步与区域经济增长［J］．经济研究，2011，2：112－123.

［66］邵帅．煤炭资源开发对中国煤炭城市经济增长的影响研究——基于资源诅咒学说的经验研究［J］．财经研究，2010，36（3）：90－101.

［67］沈镭，程静．论矿业城市经济发展中优势转换战略［J］．经济地理，1998，（2）．

［68］施祖麟，黄治华．“资源诅咒”与资源型地区可持续发展［J］．中国人口·资源与环境，2009，19（5）：33－36.

［69］宋冬林，汤吉军．沉淀资本成本与资源型城市转型分析［J］．中国工业经济，2004，6.

［70］宋冬林，赵新宇．引入资源税的世代交叠模型及其改进［J］．吉林大学社会科学学报，2007，3（2）：86－93.

［71］宋冬临，姚毓春．资源枯竭型地区综合承载力与经济转型研究［J］．吉林大学社会科学学报，2012，52（3）：134－139.

［72］宋辉，魏晓平．资源租与可耗竭能源资源开采模式研究［J］．软科学，2010，24（11）：65－68.

［73］苏迅，鹿爱莉．构建矿产资源开发补偿机制的思考［J］．中国矿业，2010，19（12）：1－3，7.

［74］汪戎，朱翠萍．资源与增长间关系的制度质量思考［J］．清华大学学报（哲学社会科学版），2008，23（1）：152－160.

［75］汪晓文，潘剑虹，杨光宇．资源枯竭型城市转型的路径选择——基于经济、社会、资源环境承载力视角的研究［J］．河北学刊，2012，32（5）：128－131.

［76］王必达，高云虹．自然资源与经济增长关系的理论演进［J］．经济问题探索，2009，11：8－14.

［77］王必达，王春晖．“资源诅咒”：制度视域的解析［J］．复旦学报（社会科学版），2009，（5）：100－108.

[78] 王承武，蒲春玲．新疆能源矿产资源开发利益共享机制研究[J]．经济地理，2011，31（7）：1152－1156.

[79] 王鹤霖．油气资源开发利用中利益分配格局研究［J］．经济研究，2011，10（9）：4－6.

[80] 王亮，宋周莺，余金艳，黄建毅．资源型城市产业转型战略研究——以克拉玛依为例［J］．经济地理，2011，31（8）：1277－1282.

[81] 王任飞，翟东升．还资源型城市“一片蓝天”［J］．宏观经济管理，2006，4.

[82] 王小强，白南风．富饶的贫困［M］．成都人民出版社，1986.

[83] 武盈盈．资源产品利益分配问题研究——以油气资源为例［J］．中国地质大学学报（社会科学版），2009，9（2）：26－30.

[84] 夏文清，孙久文．资源型地区转型衡量和方式研究——以山西省为例［J］．城市发展研究，2012，19（4）：17－20.

[85] 肖劲松，毛锋．中国资源型城市的演化特征与趋势探析［J］．人文地理，2008，2：67－72.

[86] 谢鷗，宋岭．资源税改革对矿产资源配置的效应分析［J］．新疆大学学报（哲学·人文社会科学版），2011，39（1）：25－29.

[87] 谢双喜，李峻．资源约束下的经济增长效率分析［J］．经济问题探索，2009，11：15－20.

[88] 徐康宁，韩剑．中国区域经济的“资源诅咒”效应：地区差距的另一种解释［J］．经济学家，2005，6：96－102.

[89] 徐康宁，王剑．中国区域经济的“资源诅咒”效应：地区差距的另一种解释［J］．经济学家，2005，（6）．

[90] 徐康宁，王剑．自然资源丰裕程度与经济发展水平关系的研究［J］．经济研究，2006，（1）．

[91] 徐康宁，周言敬．关于自然资源与经济增长关系的几个重要问题［J］．兰州商学院学报，2011，27（3）：1－8.

[92] 徐盈之，胡永舜．内蒙古经济增长与资源优势的关系——基于“资源诅咒”假说的实证分析［J］．资源科学，2010，32（12）：2391－2399.

[93] 许家林. 试论资源收益的特征、结构与分配 [J]. 现代财经, 2000, 20 (5): 13 -18.

[94] 许士春, 何正霞, 魏晓平. 资源消耗、技术进步和人力资本积累下的经济可持续增长模型 [M]. 哈尔滨工业大学学报 (社会科学版), 2008, 10 (4): 83 -88.

[95] 杨桦, 胡乃联, 仝欢欣, 陈道贵. 关于矿产资源价值、矿产品价值和矿业权价值的探讨 [J]. 中国矿业, 2010, 19 (6): 34 -37.

[96] 姚予龙, 周洪, 谷树忠. 中国资源诅咒的区域差异及其驱动力剖析 [J]. 资源科学, 2011, 33 (1): 18 -24.

[97] 于术桐, 黄贤金, 李璐璐, 陈美. 中国各省区资源优势与经济优势比较研究 [J]. 长江流域资源与环境, 2008, 17 (2): 190 -195.

[98] 袁国敏. 城市核心竞争力探析 [J]. 辽宁大学学报 (哲学社会科学版), 2005, 33 (1): 128 -132.

[99] 岳利萍, 吴振磊, 白永秀. 中国资源富集地区资源禀赋影响经济增长的机制研究 [J]. 中国人口·资源与环境, 2011, 21 (10): 153 -159.

[100] 张春林. 资源税率与区域经济发展研究 [J]. 中国人口·资源与环境, 2006 (6):

[101] 张菲菲, 刘刚, 沈镭. 中国区域经济与资源丰度相关性研究 [J]. 中国人口·资源与环境, 2007, 17 (4): 19 -24.

[102] 张复明. 矿业寻租的租金源及其治理研究 [J]. 经济学动态, 2010, 8: 41 -44, 49.

[103] 张复明. 资源的优势陷阱和资源型经济转型的途径 [J]. 中国人口·资源与环境, 2002, 12 (4): 8 -13.

[104] 张复明. 资源型经济理论解释、内在机制与应用研究 [M]. 北京: 中国社会科学出版社, 2007.

[105] 张复明, 景普秋. 资源型经济的形成: 自强机制与个案研究 [J]. 中国社会科学, 2008, 5: 117 -130.

[106] 张景华. 经济增长中的自然资源效应 [J]. 山西财经大学学报, 2009, 31 (5): 15 -23.

[107] 张景华. 自然资源、经济增长与创新三者的关系分析 [J]. 当代

经济科学，2008，30（6）：50－58.

[108] 张景华. 自然资源是“福音”还是“诅咒”：基于制度的分析［J］. 上海经济研究，2008（01）：9－17.

[109] 张亮亮，张晖明. 比较优势和“资源诅咒”悖论与资源富集地区经济增长路径选择［J］. 当代财经，2009，1：81－87.

[110] 张米尔. 市场化进程中的资源型经济产业转型［M］. 北京：机械工业出版社，2004.

[111] 张平胜，郝举. 国家自然资源所有权重构［J］. 资源与产业，2011，13（4）：92－96.

[112] 张世秋，环境资源配置低效率及自然资本“富聚”现象剖析［J］. 中国人口·资源与环境，2007，17（6）：7－12.

[113] 张五常. 交易成本范式［A］. 经济解释［C］. 北京：商务印书馆，2001.

[114] 张银政，王晓雪. 我国矿产资源收益分配的政策沿革及其困境摆脱［J］. 改革，2011，4：42－46.

[115] 张占斌. 新型城镇化的战略意义和改革难题［J］. 国家行政学院学报，2013，1：48－54.

[116] 赵辉. 资源型经济运行研究综述［J］. 2010 中国可持续发展论坛 2010 年专刊（一），2010.

[117] 赵霞. 自然资源与区域经济增长：一个文献综述［J］. 技术经济与管理研究，2008，2：120－122.

[118] 钟茂初. 新型城镇化若干问题研究［J］. 开放导报，2013，4：7－11.

[119] 周德群，汤建影，程东全. 中国资源型经济研究——结构、演变与发展［M］. 北京：中国矿业大学出版社，2002.

[120] 周少波，胡适耕. 自然资源与经济增长模型的动态分析［J］. 武汉大学学报（理学版），2003，5：585－588.

[121] 朱学义. 矿产资源权益理论与应用研究［M］. 北京：社会科学文献出版社，2008.